外 交 学 译 丛

理解国际外交
理论、实践与伦理
（第二版）

[英] 科内留尔·波乔拉　著　任远喆　周幻 译
Corneliu Bjola
[奥] 马库斯·科恩普罗布斯特
Markus Kornprobst

北京大学出版社
PEKING UNIVERSITY PRESS

著作权合同登记号 图字:01-2017-1843

图书在版编目(CIP)数据

理解国际外交:理论、实践与伦理:第二版/(英)科内留尔·波乔拉,(奥)马库斯·科恩普罗布斯特著;任远喆,周幻译.—北京:北京大学出版社,2023.7
(外交学译丛)
ISBN 978-7-301-34162-9

Ⅰ.①理… Ⅱ.①科… ②马… ③任… ④周… Ⅲ.①国际关系—外交关系—研究 Ⅳ.①D81

中国国家版本馆 CIP 数据核字(2023)第 117034 号

Understanding International Diplomacy, 2nd Edition By Corneliu, Bjola; Markus, Komprobst
ISBN: 9781138717343
Copyright © 2022 by Routledge
Authorized translation from English language edition published by Routledge, an imprint of Taylor & Francis Group LLC.
All Rights Reserved.
本书原版由 Taylor & Francis 出版集团旗下 Routledge 出版公司出版,并经其授权翻译出版。版权所有,侵权必究。
Peking University Press is authorized to publish and distribute exclusively the Chinese (Simplified Characters) language edition. This edition is authorized for sale throughout Mainland of China. No part of the publication may be reproduced or distributed by any means, or stored in a database or retrieval system, without the prior written permission of the publisher.
本书中文简体翻译版授权由北京大学出版社独家出版并限在中国大陆地区销售。未经出版者书面许可,不得以任何方式复制或发行本书的任何部分。
Copies of this book sold without a Taylor & Francis sticker on the cover are unauthorized and illegal.
本书封面贴有 Taylor & Francis 公司防伪标签,无标签者不得销售。

书　　　名	理解国际外交:理论、实践与伦理(第二版) LIJIE GUOJI WAIJIAO: LILUN, SHIJIAN YU LUNLI(DI-ER BAN)
著作责任者	〔英〕科内留尔·波乔拉(Corneliu Bjola)　〔奥〕马库斯·科恩普罗布斯特(Markus Komprobst) 著　任远喆　周 幻 译
责任编辑	梁　路
标准书号	ISBN 978-7-301-34162-9
出版发行	北京大学出版社
地　　　址	北京市海淀区成府路 205 号　100871
网　　　址	http://www.pup.cn
新浪微博	@北京大学出版社　@未名社科-北大图书
微信公众号	ss_book
电子信箱	ss@pup.pku.edu.cn
电　　　话	邮购部 010-62752015　发行部 010-62750672　编辑部 010-62765016
印　刷　者	大厂回族自治县彩虹印刷有限公司
经　销　者	新华书店
	650 毫米×980 毫米　16 开本　24.5 印张　320 千字 2023 年 7 月第 1 版　2023 年 7 月第 1 次印刷
定　　　价	89.00 元

未经许可,不得以任何方式复制或抄袭本书之部分或全部内容。
版权所有,侵权必究
举报电话: 010-62752024　电子信箱: fd@pup.pku.edu.cn
图书如有印装质量问题,请与出版部联系,电话: 010-62756370

译丛总序

当今世界处于"百年未有之大变局"。全球化与逆全球化、传统安全与非传统安全、改革开放与保守封闭等矛盾事物和进程相互激荡,外交思想不断涌现,外交主体趋于多元,外交方式空前灵活,外交领域迅速扩大,一个多层次、全方位、立体化的全球外交网络渐趋形成。随之而来的是,外交学研究正走向新的繁荣。

一方面,中国的发展深受世界变化的影响;另一方面,作为国际体系中的大国,中国也深刻影响世界变革的方向。外交学在中国的兴起和发展是中国与世界关系在实践中不断磨合和调适的生动体现。中国的现代外交研究起源于20世纪30年代,杨振先的《外交学原理》、刘达人的《外交科学概论》等都是早期中国外交学的重要著作。1949年10月1日,新中国的成立为中国外交掀开了崭新的一页。在1949年11月8日外交部成立大会上,周恩来总理提出了"把外交学中国化"的目标。1988年,国务院学位委员会提出新设外交学学科的要求,并委托外交学院组织撰写学科建立的标志性著作。1997年《外交学概论》一书出版,标志着中国外交学研究进入了新的阶段。此后,中国外交学研究的作品开始大量涌现,教学和研究队伍不断壮大,外交学研究的中国特色日益显现。

随着国际交往的深入,外交与国际关系研究在中国渐成显学。加强外交理论与业务的研究,对积极参与全球治理变革的当代中国具有特殊的意义。发展中国的外交学,必须"立足中国,放眼世界",处理好全球化时代的外交共性与中国特性之间的关系。早在17世纪,法国外交家卡利埃、威克福等人就开始对外交业务与技术进行系统的研究,20世纪英国外交家萨道义、尼科尔森等人进一步发展了这一研究领域。近年来,微观社会学、认知心理学、人工智能和生物技术等学科领域的知识被充实到外交学研究中来,由此产生了一批跨学科研究的外交学著作;经典名著《萨道义外交实践指南》已更新至第七版。这些"他山之石"有助于我们了解当今世界外交学发展的新特点和新趋势,为中国外交的理论建设和实践发展提供借鉴。

中国越是强大和自信,就越需要开放和包容,在对外交流中取长补短,与世界共同进步。在北京大学出版社的支持下,我们坚持开展国外外交学著作的翻译工作,希望能对中国的外交学研究有所裨益。

高 飞

2020年6月

致　谢

我们要感谢安德鲁·汉弗莱斯（Andrew Humphrys）和汉娜·弗格森（Hannah Ferguson）在第二版的出版过程中提供的极大帮助，以及匿名评审人提供的宝贵的建设性意见。我们还要感谢利萨·安德森（Lise H. Andersen）和科丽娜·特雷伊斯塔鲁（Corina Traistaru）提供的研究援助，以及牛津大学国际发展系和维也纳外交学院为本项目提供部分资金。在本书的写作过程中，我们从学生那里获得了很多灵感，我们非常看重学生的观点以及他们对课堂讨论的贡献。因此，我们把这本书献给学生们。

前　言

外交已经历百年历史，而本书五年前才问世，此为经过彻底修订的第二版。为什么要进行修订，编写第二版呢？

原因有三：第一，世界不会停滞不前。俄罗斯-乌克兰冲突等领土争端、叙利亚内战、国际恐怖主义、欧盟和俄罗斯相互间的经济制裁、日益增加的流向欧盟和美国的移民人口、西非同埃博拉病毒的斗争、拉丁美洲同寨卡病毒的斗争以及许多其他问题都成为外交官需要应对的内容。世界各地民粹主义领导人、民粹主义政党和运动的兴起引起人们的警觉，越来越多的学术论坛和研讨会质疑外交接触能否成功维护当前世界秩序和地区秩序。尽管在这一问题上存有疑虑，但我们不应该忘记外交上的多个突破，如应对气候变化的《巴黎协定》、伊朗核协议、联合国可持续发展目标和《关于难民和移民的纽约宣言》等。在过去五年，我们用外交的手段处理全球和地区挑战时，成败兼有；与此同时，我们更加关注外交交流的新模式。数字外交永远无法取代面对面的外交，但是数字通信渠道确实可以在很大程度上重构外交制度。外交在逐步适应数字时代。

第二，外交学研究正在经历伟大复兴。国际关系研究中，大量结构性和物质性描述占据主导地位，低估外交机构作用的阶段已经过去。外交研究进一步发展。在国际关系学科中，关于外交互动的研究已成为国际关系理论的一部分。例如，地缘政治和实践转向与外交研究紧密相关。同样，对于外交的调查研究优化了之前对国际关系中交流这一概念的普遍理解。在其他学科中，外交研究产生了更为广泛的影响。例如，公共外交研究促使通信领域形成更具普遍性的理论。从出版情况的变化可以看出，人们对外交研究的兴趣不断增强。自第一版问世以来，劳特利奇出版社"新外交研究系列"丛书、博睿出版社"关于外交、对外政策与全球事务的研究观点"丛书等出版物纷纷涌现。本书第二版中对这些新的研究进展进行了概述。

第三，我们在外交研究中有了新的经验。在过去五年，我们开展了有关秘密外交、数字外交、核外交和危机外交的研究项目，在非洲、亚洲和欧洲的数个国家培养学生，培训外交官，并为外交部提供建议。这始终是双向交流的过程。我们在与同事、学生、外交官的接触中学到了很多经验，希望这些经验可以使第二版的内容更具"全球性"。因此，我们非常高兴北京大学出版社翻译出版本书。

但是，我们的首要目标始终不变。不论哪个版本，本书都应该对外交（研究）进行广泛介绍，应该将外交的精髓表达出来，例如，明确外交法中的关键条款。本书讨论解释外交官的不同行为方式，解释外交行为的道德问题。最重要的是，我们希望本书能够帮助读者对外交这一历史悠久且非常重要的运作方式产生新的认知。

科内留尔·波乔拉、马库斯·科恩普罗布斯特
2017年7月31日

目 录

第一部分 导 论

第一章 为什么要学习外交？如何学习外交？ ………………… 003
    一、为什么要学习外交？ ……………………………… 003
    二、外交（仍然）重要吗？ …………………………… 004
    三、如何定义外交？ …………………………………… 007
    四、拓宽外交学习的视野 ……………………………… 009
    五、小结 ………………………………………………… 011

第二部分 外交发展轨迹

第二章 历史演进 ……………………………………………… 015
    一、引言 ………………………………………………… 015
    二、古代外交 …………………………………………… 016
    三、中世纪外交 ………………………………………… 025
    四、现代外交 …………………………………………… 031
    五、小结 ………………………………………………… 042

第三章 伍德罗·威尔逊与第一次世界大战后的新外交 ……… 046
    一、引言 ………………………………………………… 046
    二、公开的和平条约：负责任外交 …………………… 049
    三、自决：平等和民主 ………………………………… 057
    四、集体安全：法律与审议的权力 …………………… 064
    五、小结 ………………………………………………… 070

第四章　全球外交的多样性 ················· 073
　　一、引言 ······························ 073
　　二、战争与和平 ························ 074
　　三、经济 ······························ 080
　　四、发展 ······························ 085
　　五、环境 ······························ 089
　　六、卫生 ······························ 093
　　七、移民 ······························ 096
　　八、小结 ······························ 099

第三部分　绘制外交领域

第五章　外交环境 ··························· 105
　　一、引言 ······························ 105
　　二、《维也纳外交关系公约》的形式 ········ 107
　　三、四项主要规定 ······················ 109
　　四、更新《维也纳外交关系公约》？ ········ 116
　　五、深层背景 ·························· 118
　　六、三大学派在深层背景上的观点 ········· 121
　　七、深层背景的实例 ···················· 123
　　八、小结 ······························ 127

第六章　全球外交的任务 ····················· 130
　　一、引言 ······························ 130
　　二、信息传递 ·························· 132
　　三、谈判 ······························ 136
　　四、调停 ······························ 143
　　五、会谈 ······························ 149
　　六、小结 ······························ 156

第四部分　解释外交

第七章　决策制定 ········· 161
- 一、引言 ········· 161
- 二、理性选择 ········· 162
- 三、古巴，1962 年 ········· 164
- 四、心理学视角 ········· 168
- 五、伊拉克，2003 年 ········· 169
- 六、适当性逻辑 ········· 173
- 七、德国，外交与干预，1949 年至今 ········· 175
- 八、论辩逻辑 ········· 177
- 九、苏联，1990 年 ········· 179
- 十、实践逻辑 ········· 180
- 十一、法国与非洲，20 世纪 60 年代至今 ········· 182
- 十二、小结 ········· 184

第八章　建立外交关系 ········· 187
- 一、引言 ········· 187
- 二、制衡：从敌对到结盟（反之亦然）········· 188
- 三、美朝关系，1993—2016 年 ········· 191
- 四、国家利益：超越同盟的合作关系 ········· 194
- 五、1957—2016 年间的欧盟外交政策 ········· 198
- 六、国家身份：从敌对到结盟 ········· 203
- 七、从敌人到朋友再到敌人：厄立特里亚和埃塞俄比亚 ········· 209
- 八、小结 ········· 212

第九章　构建世界秩序 ········· 215
- 一、引言 ········· 215
- 二、外交官：地缘政治大厦的构建者 ········· 217

三、案例研究：乌克兰危机 …………………………………… 223
四、外交官：无政府文化的缔造者 …………………………… 224
五、案例研究：第三帝国的"坏苹果"外交 ………………… 229
六、外交官：国际道义的设计者 ……………………………… 232
七、案例研究：与气候变化外交相关的道义 ………………… 238
八、小结 ………………………………………………………… 241

第五部分　规范的路径

第十章　重塑外交官身份 …………………………………… 247
一、引言 ………………………………………………………… 247
二、外交代表 …………………………………………………… 248
三、外交与权力 ………………………………………………… 254
四、外交官的招聘与培训 ……………………………………… 260
五、数字外交 …………………………………………………… 265
六、小结 ………………………………………………………… 269

第十一章　国内制度改革 …………………………………… 273
一、引言 ………………………………………………………… 273
二、外交与建设和平 …………………………………………… 275
三、最根本的问题：干预还是不干预？ ……………………… 278
四、应当为建设和平设立何种目标？ ………………………… 282
五、应采取何种方法达成此目标？ …………………………… 285
六、小结 ………………………………………………………… 292

第十二章　以和平方式重构世界 …………………………… 295
一、引言 ………………………………………………………… 295
二、预防性外交 ………………………………………………… 296
三、国际刑事司法 ……………………………………………… 306
四、小结 ………………………………………………………… 317

第六部分　结　论

第十三章　外交的未来 …………………………………… 323
　一、外交即交流 ………………………………………… 323
　二、增进理解 …………………………………………… 327
　三、性别与外交 ………………………………………… 328
　四、反外交 ……………………………………………… 330
　五、展望未来：新型外交 ……………………………… 332

词汇表 ………………………………………………………… 339

参考文献 ……………………………………………………… 357

第一部分 导 论

第一章　为什么要学习外交？
如何学习外交？

一、为什么要学习外交？

　　如今，学习外交很有必要。近几十年来，中国和印度经济发展备受瞩目，学者和政策制定者都在思考由西方向东方的潜在权力再分配是否会导致地区和全球的不稳定，而这些都与外交息息相关。中东正处于动荡之中，利比亚国家政权的崩溃、伊拉克脆弱的独立国家地位、伊朗和沙特阿拉伯之间的地区竞争、叙利亚和也门两国的内战以及巴以冲突延宕都构成了严峻的挑战。应对这些挑战需要娴熟的外交技巧。在应对气候变化方面，《巴黎协定》仍然是一个里程碑。然而，美国宣布退出该协定，条约实施过程中也存在诸多问题，外交官在今后一段时间都将为此奔波。随着联合国（UN）可持续发展目标进程不断推进，非洲国家同意在《2063年议程》中明确其具体发展目标。但要在这些目标上取得进展，需要反复谈判，换言之，需要外交的介入。类似的国际议题不胜枚举。如果没有各国代表在外交舞台上折冲樽俎，冲突与和平、经济与发展、医疗卫生、人口迁移、灾难救助等方面不计其数的挑战就无法得到妥善应对。

　　全球化以及国际社会适应全球化发展的需求使得这些挑战更加突出。我们似乎正处在一个"中间时代"，国际政治以及随之而来的外交需要新的理念和新的外交倡议来应对世界的不断变化。过去也曾出现过类似重新定向的需求。外交具有自我改进的传统，以适应政治环境的不断变化。然而令人惊讶的是，在不同历史时期，外交官所面临的挑战一直极为相似，即如何通过沟通来正确认识、解释和行使相关权力。换句话说，外交到底需要理解什么，我们如何理解它。这本书的目的不是为上述问题提供答案，而是从历史、法律、认知、社会和伦理等多个角度探索如何解决这一问题。我们希望通过这样的方式让读者了解，外交是一种独特的、多方面的、有效的重要工具，用来解决政治共同体之间的疏离，同时保留它们在制度、意识形态和社会方面的差异。

为了更好地剖析这些争论，本章将分四部分展开。首先，讨论外交在21世纪依然重要的原因。其次，研究沟通在外交实践中的核心地位。再次，探讨为什么要通过相关学科的知识来扩展外交研究的视角和框架，以及如何利用这些学科内容的延展来辅助外交研究。最后，概述每一章所涉及的主题。

二、外交（仍然）重要吗？

专业外交机构的缔造者黎塞留（Richelieu）曾指出，"国家通过不断的对外谈判获益极大"，但这个备受赞誉的"获益"的性质却不甚清晰。

我在其他文章中也曾说过（Bjola，2013），外交的核心是关系的管理和国际秩序的维护。在微观层面，这意味着由外交官建立和管理国家间的友谊。在宏观层面，外交通过代表、沟通和谈判的核心职能为全球公共产品（安全、发展、环境可持续性等）的提供和分配做出贡献。因此，成功的外交无疑由两个同等重要的任务构成：一是要最大限度地增加盟友和朋友的数量，减少敌人和对手的数量；

二是建立一个稳定的、能够自我维持的国际秩序。而外交官该如何完成这些有价值的任务还不太清楚。尤其是在行为体、议题领域和外交参与方式的性质发生转变的情况下，为了达到上述目标，外交官到底需要做什么尚待探究。换句话来问，外交在21世纪的价值是什么呢？

（一）行为体

如今，在欧洲乃至世界范围内，外交行为体变得更加多元化。外交行为体的范围不再局限于提供对外服务的职业外交官，还包括其他政府部门、跨国公司、民间社会组织的代表，甚至包括并不代表特定国家、组织或公司的有影响力的个人。对此，《外交的未来》（*Futures for Diplomacy*）报告的作者（Hocking et al., 2012）指出，"国家外交环境的性质正在从赋予外交部（MFA）特权转变为将外交部门置于一个更广泛的结构，即国家外交系统（NDS）中"。国家外交系统是一个涵盖了政府和非政府机构的复杂网络，能够影响国家的对外政策目标。在这种情况下，对外交价值的评估不再仅局限于衡量外交部的工作成果，而是必须运用更为复杂的分析框架来描绘和比较国家外交系统的结构，这最有助于解决和管理外交政策上的核心问题。例如，欧洲难民危机就表明了共同合作的重要性，这需要外交部与地方非政府组织（NGO）、慈善机构、国际组织（如联合国难民署）、援助机构和行业团体的共同参与，以确保各国制定的移民政策和它们作出的人道主义承诺相一致。

（二）议题领域

外交与区域和全球治理密不可分。作为区域和全球秩序的关键机制，外交如今越来越多地涉及经济、环境、卫生、移民等国内议题。最关键的是,这些议题相互影响,因而它们经常需要同时在国际层面上进行讨论(如移民与安全、环境与贸易、经济与卫生等)。这意味着外交的价值可能无法通过针对单一议题的措施进行衡量,而是需要从整体出发,综合考虑各个议题之间的互补性和附加价值。例如,由美国国务院、国际开发署和国防部共同提出的 3D(Diplomacy, Development, and Defense)概念体现了上述三个方面相辅相成所能发挥的作用,并试图通过共同制定战略规划实现联合行动。随着数字技术正成为开展外交、促进发展和加强国防必不可少的工具,人们可能会将"数字化"(Digital)作为这一概念的第四个逻辑扩展,即 4D。

因此,用来评估这些目标实现机制的方法需要进行某些改变。

(三) 方式

行为体和议题领域的多元化改变了外交官的工作方式,不仅改变了外交官的日常实践,还改变了其处理国际谈判、应对公众参与和国际危机的方法。例如,2015 年美国国务院发布的《四年外交与发展评估》(Quadrennial Diplomacy and Development Review)指出,全球性事件具有易变的特点,因此需要迅速做出反应,并在任何需要的时间和地点进行专业化部署(U. S. State Department, 2015:68)。在 20 世纪,外交官熟悉历史且有常规的经济、政治和国际问题等知识储备就已足够;但时至今日,这些已远远不够。准确地说,外交领域所需的专业素质在不同的职业角色中都有所体现,外交官也需要具备多种能力和跨专业技能(强大的领导才能、对经济学和数据科学的良好分析直觉、成熟的谈判能力、深厚的组织管理知识等)。因此,出色的外交不仅仅是将国家实力与外交成果相匹配,还应体现能够进行多任务处理、即兴演说、控制不确定性和复杂性并最大程度地发挥实时影响的能力。简而言之,要评估外交表现,必须了解在21世纪的外交环境下外交有效运转所需要的混合型专业能力。

总之,外交在管理国家间关系和维护国际秩序方面的核心使命在21世纪并没有改变,但我们用来评估这些目标实现机制的方法需要进行一些调整。我们需要更加关注国家外交系统的实力和效率,综合考虑各个议题领域的附加值和联系紧密度,重视在不断变化的环境中完成任务所需的各项专业能力的综合水平,这样才能从更加不偏不倚的角度来理解当代外交的价值。

三、如何定义外交?

外交为我们提供了何种独特视角来理解世界各国如何"休戚与共"?划定的外交研究领域的本体论(见词汇表)边界在哪里?外交在助力学者对世界政治中冲突与合作进行理论化或考量作为国际行为基本框架的权力、权威和合法性方面提供了哪些帮助?简而言之,为何外交成为国际交往的核心分析和实践方法?本书认为,如果不重视交流这一外交互动本体论的基础作用,就无法理解外交。

外交是得到国际认可的政治实体派出代表进行制度化沟通。通过外交,代表们可以提供、管理和分配公共产品。

该定义具有三个关键特征。第一,外交最基本的要素就是沟通。更确切地说,这是一种高度制度化的特殊沟通形式。外交官本身要遵循许多规则和规范,这些规则和规范也管理着外交官之间的互动。因此,一方面,我们的定义与亚当·沃森(Watson,1982)极具影响力的观点非常相似,即"外交围绕对话展开"。沃森选择了"对话"(dialogue)一词,也在其关于外交的文章中将沟通放在了核心地位。

另一方面，我们将从更广泛的意义上使用"沟通"一词。外交沟通形式多样，从对话到强制外交（Schelling，1966）都是沟通的表现形式。还要注意的是，外交沟通并不总是令人欢欣鼓舞。尽管外交具有用和平方式解决冲突的巨大潜力，但有时也带有恶意。比如，宣战作为一种制度化的沟通行为，与和平解决冲突的调停和谈判一样，都是外交行为。同样，尝试与其他国家建立联盟共同参战也属于外交行为。

第二，双重承认的过程使个人成为外交领域的参与者。就代表国家的大使而言，这些过程非常简单。例如，《联合国宪章》和1961年通过的《维也纳外交关系公约》认可国家为外交舞台上的政治实体。《维也纳外交关系公约》还规定了派遣（见词汇表）流程，驻在国通过这一过程承认派遣国的大使。一些有关外交的著作将这一过程轻描淡写一笔带过，比如，沃森的文章仅关注国家（Watson，1982）。但是，这在我们看来有些过于简单化，在全球化时代的今天更是如此。当然，国家仍然是外交博弈中的关键主体，时至今日，它仍然在外交中拥有特殊地位。例如，联合国的成员是主权国家。但这并不意味着我们只关注国家就能了解现代外交。比如，联合国秘书处本身也是外交参与者。其代表，尤其是秘书长（也包括副秘书长），代表这一公认的国际组织开展工作。同理，绿色和平组织等非政府组织的主席和其他高级代表也同样都是外交行为体（尽管他们自己不一定认同这一说法）。换句话说，外交与承认息息相关。承认往往随着时间而有所变化。因此，本书认为，外交承认的范围是开放的。这样一来，我们就可以讨论外交从黎塞留时代到全球化时代的变化。

第三，外交与提供、管理和分配公共产品密切相关。公共产品是对社会福祉起到重要作用的产品，且不会因成员的使用而减少。传统上，外交主要是为了得到一种特定类型的公共产品而进行沟通，这种特定类型的公共产品就是保护国家免受外部干预，即国家安全。在20世纪，外交沟通已经扩展到解决不断增长的其他公共产品问题上，包括经济福利、发展、环境保护、健康安全和移民管控等。最近有明显的趋势表明，许多公共产品之间相互关联，因而外交官需要熟练地权衡公共产品的优先等级。同样重要的是，全球化正在将其中一些公共产品重新定义为全球公共产品，即对多个政治实体的福祉都至关重要的产品。传统上仅属于一国的国内议题现在已成为全球性议题，因为它们是任何单个国家都无法解决的（例如环境、健康、和平、正义）。这种转变给外交官如何管理公共产品带来一系列新挑战，甚至可能导致外交终结。

四、拓宽外交学习的视野

本书的目的不是就某个观点展开论述，也不是提出一个新的观点，而是向读者介绍一些有助于理解外交的核心要素。读者可以从我们提供的材料中理解外交，包括外交如何运作，应该如何运作等。很大程度上，为了扩充学习外交的"工具箱"，我们鼓励读者不仅参阅本书提供的阅读材料，还可以根据列出的推荐书目开展延伸学习。

其中一些内容取自相关外交文献。从这个角度来说，本书与其他外交主题的教科书相似，总结了关于外交的最新研究成果。然而，本书大部分内容取材的文献尚未对外交进行深入探讨或根本就没有对这一现象进行明确解释。因此，我们希望更进一步，超越现有的关于外交成果的著作。除国际关系（International Relations，IR）学科之外，我们借鉴了许多其他学科的智慧，包括经济学、历史学、法学、哲学（特别是政治学理论）、心理学和社会学。书中许多参引文献的作者从未写过任何有关外交的文章，但是他们的论点能帮我们理解尚未得到足够重视的有关外交的其他部分。考虑到外交的多重特性，我们试图向读者介绍学习外交的多种方法，学科和子学科的交叉研究就是拓宽外交研究视野的途径。

本书多视角的主旨也体现在如何处理外交与通常被视为其竞争领域的研究之间的关系上。我们探讨外交学与全球治理、对外政策分析（foreign policy analysis，FPA）以及国际关系理论之间的交叉研究。全球治理与外交学有所不同，外交领域制度化的沟通方式产生了独特的互动模式。例如，在对行为体的承认方面，外交承认的主体虽然要比全球治理中设想的主体范围窄得多，但是外交学可以从有关全球治理的著作中学到很多东西。在全球外交时代，外交官需要在全球治理进程中立于不败之地。他们必须参与多个政策领域，面对许多行为体，其中一些属于外交范畴，一些则不属于。因此，涉猎有关全球治理的文献有助于理解今天的外交。

在某种程度上，我们认为可以尝试从外交政策分析的角度解释外交研究。外交学和外交政策分析不同。后者侧重于国内外交政策的制定，而前者则更多关注政治实体一旦制定了外交政策会如何在国际层面加以推行。但是这些关注点只存在程度上的差异，并不是泾渭分明的。无论政策制定是仅在国内进行还是受国际因素影响，外交研究都需要理解政策是如何制定的。赫德利·布尔（Hedley Bull）认为，一定要在外交研究中注重对外政策的形成（Bull，1995）。

最后，我们还探讨了国际关系，特别是国际关系理论与外交学之间的重叠之处。要重视外交机构，探讨外交官与整个体系之间相互塑造的复杂过程，这对于外交研究具有重要意义。毫无疑问，整个外交体系以外交机构为中心。外交学非常重视外交官的工作。外交官与环境密不可分。外交官可以创造外交环境，反过来环境也促进或制约着他们的行动。

五、小结

本书的组织结构如下：第一部分介绍全书主题，说明外交学的研究方法。第二部分追溯从古埃及、古希腊和古代中国到当今全球化时代的外交演变。第二章梳理古代外交制度化的情况，并讨论第一次世界大战之前外交制度化的进一步发展。第三章从威尔逊的"新外交"愿景开始，一直追溯到21世纪的外交，讨论多边外交的发展历程。第四章论述当今正在扩大的外交领域，即议题领域与参与主体的多元化。

第三部分绘制外交领域，明确分析外交的两个组成部分：环境和任务。环境推动或制约着外交任务的执行；反过来，外交任务的执行也塑造着外交环境。为深入探讨外交环境，第五章讨论了国际公法（特别是1961年《维也纳外交关系公约》）及其更深层次的背景，也就是外交官们早已习以为常，不假思索就接受的外交观念。第六章详细介绍外交官的行为，区分四类实践方式：信息传递、谈判、调停和对话。

第四部分在前一部分的基础上讨论外交的成果。第七章与决策有关，即外交官如何进行决策。我们着重论述四种不同的行动逻辑：结果性、适当性、论辩性和实践性。第八章论述关系的建立，即外交官如何在其所代表的实体间建立关系，并基于现实主义、自由主义和建构主义三种相互竞争的学派，提供了建立关系的不同方法。第九章关注更深层次的背景，提出一个更加深刻的问题：外交官如何塑造世界？我们认为，外交官通过缔造地缘政治框架、无政府状态文化和国际道义三种途径来实现塑造世界的目的。

第五部分从解释性分析转向规范性分析。要在对外交进行分析性理解和规范性理解两者之间取得平衡是一个微妙且关键的尝试。外交充满规范问题和道德难题,我们从不同的分析层面出发涉及了其中的三个问题。从个人层面出发,第十章探讨了外交的代表性该如何实现的问题,如何在外交实践中运用实力,以及哪种形式的外交培训和专业知识更适合21世纪的外交官。第十一章转入国家层次的分析,讨论有关外交在重建国内制度(尤其是建设和平)中起到的作用。外交是否应参与到其他国家的建设和平行动之中?如果应该,需要怎么做?第十二章致力于重建全球机制,这是外交的关键难题,即外交如何确保世界政治的和平转向。我们研究了预防性外交和国际刑事法院这两个重要机制的优缺点,这些机制可以协助外交官完成世界政治和平转型的使命。

最后,第六部分总结本书在理解外交如何开展或应该如何开展方面的主要分析性和规范性贡献,考察长期被忽视的性别与外交之间的关系问题,讨论反外交这一概念对把握外交行为局限性的作用,并解释新的外交方式为何以及如何协助外交官应对未来的挑战。

第二部分　外交发展轨迹

第二章 历史演进

本章目标

- 简要介绍外交从公元前 3 世纪到第一次世界大战之前的历史演变
- 重点论述关键转型时期的外交实践
- 介绍外交对于促进国际和平与合作的主要贡献及其局限

一、引言

"外交"(diplomacy)一词源于希腊文(diploma:一种双重折叠的文书;推荐信,传递许可或特许证书)。历史上,外交源于人类部落之间首次与相邻部落就狩猎界线达成的有关谅解,以及在互动和交往中形成的身份边界(Carrió-Invernizzi,2014:607)。与其他人类习俗一样,外交实践也是人们发明创造出来的,并且不同的民族拥有不同的传统。尽管这些早期的外交实践建立了一些关于代表、交流和冲突管理方面的基本规则,但由于当时外交互动不够频繁,也不重要,因而缺乏动力,最终并没有建立任何常设机制,也未能发展出复杂的制度性关系。现在我们所熟知的国际关系和外交在公元前 3 世纪诞生(Cohen,2001a),从那时起,全球外交实践的主要特征就是缺乏统一性。世界上不同地域一直对外交官在政府部门中承担的角色有不同的认识。因此,外交官的工作目标、工作方式、承担的责任以及影响力和权力都千差万别。他们在国际事务中的重要性随历史演进,时而下降时而上升(Hare,2015:xix)。因此,我们需要从历史和地理的角度审视外交实践。外交约定和协议是暂时性的,国家之间的问题往往反复出现,外交所处的环境也时常改变。

然而,从外交互动的第一阶段开始,外交形态就发生了显著变化。本章将系统梳理这些变化,重点谈及古代、中世纪和一战前这三个不同时期西方世界及其他地区外交的发展变化。这些论述将围绕三个主题来进行:(1)代表程序。我们将审视外交官的角色、特点和认知。(2)沟通方式。我们将追踪外交活动的主要发展和外交活动程序。(3)冲突管理。我们将探讨解决国际争端手段的演变。欧洲大陆外交的发展是每个主题讨论的底层逻辑,这也正是当代外交实践制度化的来源。同时,我们将补充一些非西方的案例,用于全球范围内的对比研究。

二、古代外交

公元前3世纪,外交实践在近东地区产生,这与书写方式和城市文化的发展密不可分(Cohen,2001a:23;Malchow,2016:103)。今天我们所熟知的一些外交传统当时已经产生。各个王国之间由于政治、宗教、商贸和战略方面的利益不断连接起来,形成了包含细致的外交规则、外交实践和程序的礼仪体系。外交实践在一定程度上实现了系统化和机制化,成为统治机构宣传的活动。然而,外交在很大程度上给人们留下了互惠的印象,被解读为互惠行为,并且仅仅体现出暂时性特点(Sofer,2013:4)。此外,当时的外交实践主要存在于"伟大的国王"(Great Kings)之间。国王愿意通过外交代表展开谈判和合作,体现出对彼此之间平等关系的确认和接受。国王拥有广袤的领土，支配着不计其数的附属国，掌握充足的财富和军事力量，维持着对国内的控制和国家秩序，并将外部威胁拒之门外。附属国地位低下，难以承担建立起得到国王承认的外交派出机构的昂贵费用，而不得不进献贡品（Cohen，1996：13-14）。

外交实践由古代近东的楔形文明通过阿卡德帝国的美索不达米亚，传到古亚述和古巴比伦地区，再到波斯阿契美尼德王朝、古希腊和意大利地区（Cohen，2001a；Lafont，2001；Malchow，2016）。古代原始的外交系统没有常设机构，只有随着情况变化而开展的临时性活动。古代国家的外交代表、交流和谈判模式很大程度上受到权力不对称因素的影响。在希腊众多独立的小城邦中，没有一个城邦足以统治其他城邦，也没有城邦会遭到外部力量的吞并。因此，城邦在外交上的地位是平等的。相反，古埃及、古罗马、古波斯和古代中国的外交方式主要是为了在与邻国或其他政治集团的互动中，主张、建立和维持它们宣称的政治、宗教或军事上的优势地位。

（一）代表程序

在古代近东文明中，使节穿梭于"伟大的国王"之间传递统治者的信息。他们需要背负非常严格和特殊的使命，在接受国待上一段时间，一旦任务完成，马上返回。尽管身份高贵、能力卓越，但并无确凿证据证明他们拥有和现代外交官一样的豁免权。到达或离开接受国往往危险重重，并无安全保障，容易遭到绑架，被判入狱甚至惨遭暗杀。到达接受国之后的行程全由对方决定，接受国可以一时兴起决定使节驻访时间、行动自由的范围以及何时可以归国。换句话说，此时的使节在执行和完成外交任务时面临着难以预测的阻碍（Sofer，2013：3）。

古希腊体系承认三种外交代表。第一种是使者和长老（希腊语为 angelos 或 presbys），他们是派出执行"短暂和高度特殊任务"的外交使节；第二种是传令官（希腊语为 keryx），享有人身安全受到保护的特权；第三种是外侨官（希腊语为 proxenos，见词汇表），在得到另一个国家的政治制度或文化普遍认同的情况下，他可以"在另外一个国家活动，同时保留其本国公民的身份"（Hamilton and Langhorne，1995：9-10）。使者和长老需要在接受国的城邦议会上表现其雄辩的口才，这就意味着他们由于德高望重、智慧出众、老成持重而常被公民大会选中（Nicolson，1988：6）。然而，在古希腊时期，文雅或谈判技巧并不一定是选择使节的关键因素，因为外交战略常常由公民公开地——而且是非常刻板严格地——决定。事实上，使节得到的指令往往"要求严格，精细入微，几乎到了让人厌烦的地步"（Murray，1855：9）。

而外侨官往往可以促进国家间谈判。两国交恶时，他们的主要职责是为来自相关国家的旅客提供接待和帮助。有时候，他们可能会被要求就其所代表的国家的国内情况提出建议。但在两国关系紧密的时候，外侨官可以在塑造公共政策方面发挥更大影响力，特别是在商业、文化和政治领域。他们被赋予保护派遣国的侨民、合法进行管理、促进两国之间商贸关系的权力。需要注意的是，现在使用的许多外交概念在希腊语和古希腊时期的外交实践中无迹可寻。例如，当时外交豁免理论并不盛行，使节在活动时需要遵循传统的宗教准则和接待标准。

古罗马继承了古希腊的外交传统，不仅缺少处理外交政策相关问题的正式机制，而且同样赞赏能在公开场合侃侃而谈并具备谈判说服能力的人。然而这两个时期外交之间的相似之处仅限于此。鉴于元老院在对外政策上拥有最终权威，罗马使节——被称为使者

(nuntii)或辩士（oratores）——是从元老院内部遴选出来的。他们需要严格遵守授权证书的规定，听从指令，主要任务是找到关键人物进行谈判，然后向元老院汇报谈判情况，元老院据此决定是否接受谈判结果。随着罗马帝国的扩张，外交事务的决策权逐渐转移到皇帝手中。罗马皇帝常常依靠总督处理外国代表团相关事宜，并做出外交决策，但他本人对外交事务的介入仍然很深，并希望给公众留下这样的印象，即罗马控制着国际谈判。

古埃及既派遣也接受外交代表团。法老曾通过具有大使职能的特使与邻国的统治者保持频繁联系。该地区的常见做法是从政府高官中选拔出外交使节，他们通常在处理内政上经验丰富，并熟知皇室政策。"阿马尔纳书简"中约35次通信记录详细记载了大约在公元前14世纪中叶，埃及与该地区的其他政权（包括古巴比伦和古亚述）之间的外交联系。原则上，统治者在平等的基础上通信，互称为"伟大的国王"。他们把对方称为"我的兄弟"，而不是"儿子"，后者可能是对附属国的称呼（Munn-Rankin，2004：13）。但实际上，埃及统治者比亚洲统治者更具优势。埃及在重要物资上比其他国家更能自给自足，并且在黄金生产方面有着近乎垄断的地位。作为这一地区霸权国的统治者，法老在谈判中常常依靠实力迫使对手屈辱让步。

古代外交中存在各种准则。例如，苏美尔文明在公元前3000年就制定了相关法律，古巴比伦国王汉谟拉比大约于公元前1750年颁布《汉谟拉比法典》。两者都涉及外交伦理问题以及解决方式。大约在公元前1500年，印度教的《梨俱吠陀》和犹太教的"十诫"也已出现。尽管如此，大部分古代统治者相信他们受命于神。带着这种信念，他们崇奉宗教祭司，并遵循祭司的指引进行统治、制定政策。因此，宗教发挥了直接作用，塑造和强化了国家在展现自身以及与他国互动时的道德边界。国家的行为受到道德的约束,只能遵循适当的宗教价值。

(二)沟通方式

古代近东地区的外交实践发展离不开共同语言的产生,依照抄写员标准培训的外交官以记录和传播这种语言,以及熟悉彼此的宫廷礼仪和程序的基础之上。这一时期,作为考虑动武之前的预备步骤的外交沟通方式多为按程序正式提出倡议和要求(Malchow,2016:103)。接受国认为对方使团地位显赫、会谈意义重大时,会在沟通时准备昂贵的礼物,安排奢华的仪式,反之亦然(Cohen,1996:14)。

古希腊的外交体系有一系列特征,表现出高度的复杂性,如使团的不断更换,对外交豁免的相互尊重,通过外交互动签署条约和建立联盟,以及高标准的公开辩论。这些特征使外交官可以更加有效地执行广受关注的规则,例如"界定外国人的地位、入籍授予、庇护权、引渡和海运惯例"(Nicolson,1988:9)。在条约问题上,古希腊使节得到的授权有限。尽管大多数条约仅是非常简单的文件,但需在公民大会参阅和批准之后,才能最终通过。斯巴达人最终引入了会议外交的制度,以解决在长期战争之后如何处理众多依赖自己的盟友的问题。

古希腊外交官普遍受到猜疑,因此外交使团往往由若干外交官组成。使团里使节的人数可能多达10人(见专栏2-1)。外交使团规模庞大的另外一个原因,是为了增加向另一城邦国家提案的分量,同时也为了反映派遣国民众的不同意见。但经常出现的情况是,个别使节之间存在矛盾,因此对使团的整体效力会产生负面影响。有时谈判对手就会利用这种内部矛盾,分裂使团。

专栏 2-1　古希腊外交代表团

口头进行的外交谈判需要遵循公开监督的规则，这体现了古希腊外交体系的复杂性："代表团（在一个代表团中经常有多达 10 位使节）的每位成员都会向外国君主或公民大会发表演讲，就像今天井然有序的国际会议一样。如果谈判达成了一项条约，那么该条约的文本就会刻在一个专门阁楼中的石碑上，人人可以得见。其批准是通过公开交换庄严的誓言完成的。"（Nicolson，1988：7）

例如，古罗马对古希腊外交遗产的最重要贡献之一就是宣战方式。根据规定，任何宣战都必须遵循适当的程序（费启亚里斯法的程序，见词汇表），并且必须为发起战争提供合法的理由。费启亚里斯祭司团会把罗马人的不满情绪传达给敌人，如果经过一段时间还没有得到相应的回应，罗马人就会将标枪（木槌、木矛）投入敌方境内，以示宣战（Hamilton and Langhorne，1995：14）。罗马人发动战争的合法理由包括：违反条约、休战或停战协定；违背对盟友的承诺；违反中立原则；对使节的人身侵犯；拒绝交出违反中立原则的使节；无理拒绝设立使馆；侵犯领土；拒绝罗马军队以和平方式通行；拒绝交出罪犯（Ballis，1973：25）。

早期中国的外交档案表明，古代中国的外交表现为一种以仪式、地位索求和程序为中心的复杂方式。中华帝国被视为世界的中心，因而中国的影响力以及与他国的关系建立在朝贡体系之上。古代中国的邻国，包括今天的柬埔寨、缅甸、日本、韩国、泰国、越南等，均派出外交使团表达敬意，进行朝贡，彰显中国在地区等级制度中的优势地位。例如，在公元前 57 年，来自倭国（日本的古代名）的使节前往汉朝国都进贡，并收到了汉朝皇帝的印章和绶带。在早期的几个世纪里，周边国家都认可以中国为中心的世界，而倭国极其渴望成为属国之一。周边国家君主开展的宫廷访问多为礼节性的，具有释放善意的作用。他们还常常派出特使传递信件，并准备国家间协议。除了象征意义之外，朝贡体系带给朝贡国的实际影响还有待进一步讨论，但这一体系确实"对地区稳定产生了重要影响，即便当时并没有处理地区间关系的正式机制"（Beeson，2014：26）。

（三）冲突管理

古代近东地区进行仲裁时，进行谈判或利用宗教宣誓将条约神圣化是较常见的手段。古代统治者将国际体系中同等地位者视为兄弟，与他们开展王朝外交。产生的亲近感使得"有形的附属关系……成为合乎情理的义务的唯一基础"（Cohen，1996：25）。古代统治者"将国际体系视为一个大家庭，里面包含情感、责任和竞争"（ibid.）。因此，主要国家之间形成的团体内部开展了频繁的外交实践。各国之间往往通过联姻强化外交关系，以此建立道德和政治约束来应对冲突爆发。一些关于外交谈判和效忠誓言的早期案例出现于公元前3世纪美索不达米亚的苏美尔城邦（Malchow，2016：103）。

古希腊的和平协定并不需要反映谈判者的真实意图。通常，协定表述模糊，这样城邦国家在不同场合便可以进行有利于自己的解读。尽管如此，这些和平协定仍然至关重要，尤其是经过誓言强化之后。仲裁是和平解决冲突的惯用手法。在公元前300年到公元前100年间，有46起争议得到仲裁（Nicolson，1988：8）。特定的仲裁者可以是一个国家或个人，通常是享有盛名的哲学家，或是奥运赛事的获胜者。使节们经常接受委任参与重要的沟通，甚至需要"决定战争的正义与否……并根据某些既定的礼节发布声明，使其神圣化"（Murray，1855：9）。

宗教在框定用于冲突解决的外交实践时常常发挥着重要作用。譬如，古希腊人认为，处理国际事务的行为由"某些神圣化的原则"（Nicolson，1988：9）所支配。在宙斯的庇护下，条约和盟友被赋予了神圣的权威，没有充足的理由而毁约是错误的。古希腊人制定的"文明行为规则"包括公平对待囚犯，作战时不得使用有毒武器，不得采取背信弃义的策略，遵守停战协定或协议，在宗教节日或体育赛事期间禁止开战，重要的寺庙、圣殿和馆舍不可侵犯等（Phillipson，2001：182-191）。此外，希腊人还建立了第一批国际组织。类似奥运会这样盛大活动的举行是"对国家间关系进行谨慎处理的一个时期"（Hamilton and Langhorne，1995：11），在这期间各国经常讨论合作协议。

公元前6世纪到公元前4世纪，波斯国王在与希腊城邦的互动中通常会采取预防性外交。事实上，对待希腊人，波斯人采取的外交手段比兵戎相见更成功。他们的目标是在公元前4世纪希腊城邦战争中作为"中立"的条约斡旋者，维持希腊各城邦之间的均势（见词汇表）（Rung，2008），防止任何一个城邦成为足以挑战波斯军事优势地位的强国。简而言之，希波关系讲求实用，并且根据双方所处的政治环境不断发展。两国层出不穷的国内问题削弱了发生直接对抗所需的实力。

罗马人非常尊重用于建立和平、组建联盟和分配利益的国际条约。到公元前264年，罗马共签订了150多个单独的条约，这大大增强了罗马的军事实力，因为罗马需要其他国家提供一大批军人来充实其军事力量，而非让他国前来朝贡（Campbell，2001：4）。在罗马共和国初期，罗马帝国内部的各自治体曾经在互惠的基础上达成协议，随后这种做法因引入新的条约而大为改变，"条约规定各自治体必须承认罗马帝国的权威，用更现代的语言表述，必须服从元老院对外交和国防的控制"（Nicolson，1988：16）。罗马人还在公元前242年设立了"外事裁判官"（praetor peregrinus）制度，目的是根据"万民法"（jus gentium）来解决外邦人之间或外邦人与罗马人之间的商业争端。

谈及古代中国外交，一些学者建议考虑《孙子兵法》的影响。《孙子兵法》成书于公元前500年左右，强调"不战而屈人之兵"。它通过"迂回战略以及操控敌方对冲突结构的认知"等手段，约束对手的行动，摧毁对手的道德和思想，而不需要事实上的征服。这赋予中国战略行为"冲突最小化的特征"，这一特征从孙子时期开始一直在中国历史上广为谈论。表2-1列出了中国战略文化的核心特质。

表2-1 中国战略文化

中国战略文化的特点
• 对于在战略防御、土木工事、城墙、驻军、静态位置防御等方面的理论和实践偏好，总是伴随外交谋略和联盟建立出现，而非入侵、征服或消灭敌人
• 倾向于有限战争，或出于明确的政治目的而有节制地使用武力
• 明显低估暴力的效力

尽管众所周知《孙子兵法》对中国与其他国家交往产生了巨大影响，但不可否认的是，其他一些思想也有贡献。例如，老子推崇"以柔克刚"，孔孟强调"德治和仁政是国家安全和繁荣的根基"。这些思想认为国际政治非常依赖国内环境，为此，攘外必先安内。如果统治者可以创造稳定和谐的社会——做到选贤任能，秉公执法，尚德尊道，轻徭薄赋，政治秩序得以维护，社会经济环境良好，社会各阶层都满意——那么就可以"不战而屈人之兵"。

三、中世纪外交

中世纪早期，西方和非西方世界的外交联系并不频繁，机制化交流程度很低。到中世纪晚期，相对于非西方世界，欧洲外交在两个因素的驱动下发生了制度上的飞跃。一方面，教堂的繁荣和统一的基督教信仰奠定了政治思想和活动基础，基督教世界（republica christiana）在新兴政治实体之间引入了和谐相处的思想；另一方面，罗马法的遗产与不断演变的教规法律体系奠定了规范外交关系的普遍性基础。此时，欧洲外交实现了职业化。"拜占庭帝国的外交方式传到了威尼斯，而威尼斯人为意大利城邦国家、法国和西班牙，乃至最终整个欧洲设定了外交模式。"（Nicolson，1988：24-25）

（一）代表程序

中世纪初期欧洲外交代表的主要形式是信使（见词汇表），其核心职能是为统治者提供沟通渠道，并发掘缔结条约和结盟的机会（见专栏2-2）。国王赋予信使真实合法的身份，使其享有免于受到侵害的豁免权。信使的安全保障通常建立在宗教基础之上，其特殊地位得到了双方认可。因此，对信使造成的伤害往往被视为对其首领的伤害。为了确保人身不受侵犯，信使通常会随身携带"神圣的信物"（Murray，1855：13）。

> **专栏2-2 中世纪外交官**
>
> 信使有时会得到指示进行大肆鼓吹、煽动叛乱和进一步破坏已然不友好的关系。在1834年组建弗留利联盟（League of Fruili）的过程中，威尼斯派遣信使到达弗留利，以及其他依附弗留利的城镇和

阿奎莱亚教堂，敦促它们共同抵制外敌入侵。更甚者，感到自身受到伤害的国家可能会雇用信使来提交抗议，发出最后通牒乃至宣战。信使在战争时期也被派往同盟国协调对付共同敌人的行动（Queller，2004：195）。

中世纪末期，欧洲社会环境日益复杂，外交活动不断增加，使节人数远远不足，他们的外交使命很可能难以按时完成或遭遇失败。为此，新的官方代表——教廷使节应运而生。与传统使节不同，教廷使节拥有更大的代表权和谈判权，被赋予全权（plena potestas），即签订秘密协议并可以代表教皇进行协议谈判的权力。有时，教皇会否决教廷使节超出其授权范围的行为，或者干脆完全撤回授权，这样教廷使节就不能代表教皇签订协议（Hamilton and Langhorne，1995：27）。教廷使节的外交影响还体现在，即使是最为庄重的外交活动，如进行联姻，也可以由教廷使节代表新郎或新娘参加。例如在1234年，神圣罗马帝国皇帝腓特烈二世与英格兰伊莎贝拉之间的婚约就是由教廷使节代理完成的（Queller，2004：197）。

在信使和教廷使节活跃的同时，贸易的增长促使领事体系得以发展。其中，最著名的是法国、意大利和西班牙商人推选领事代表监督他们在东方的商业活动和裁决争端处理。1223年，马赛在提尔和贝鲁特设立领事机构。15—16世纪，基督教徒和穆斯林之间签署了领事裁判权条约，通过授予对拜占庭公民的民事和刑事管辖权进一步发展了领事职能。15世纪，英国、丹麦、意大利、荷兰和瑞典之间存在领事交流；大约同一时期，中国也向西方派遣了实际上相当于领事代表的官员。16世纪领事制度发生了重大变化，派遣国开始指派官方代表担任领事，承担保护国家对外贸易和商业利益的外交职能，并享有一些特权和豁免权（Chatterjee，2007：250）。

近代早期，外交伦理的范围取决于使节对国家统治者的忠诚度。将国王视为外交效忠对象对中世纪使节履行职能具有重要的伦理意义。当时的使节与君主之间建立起私人关系，并在国外作为其直接代表。这种联系为使节提供了一种道德保护，因为它祛除了作为使节的个人荣誉，也就祛除了挑战君主权威的能力。如若君主否决了使节的不当行为，那么在道义上就没有义务去考虑这种不当行为对使节的个人影响了。值得注意的是，在中世纪，忠诚与背叛之间的界限由使节们接受的贵族式道德准则以及专业化的考量来界定（Bjola，2016a：125）。

（二）沟通方式

中世纪初期，君主互相传递信息进行沟通，为私人会晤做准备。在这一沟通过程中，信使常被描述为"活体信"，因为他们需要"以尽可能接近个人交流的方式传达信息"（Hamilton and Langhorne，1995：24）。信使的重要性在于可以超越文字，进行抒情达意。的确，信使的现场仪态、实际措辞以及对问题的应答对于君主之间的沟通至关重要。在具体谈判过程中，带有指令的信函尤为重要，因为它们提供了具体的指导方针，而且往往为信使们提供了设法让对方妥协和自己作出让步必须使用的确切措辞。

互赠礼物也是外交沟通的重要形式之一。外交礼物可以传递出政治信号，威望和荣誉可以借此展现或保留，是任何一次外交使命不可分割的组成部分，可以创造、保留和强化与其他国家的政治联系。礼物可以赢得接收者的欢心，体现出对对方的敬重，为谈判铺平道路。外交礼物往往从一大堆物品中精挑细选出来，特点是拥有贵重的材质、精巧的工艺、很高的审美价值，同时稀有且价值连城（Siebenhüner，2013：532）。外交礼物赠送的经典案例是西班牙国王腓力三世遣使加西亚·席尔瓦（Don Garcia de Silvia y Figueroa）赴波斯萨菲（Safavid）王朝宫廷，并携带了"经过两年多的讨论，精心搜集而来的"（ibid.）的礼物，包括火器、服饰、容器、酒杯、奢华的纺织品、银盒、珠宝首饰、印度香料和具有异国情调的艺术品，其中一些物品属于西班牙皇室所有。拥有独一无二的艺术设计和珍贵材质的手工家具、象征荣誉的长袍、珍稀动物和镶嵌宝石的匕首也可以作为送给对方的外交礼物。昂贵的礼物有助于增加对方对所提外交要求的兴趣和接受提议的可能性。礼物对于外交活动极其重要，携带不合适的礼物，或根本没有准备礼物，可能产生严重后果。譬如有可能损害赠予者的声誉甚至使国家蒙羞。赠送外交礼物曾经（现在依然）严重依赖当时的文化、社会和政治环境。

在外交交往中，拜占庭人"依靠间接战略和延迟策略，以避免不必要的诉诸武力"（Sofer，2013：8）。拜占庭帝国经常强调其政治和军事优势、帝国的绵延存续、富丽宏大，以及敌我宿命的强烈对比。为了让周边的"野蛮民族"印象深刻、心悦诚服，拜占庭高度重视外交仪式，包括向来访者展示各个宏伟的宫殿和教堂，或在殿堂之上举办盛况空前、使其眼花缭乱的欢迎宴会。"整个访问期间，对使节的招待旨在给他们留下深刻印象，但不允许他们以任何方式与接待官员以外的人接触，或者看到任何他们不该看到的东西"（Hamilton and Langhorne，1995：16）。拜占庭外交的特点是精心设计的仪式和宣传体系，而且这一特点具有相当的延续性，高度发达。拜占庭帝国也许是最早开始对外交人员进行机制化培训的国家。外交人员需要招募，之后经过悉心培训，了解并遵循拜占庭帝国的风俗习惯，观察国外局势并报回国内，同时，还要同其他国家谈判相关条款（Sofer，2013：8）。贿赂、奉承和联姻成为避免战争的工具，拜占庭人还利用关于蛮族统治者和各级别要员的相关情报，建立联盟，瓦解军事入侵（Shepard，2004）。

在地球的另一端，中国对于中日关系的外交主导地位开始在7世纪遭到挑战。公元607年，日本派遣的访华使团试图通过将日本统治者称为"日出处天子"，并将中国统治者称为"日没处天子"，以期望与中国建立起平等的外交关系。中国皇帝拒绝接受这封信件。然而，共同的儒家价值观促成了相互之间的高接纳度，并降低了威胁感。因此，日本人并不认为应该挑战当时中国的世界秩序，再加上日本的经济状况决定了其保持与其他亚洲国家的贸易往来至关重要。中国与邻国之间的外交往来具有实践和礼仪的双重意义。面对面的会见往往安排在神圣庄重的公开场合。"这种公开会面的安排始于国与国之间缺乏互信时期的风俗，统治者不敢对带有随从的他国统治者大开城门。"这些会晤是为了谈判战争与和平、干涉与防御等问题，确认友好关系，以及进行联姻。

（三）冲突管理

宗教是整个中世纪各种冲突管理方法最重要的灵感来源。由于天主教会在13世纪与神圣罗马帝国的斗争中主要使用外交方式，所以，教会法和罗马法相结合，形成了框定和裁决外交争端的关键工具，这一情况直到宗教改革时期才得以改变。教会法学家们裁定战争正义与否以及谁是和平的破坏者，并制定了外交行为准则。正义战争原则可以追溯到这一时期，出现在圣·奥古斯丁、托马斯·阿奎那和雨果·格劳秀斯的著作中。尽管中世纪许多外交关系受制于私法，因而建立的批准并不是强制性的，有时甚至只是依据惯例形成的，但没有得到完全授权的信使或教廷使节所达成的协议只有在得到委托人正式批准后才具有约束力（Queller，2004：211）。这种做法与当今国际条约的审核或批准类似。

  伊斯兰教在公元6世纪的崛起带来了基督教之外对冲突管理的法律程序和正当理由的解释。形成于公元9世纪的"伊斯兰教法"明确区分了达尔·伊斯兰（穆斯林居住区）和达尔·哈尔白（战争区，所有非伊斯兰国家）。两者之间一直处于战争状态，直到前者征服后者。许多中东统治者都有王权思想，认为他们可以合理合法地对各种各样、常常重叠交叉的对象进行统治。例如，从公元1250年到1517年间统治埃及和叙利亚的马穆鲁克苏丹人就把自己看作伊斯兰教和伊斯兰社会的军事守护者。这些相互矛盾的意识形态将偏执带入了他们相当频繁的外交活动中，这是"表达其正统性和诋毁竞争对手的最重要舞台"（Broadbridge，2008：6）。不过，他们的外交互动仍基于尊重外交豁免权及对仪式感重要性的认同之上。事实上，为对方使节所提供的食物和花费金钱的数量，体现了派遣国外交代表团的地位；同时，会晤期间使节的行为也是经过精心设计的，反映了双方的地位。

  拉丁美洲也出现了在冲突管理上相互矛盾的宗教概念。15世纪后半期，阿兹特克人和印加人能够在相对较短的时间内征服大量领土。这些征服之所以成功，是因为阿兹特克人和印加人掌控了传统的宗教观念和仪式，从而拥有相对于竞争对手的决定性优势。例如，阿兹特克精英阶层越来越迷恋于证明他们祖先的合法性，并强调文化中带有军国主义色彩的战争崇拜和自我牺牲精神。此外，他们还根据墨西哥神祇的意志描绘了移民历史和当前统治（Conrad and Demarest，1984：25-27）。同样，印加人利用"顺从的心理"和大肆宣传不断提醒人们帝国拥有的实力（Ogburn，2008：225）。

四、现代外交

15世纪末,欧洲的一系列变革共同引发了一场重大的外交革新:建立常驻使节(见词汇表)制度。同时,整个欧洲大陆建立起了主权国家体系,外交带有了实质上的延续性(Hurewitz,1961:141;Sofer,2013:10)。伴随外交制度化发展,大使的社会地位得到了极大改善,他们高效运转代表团的能力也得以加强。外交结构性转型成功的关键在于宗教改革带来的宗教分裂,这基本上摧毁了中世纪信奉的宗教普世性原则,取而代之的是"领土—主权"合法性原则,也就是"国家理由"(见词汇表),这成为外交行动的主导性原则。外交实践实现了"去基督教化和去欧洲化",以常识为新基础,所以外交实践逐渐在非西方世界兴盛起来(Hurewitz,1961:141)。

(一)代表程序

设立新的常驻使节办事处是为了满足统治者尽可能多地了解邻国国内事务的需要(见专栏2-3)。早期,主权国家政府面临的潜在不稳定性导致它们竭力防范"外交代表与反对派组织谋划的颠覆"(Hamilton and Langhorne,1995:38)。主权国家期望常驻使节能够适应驻在国情况,以评估可以在多大程度上介入当地的政治阴谋。此外,常驻使节还需要关注本国同胞的安全,并为他们的海外业务提供协助。

专栏2-3 意大利常驻使节的兴起

意大利是整个欧洲外交制度发展的典范。意大利的五大城邦国家米兰、威尼斯、佛罗伦萨、教皇国和那不勒斯之间仍然处于不稳定的平衡状态，而像卢卡、曼图亚和费拉拉这样的小国只有在强大的邻国相互猜忌的情况下，才能免遭入侵。常驻使节可以发挥观察驻在国情况和提高外交预警的作用，以应对任何国家对均衡状态的威胁。常驻使节的广泛设立有助于避免可能出现的联盟迅速分化组合导致的危机（Mattingly，2004：222）。

至少在常驻使节制度建立初期，使节们的社会背景差异很大，这对外交成效产生了不同的影响。英格兰常驻使节是典型的绅士阶层，中等家庭出身，一般尽职尽责；法国常驻使节通常是等级较低的贵族，善于把握战略机遇；西班牙任命的是有贵族血统的高素质人才，在外交技能上享有盛誉；威尼斯常驻使节往往是统治者的家庭成员，致力于撰写冗长但并不重要的外交报告；而荷兰的常驻使节来自各行各业，据称在外交通信的日常管理方面并不十分擅长（Carter，2004）。随着时间的推移，人们越发认识到常驻使节外交技能的重要性。正如一位观察者所言，"确实很难对常驻使节的技能做出过高评价。国家的命运经常取决于外交官审慎而明智的行为。他们的成功几乎完全要看能激发出多少人们对其的信心和尊重（Murray，1855：43）。

因此，常驻使节需要具备以下条件（Nicolson，1988：35-36）：

> 他必须是一位优秀的语言学家，尤其要掌握拉丁语，也就是当时的外交通用语言（见词汇表）；必须意识到，所有外国人都值得怀疑，因此必须藏锋守拙，能让所有人感到愉悦；必须热情好客，聘请一位出色的厨师；必须很有品位且学识渊博，广泛结交社会上的作家、艺术家和科学家；必须天生有耐心，尽力维持谈判，并模仿梵蒂冈巧妙而精湛的拖延艺术；必须能够做到不屈不挠，不喜形于色，

不溢于言表；私生活须如苦行僧，以免给敌人散布丑闻的机会；能够宽容自己政府的无知和愚蠢，并知晓如何以缓和的方式处理那些激进的指令。最后，他应该牢记，公开的外交胜利会让对手感到屈辱，并有意报复；优秀的谈判者从不应该采用威胁的手段、恃强凌弱或斥责对手。

不遵循这些规定可能会导致紧张的外交关系。一些情况下，驻在国可能会拒绝接受特定的人选担任大使。首先，如果大使曾与该国皇室存在误解，只有等误解得以圆满化解之后才能出使。其次，拒绝接受大使是为了避免他到来后出席一些他不便参加的仪式。最后，一国君主也可能拒绝接受一位曾经冒犯过他或让他感到厌恶的大使（Murray，1855：57）。

为了掌控外交官如何履职尽责，再加上后来由黎塞留引入了"连续谈判"（见词汇表）的概念，法国于 1626 年建立了第一个外交部，其字面意思是"处理陌生人事务的部门"。黎塞留用两个理由来让外交集权合理化。一方面他相信：

> 谨慎选择大使和其他外交代表是非常重要的，必须严惩那些越权的人，因为犯这样一些错误会使统治者的声誉和国家利益受损。
>
> （Richelieu，1947：355）

另一方面，他认为除非谈判由一个单独的权威机构来指导，否则不会有效，特别是因为"连续谈判"会让矛盾和误解成倍增加。

尽管常驻使节制度在西欧逐渐成为惯例，但世界其他地方采用这种方式则相对缓慢，并且时断时续，变化很大，这取决于这些国家是否愿意接受这一发轫于欧洲的外交风格，或是否具备一开始就建立起外交关系的能力。东方的苏莱曼大帝就是一个很好的例子。

> 他急于在欧洲扮演一定角色,然而［奥斯曼人］深信其天然优越于世界其他地区……他们在两个世纪的时间里都不愿接受欧洲的常驻使节观念,也不愿冒很大风险放弃将暂时性动用武力作为外交政策的基础。
>
> (Hamilton and Langhorne,1995:37)

后蒙古时期,俄罗斯的国家利益涉及亚洲地区和欧洲地区。1586年第一位法国派出的大使抵达莫斯科,而俄罗斯直到1615年才派使节赴法。

在沦为殖民地之前,非洲大陆各国之间也建立了外交关系,进行协商谈判、划定边界,解决历史争端和潜在危机。在欧洲殖民者到来之前,非洲并非"无主之地"(即"真空地带"或"不属于任何人的土地")(Smith,1989:141),非洲的国家在处理与和平和战争相关的国际关系时具有连贯和理性的特点。非洲统治者选派两种类型的外交官——大使和信使,他们大体上分别与中世纪的代理人和教廷大使的角色类似。大使具有全权代表的地位,可以根据自己的意愿解决争端。信使没有这样的权力,他们只负责传送命令或信息,不能参与谈判(Irwin,1975:93)。但无论是哪一种外交互动方式,非洲统治者都坚持认为应该给予身在国外的外交代表适当的尊重。

《威斯特伐利亚和约》签订之后,国际体系实现了国内合法性从王朝原则向领土主权原则的转型(Hall,1999),这带动了外交官效忠的对象从君主向国家的转变。在思想认识上,这一发展离不开"国家理由"的原则。马基雅维利对政治家风范(statesmanship)的认识为这一原则提供了智力准备,黎塞留则赋予其清晰的思想体系,使其成为外交政策的指导性原则(Butterfield,1975:11)。"国家理由"将近代早期外交官与君主之间建立在个人关系基础之上的忠诚,转变为不带有个人色彩的与主权国家之间的隶属关系。外交官依然为元首服务,但却从更广泛的意义上保护和强化主权国家的声望,而不是君主个人。然而,"国家理由"却让忠诚与背叛之间界线模糊。如果认为道德上的考量与外交政策的执行并不相关,以国家生存为名可以肆意行事,那么如何才能阻止外交官利用权力违反国际法甚至挑动战争(Bjola,2016a:216)?

(二) 沟通方式

常驻使节的主要职责是收集有关驻在国国内政治状况的信息,并向本国政府报告有关事态发展情况。为此,大使就需要与驻在国掌权者建立紧密联系,构建两国政府之间良好的沟通渠道,并向本国政府提供最优的行动建议。常驻使节在执行任务时通常享有相当程度的自由裁量权。他们可以自行决定何时、用何种方式来最好地执行命令,并将本国政府的目的和动机解读给另一个国家的政府(Nicolson,1988:82-83)。

他们发回的报告"非常详尽,似乎充满了政治琐事和无休止的有关常驻使节谈话的逐字记录"(Hamilton and Langhorne,1995:33)。这种报道方式得以保留,以便大使馆的秘书和文员能够发现常驻使节在谈话现场所忽视的一些重要关联信息。但是,常驻使节与国内官员之间不断增加的外交沟通并没有使得官僚机构的效率提高、能力增强。这经常造成外交关系缓步不前,甚至出现错放条约文本的情况。因此,黎塞留最早建立起来的外交部是精简外交活动的合理、必要的步骤。

同样受人关注的还有通过仪式来确认大使在资产阶级中较高级别的身份地位。首先,外交仪式可以清晰地衡量出国家之间对各种身份地位的期望和回应(见专栏2-4)。派遣国可以通过派出使团的豪华程度和团长的资历来体现其财富和权力以及对接受国的重视程度。与之对应，接受国则通过接待质量、住宿富丽堂皇的程度、庆祝活动的性质以及馈赠礼物的价值等体现自己的立场。事实上，"强国或友邦政府的特使享有远远超过其他人的荣誉"（Murray，1855：86）。

专栏2-4 外交声望政策

16世纪早期，欧洲强国包括由弗朗索瓦一世统治的法国、查理五世统领的神圣罗马帝国和亨利八世为国王的英格兰，他们都非常希望与其他强国建立同盟关系。1520年，亨利和弗朗索瓦同意在法国加莱附近会面。为了在气势上超过对方，两位国王不惜一切代价展现自己的财力。他们竖起金线织成的帐篷（用真金丝和丝绸编织而成），组织骑马长枪比武及其他技能和力量比赛，举办奢华的宴会，在各个方面都试图胜出，并在花费上超过对方。这次奢华的会晤俗称"金帛盛会"。在盛会上，亨利提出要与弗朗索瓦来场摔跤比赛。结果弗朗索瓦将亨利摔倒在地，赢得了比赛。盛会也因此戛然而止。这次会晤持续了将近三个星期（1520年6月7日至6月24日），几乎使法国和英国的国库破产，而且毫无政治意义，弗朗索瓦和亨利没有签署任何条约。数周之后，亨利与神圣罗马帝国皇帝查理五世签署同盟条约。签约不到一个月，查理五世向弗朗索瓦宣战，英国不得不跟着对法宣战（Russell，1969）。

外交沟通的基本要素是语言。15世纪之前，拉丁语在书面条约和口头交流中都是主要的外交沟通语言。随着神圣罗马帝国的衰落和宗教分裂的加深，外交官之间很少使用拉丁语交流，更为普遍的做法是通过翻译进行谈判。虽然法语被俄罗斯贵族频繁使用，但到

17世纪末，俄罗斯也拥有很好的外语服务，有15名笔译官和50名口译官，可以翻译拉丁语、意大利语、波兰语、罗马尼亚语、英语、德语、瑞典语、荷兰语、希腊语、鞑靼语、波斯语、阿拉伯语、土耳其语和格鲁吉亚语。他们中大多数人是在俄罗斯工作的外国人或之前的战俘（Zonova，2007：13）。18世纪法语成为主要的外交语言，这一地位直到第一次世界大战结束才逐渐被英语所取代。

大使在获取信息和展开交流方面拥有一些优势。最重要的是，他们享有外交豁免权。这些豁免——特别是大使人身不可侵犯、民事或刑事诉讼的豁免以及私下进行宗教活动的自由——都是在宗教、法律和实践基础上给予外交官的。第一，在宗教方面，大使具有"神圣"的属性，他们被视为宗教团体领袖的代表。第二，罗马法包含了对外交豁免的法律限定，豁免的范围主要随教会法（如延伸到住所）以及此后治外法权原则的法律先例而得以大大扩展，如不遵守教会法，则面临开除教籍的威胁（Hamilton and Langhorne，1995：41，45）。

第三，各国互相保护使节的安全是基于现实的考量。实际上，统治者普遍相信，在互惠基础上授予的外交豁免权是解决困扰中世纪外交使团驻扎时长和人身威胁问题的先决条件。马丁利（Mattingly，1955：48）解释如下：

> 该法规赋予大使履行其职务所需的一切特权和豁免权。但这并不是为了给大使滥用这些特权和豁免权以达到其他目的提供便利，就如同税务员拥有的特权不应保护他们敲诈勒索一样。

另一个重要的发展是大使财政来源和住宿事宜的标准化。很长一段时间，常驻使节都是由驻在国政府提供免费住宿和津贴。这种做法经常让外交官难以获得足够的资金来搜集信息，并维持"其委托人所建议的，使节应有的招待水平"（Mattingly，1955：166）。从 15 世纪开始，由派遣国政府承担常驻使节费用的做法越来越普遍，这让使节们可以在津贴和住宿上独立于驻在国（Hamilton and Langhorne，1995：57）。然而，派遣国支付费用的标准化并不意味着使节们不再抱怨薪资问题。实际上，当时常常出现候任大使拒绝接受任命的情况，理由是他们可能会因此蒙受财产损失（Roosen，1973：136）。

（三）冲突管理

作为国际秩序构成的基本原则，威斯特伐利亚体系领土主权概念的确立，有助于欧洲大小国家之间建立起等级关系的新格局。这一秩序往往导致国家过度关注自己的身份得到认可的程度和外交位次（见专栏 2-5）。象征性的仪式可以传达出有关各方之间关系的准确信息，并预示所讨论事项的重要性。此外，使馆之间的关系是通过仪式建立起来的，这意味着"每位大使在各种场合都会争取超过他人的最高地位，这种竞争在宫廷典礼上最为激烈"（Hamilton and Langhorne，1995：64）。

专栏 2-5　外交等级

1661 年 9 月 30 日，瑞典大使在进入伦敦时发生了一起争夺优先权而引起的严重的外交事件。西班牙大使瓦特维尔派他的马车夫驾车，车上载有四十余位武装仆从。法国大使德斯特拉德伯爵的马车也在现场，并且由 150 人护送，其中有 40 人持枪。在瑞典大使上岸并坐上马车之后，法国大使的马车打算顺位紧跟其后。但西班牙人试图阻止法国使团如此排序，所以法国人拔剑刺向西班牙人并向他们射击。路易十四知晓此事后，即令驻马德里代表进行索赔，若西班牙拒绝，就立即宣战。西班牙国王因急于避免两国关系破裂，就把瓦特维尔从伦敦召回，而且明令禁止所有西班牙大使同"最具基督教精神"的国王派出的大使竞争位次。这个问题直到1761年8月15日"家族条约"缔结之后才得以解决。条约第十七条规定，在那不勒斯和帕尔马，因两国君主同属于波旁家族，法国大使始终享有优先位次，但在其他宫廷，法国大使的地位应按照到任日期来决定。如果两国大使在同一天到任，那么法国大使仍享有优先位次（Satow，1979：17）。

外交位次受到高度重视。教皇试图在1504年公布一份备忘录来解决外交位次问题。在这份备忘录中，他首先将自己置于所有君主之上，随后是法国、西班牙、阿拉贡和葡萄牙国王。该备忘录未能缓解外交紧张局势，位次问题继续成为之后将近两个世纪国家间政治关系激化和偶尔采取军事冒险政策的主要根源。1815年召开的维也纳会议最终解决了这一问题，根据大使提交全权证书的日期先后确定外交位次。1818年召开的亚琛会议进一步阐明，会议代表必须按字母顺序签署条约。

通过增强新独立的主权国家的合法性以及建立持久的政治联盟和管控危机，联姻在处理外交关系方面发挥了重要作用。伊丽莎白一世与安茹公爵之间的婚姻谈判既受国内解决王朝继承问题的影响，同时也关乎英国与西班牙两国的关系（Mears，2001：458-459）。哈布斯堡帝国通过积极推行将王朝联盟嵌入政治联盟、和平条约和友好外交关系网络之中的外交战略，明确了其谋求欧洲的霸权地位的野心（Fichtner，1976：247）。19世纪40年代，英国试图劝说法国和西班牙政府以有利于伦敦、巴黎、马德里和维也纳的方式解决西班牙女王伊莎贝拉二世和她妹妹路易莎·费尔南达的婚姻问题，这是其维持欧洲主要大国之间岌岌可危的外交均衡战略的一部分（Guymer，2010）。

依据"国家理由"原则，缔结秘密条约是保护或推进国家利益的首选方式，但也是导致外交紧张的主要根源。1516年，英王亨利八世与西班牙国王查理五世谈判结盟，共同对付法国国王弗朗索瓦一世，但随后查理五世转而与弗朗索瓦一世缔结秘密条约。1668年，英国和尼德兰签署秘密条约迫使法国国王路易十四与西班牙和解，但这对他没有任何影响。路易十四已经与奥地利皇帝签订密约，据此他们将在西班牙国王去世时瓜分西班牙领土。1815年，在拿破仑被流放到厄尔巴岛之后，盟国在维也纳召开会议，重新调整欧洲版图。会议期间，英国、法国和奥地利签订了一个针对俄罗斯和普鲁士这两个按理来说是它们盟友的秘密条约。这个秘密条约并没有保密很久，沙皇在条约签署后立即就知晓了。拿破仑三世曾私下向俾斯麦提出法国应该得到比利时和卢森堡，作为他与新的德意志邦联之间保持友谊德方需要付出的代价（Low，1918：211-212）。

随着时间的推移，欧洲大国（英国、奥地利、普鲁士、俄国和法国）越来越认识到有必要直接会晤来防止外交紧张局势的危险升级。会议外交起源于近代在奥斯纳布吕克和明斯特召开的会议，历经三十年的宗教冲突之后欧洲通过1648年的《威斯特伐利亚和约》恢复了和平（另见第四章）。其后是于1712年至1713年召开的乌得勒支和平会议，召集了83名全权代表来解决由西班牙王位继承问题带来的欧洲争霸战争（Meerts and Beeuwkes，2008）。最重要的是，为解决拿破仑战争，各国在1814年召开了维也纳会议，建立起欧洲协调（见词汇表），开启了大国（英国、奥地利、普鲁士、俄国和法国）领导人定期面对面协商的做法。五大国领导人共进行了41次会晤，处理了一些与西班牙、希腊和比利时有关较为棘手的外交问题。通过这种做法，维也纳体系避免了大国之间产生直接冲突；直到1856年克里米亚战争爆发，这一体系才被打破（见专栏2-6）。

专栏2-6 欧洲协调的运行

解决希腊问题的伦敦会议（1827—1832年），是一次大使级会议，也是首次召开的此类会议，旨在一劳永逸地解决希腊问题（防止希腊对奥斯曼帝国统治者的反抗引发大国之间的战争）。大使们讨论了法国对希腊的领土占领，以及新国家的宪法、边界、人口乃至国王。这一在各国共同努力下产生新的主权国家的做法前所未有。最重要的是，这是通过慎重审议的方式产生的：提出建议，并在没有采用"高级政治"的情况下进行辩论。由于谈判人员不需要时刻关注俄罗斯的态度，因此可以自由地讨论这个问题。此外，会议纪要和最终议定书被公之于众，欧洲的几个大国在战时外交中也提到了这些内容（Mitzen, 2005：13-14）。

19世纪会议外交产生的有趣结果是阐明了关于"体系利益"（见词汇表）的基本原则，即实力足够强大的国家接受道德义务的约束，谨慎而克制地追求利益，以避免对国际社会的运行造成严重破坏。这一原则反映在欧洲国家领导人给予的外交支持上。他们并不光彩地依据这一原则，不允许殖民地产生可能扰乱欧洲大陆的势力均衡的争端（见专栏2-7），拒绝向殖民地反政府运动提供支持，并偶尔通过瓜分殖民地的战利品来践行这一原则（Darwin, 2001：9）。

> **专栏 2-7　非洲的殖民隔离**
>
> 在 1884 年 11 月 15 日至 1885 年 2 月 26 日召开的柏林西非会议上，欧洲各主要大国通过一系列谈判，决定中非地区刚果河流域归属有关的所有问题。葡萄牙提议召开此次会议，谋求对刚果河河口的特殊权益。与此同时，欧洲大国面对彼此在非洲的殖民扩张所产生的嫉妒和怀疑也促成了此次会议的召开。柏林会议的《总决议书》宣布刚果河流域保持中立（实际上在第一次世界大战期间并未能阻止盟国将战争扩大到该地区）；确保流域所有国家的贸易和运输自由；禁止贩卖奴隶；拒绝葡萄牙对刚果河河口的要求，因而英国、法国和德国原则上同意建立独立的"刚果自由邦"（Encyclopædia Britannica, 2011）。

五、小结

- 古代外交互动多为临时性的。外交代表、沟通和谈判模式在很大程度上受到各种政治实体之间对权力不对称认识水平的影响。王权主要是利用外交手段来建立和维护与邻国或任何其他互动团体之间在政治、宗教或军事上的优势。
- 在欧洲，这一时期的大多数外交活动都是由信使和教廷使节进行的。然而，不同于一般使节，教廷使节被赋予全权代表，可以私人签订合约并代表宗教领袖进行协议的谈判。
- 近代常驻使节制度是 1648 年威斯特伐利亚会议之后世俗主权国家崛起的产物，主要大国为防止危险的外交紧张升级，对"持续和秘密"的谈判方式的依赖性也逐渐增强。常驻使节在执行任务时享有更广泛的自由裁量权。同时，他们享有的外交豁免权首先以宗教为基础，随后在法律和实践基础上得到逐步巩固。

- 维也纳会议之后，会议外交成为19世纪冲突管理的有效方法。欧洲协调通过让各参与方感到势力均衡，鼓励各国保持自我克制。
- 作为君主的忠诚代表，外交官在近代早期受惠于道德保护。贵族式荣耀和专业化考量抵消了他们在道德上的过错。"国家理由"将外交忠诚的对象从君主变为国家。这一变化为外交官提供了挑战统治者权威的道德支柱，但也让他们的职位更易出现对道德的滥用。
- 表2-2展示了从古代至近代外交的演变。

表2-2 外交的演进

	古代外交	中世纪外交	现代外交
代表程序	使者或长老、传令官和外侨官	信使和教廷使节	常驻使节
沟通方式	使团不断更换；签署条约和建立联盟；以仪式、地位索求和程序为中心	"活体信"；仪式和宣传；使节待遇彰显沟通地位；威望和荣誉	使节是沟通的中心。大使要与驻在国领导人建立密切的关系，构建两国政府之间畅通的沟通渠道，并向派遣国政府提供政策建议
冲突管理	和平协定；仲裁；用宗教框定解决冲突的外交实践；重大节日；国际条约	宗教是框定外交争端的重要方式。在欧洲地区，教会法和罗马法用于框定和裁决外交争端；在中东地区，伊斯兰教带来了另一种对冲突管理的法律程序和正当理由的理解；拉丁美洲也出现了在冲突管理上相互矛盾的宗教概念	通过联姻建立持久的政治联盟；通过缔结秘密条约保护或推进国家利益；通过会议外交建立起各国领导人的直接会晤，防止外交紧张局势升级

思考题

1. 古希腊、古罗马和古埃及的外交代表方式有何不同？哪些因素可以解释这些差异？

2. 宗教在古代与中世纪怎样塑造了外交冲突管理的方法？欧洲协调体系对19世纪的冲突管理做出了哪些贡献？

3. 外交仪式是如何演变的？哪些特点在外交实践发展过程中一直存在？为什么？

4. 15世纪末才建立常驻外交代表机构，如何解释该机构发展的缓慢性？

5. 哪些因素推动了近代外交豁免权的扩大？这个问题在古代和中世纪时期是如何处理的？

6. 中世纪的外交声誉问题有多重要？

7. 外交交流在中世纪和近代都面临着哪些挑战？

推荐阅读

Berridge, Geoff, H. M. A. Keens-Soper, and Thomas G. Otte. 2001. *Diplomatic Theory from Machiavelli to Kissinger: Studies in Diplomacy*. Basingstoke, UK and New York: Palgrave.

这本书通过代表性学者、政治家、国际律师和历史学家的著作，为学生提供四百年外交思想的入门指南。

Fletcher, Catherine. 2015. *Diplomacy in Renaissance Rome: The Rise of the Resident Ambassador*. Cambridge: Cambridge University Press.

这本书深入研究了文艺复兴这一外交发展关键时期使节扮演的角色。通过引述档案材料和社会文化史的观点，作者指出，教廷和罗马城是近代欧洲外交体系形成的中心。

Hanmilton, Keith, and Richard Langhorne. 1995. *The Practice of Diplomacy: Its Evolution, Theory, and Administration*. London and New York: Routledge.

这本书追溯了从早期到20世纪后期外交关系和外交方式转变与发展的历史,展现他们如何随着技术进步和现代国际环境的变化而改变。

Satow, Ernest Mason. 1979. *Satow's Guide to Diplomatic Practice*. 5th ed. London and New York: Longman.

这本书是该领域的国际经典著作,全面介绍了不同国家以及国际组织之间开展外交的规则、法律和公约。

Sofer, S. 2013. *The Courtiers of Civilization: A Study of Diplomacy*. New York: State University of New York Press.

这本书通过综合运用历史证据、社会学分析和政治思潮,探讨了外交官面临的职业困境,既要扮演谈判者、光荣间谍、精明的交易者、劝解者和技术官僚的角色,同时还要在统治者和勇士的世界里巧妙周旋。

第三章　伍德罗·威尔逊与第一次世界大战后的新外交

本章目标
- 使读者了解第一次世界大战后新外交产生的历史根据
- 使读者了解新外交原则留给当前国际交往方式的制度性遗产及局限性

一、引言

哈罗德·尼科尔森将18、19世纪欧洲大国之间的外交模式称为"旧外交"（见词汇表）。"旧外交"基于以下五个特征：第一，欧洲被视为世界各大洲中最重要的一个洲。的确，人们普遍认为，如果没有欧洲五大强国的参与，任何战争都不会成为一场重大战争。第二，大国比小国更为重要，因为它们拥有更广泛的利益和责任，最重要的是，大国拥有更雄厚的财力和更多的武器（Nicolson，1988：74）。这种全球等级体系也导致第三个特征，即大国对于小国和维护和平负有共同责任。国际社会普遍接受大国对小国之间的冲突进行联合干预，从而阻止冲突演变成为大国之间的危机。

第四，在《威斯特伐利亚和约》基础之上建立起来的国际秩序中，维护和平需要具有很高教育水平和丰富经验的专业外交部门。

这一时期，外交使团往往出身贵族，能够展示出独立于其国家身份的集体形象。第五，"持续和秘密"的谈判对于成功处理各主要大国之间的关系至关重要。谈判不用受到公众期待和时间压力带来的影响，各方可以普遍保持理性和谦逊的态度。反过来说，协议文本"不是仓促即兴而成或仅有空洞的形式，而是经过深思熟虑后起草的"（Nicolson，1988：77）。

旧的外交方式逐渐由欧洲大国向世界各地输出。整个19世纪，国际外交关系网络不断扩大。截至1914年，英国驻外使团共有41个，其中19个在欧洲以外的国家（Hamilton and Langhorne，1995：110）。伴随着越来越多非西方国家的加入，这一外交体系逐步调适，稳步发展，实质上越来越全球化而非欧洲化。然而，外交关系的扩展往往因当地或区域政治局势而复杂化。在亚洲以及非洲的一些地区，统治者往往拒绝让自己的国家受外界影响，其政治结构有时与威斯特伐利亚体系的领土主权原则不可调和。而在远东地区，欧洲列强时不时地需要利用其更胜一筹的军事力量来确保长期的外交代表权。

发生在1914年至1918年间的第一次世界大战深刻改变了近代外交。人们认为旧外交加速了战争带来的巨大破坏，因而声誉遭受重大打击。批评者认为战争的根源在于"各帝国之间的敌对态度和商业竞争，随之而来的军备竞赛，追求均势政策，（特别是）秘密条约和公约支撑且巩固了战前的同盟国和协约国"（Hamilton and Langhorne，1995：136）。简而言之，整个外交界都因为无法阻止战争的爆发而备受指责。人们强烈呼吁采取行动，对外交实践和外交机构进行一次彻头彻尾的改革。

从旧外交过渡到"新外交"（见词汇表）是由另外三个因素决定的。第一，大国之间普遍存在对于殖民扩张的渴望，尤其是德国，这对各国外交政策产生了重大影响。然而均势限制了这一渴望，人们普遍认为，攫取过多的利益并不明智，也会破坏大国之间的外交关系。领土扩张和殖民战争从两个不同的角度给外交关系带来了巨大压力：两者都加剧了大国之间对殖民地的竞争，并激励了殖民地纷纷谋求自决权。

第二，通信速度的迅速提高对传统外交互动和谈判方式产生了相当大的影响。在新通信技术出现以前（例如电报、电话），信息发送、接收和回复需要花费数月时间。通常大使需要很久才能接到详细的任务指令。这意味着外交官们"错失了一次又一次的机会"，因为他们"花费大量时间撰写精彩的形势报告，而当他们的电报到达派遣国之时，形势已经完全改变"（Nicolson，1988：82）。各国政府之间讨论议题的数量、紧迫性和复杂性要求各国外交秘书之间进行更加频繁和直接的接触。因此，双边或多边会议作为处理外交关系的新形式变得日益重要。

第三，美国在全球事务中的影响力不断上升，特别是美国人对欧洲外交方式极不信任，这意味着外交行为规则必须做出相应调整。美国总统伍德罗·威尔逊在第一次世界大战结束时提出的"新外交"在外交发展的历史上具有重要意义。从本质上讲，美国的外交信条基于这样一种信念，"处理对外事务的理念和实践也可以用来处理国内事务，这些世世代代都是自由民主所必不可少的组成部分"（Nicolson，1988：84）。

第一次世界大战期间，这些因素共同促成了对外交互动目标和方法的新思考。"新外交"的支持者认为，外交政策不能依靠秘密和均势。相反，他们主张三条指导原则：公众问责，确保外交政策能够在民意的监督下维持稳定（特别是在民主国家）；民族自决，自由主义原则中关于个人权利的认识在国家层面的延伸；集体安全，消除滥用武力的机制。本章将要回顾新外交这三个关键特征的演变，考察它们对于近代外交官角色的影响，并且评估最初提出的三个改革目标的实现程度。

二、公开的和平条约：负责任外交

（一）问责的案例

威尔逊在其著名的"十四点"（见词汇表）的第一条中要求"公开缔结和平条约，嗣后国家间不得有任何类型的秘密默契，外交应始终坦诚而公开地进行"（Wilson，1918）。其中对透明度和问责制的强调并非偶然，它揭示了美欧两个重要思想流派之间的深刻冲突，这一点在第一次世界大战中得到了充分证明。

在欧洲人看来，透明度从两个方面来讲都存在严重问题。一方面，外交在传统上属于王室特权，是君主留下的最后一种神圣属性。因此，即使在君主立宪制国家，外交也不可能受到公众的监督。另一方面，欧洲战争和冲突的历史使政策制定者认识到外交事务是一个独立的领域，在很大程度上不受国内政策制定方法的影响。出于这一原因，有人认为外交超出了普通公民的理解范围，需要复杂的管理战略，在此基础之上，过度的透明和问责有可能会破坏外交决策，制造和加剧不必要的国际紧张局势。

在美国人看来这两种观点都缺乏说服力，一是因为当时美国政治制度更加民主，二是因为美国拥有独特的地理位置。乔治·华盛顿在告别演说中明确警告同胞们，模仿欧洲的外交野心和方法是危险的："为什么要把我们的命运同欧洲任何一部分的命运交织在一起，把我们的和平与繁荣投入欧洲的野心、竞争、利益关系、古怪念头或反复无常的罗网之中呢？我认为，诚实是最好的政策，这句格言不仅适用于私事,亦可用于公务。"(Washington,1924)这些原则并没有阻止美国人打着"门罗主义"(见词汇表)的旗号在西半球进行扩张主义外交,但国会对美国外交政策的监督有助于巩固人们对民主可以有效约束外交这一理念的信奉。

美国具有根深蒂固的自由主义传统,认为所有国际条约都应该像其他国内法一样由议会公开进行谈判和批准,尤其是考虑到第一次世界大战的爆发,这种想法便被视为预防战事的最佳措施。如果德国与奥匈帝国之间的条约得到公众和议会的严格审查,那么德国在多大程度上愿意在奥塞战争中支持奥匈帝国?同样,如果两国提前知晓意大利与法国之间签署的秘密条约,内容包括如果德国进攻法国的话意大利会保持中立,奥匈帝国和德国在多大程度上仍会决定参战?用当时一位细心的观察者的话来说,公众问责"不会带来乌托邦,但它使外交诚实、坦率、干净;问责不会使几个世纪以来的诡诈与阴谋得逞,给欧洲带来杀戮与痛苦"(Low,1918:220)。

威尔逊坚持让国家之间的交往保持透明并接受监督,该呼吁对外交产生了持久的影响,直到今天仍清晰可见。与此同时,最初承诺的"外交应始终坦诚而公开地进行"并未实现。这不是因为外交机构缺乏议会监督,大多数民主国家在这方面都比较完善,而是由于外交决策和监督仍主要在暗中进行,公众具有很小的影响力或只有形式上的影响力。

外交实践包括对于国际体系的维护和治理。外交官推动的大多数国家利益,很少在议会或政府部长之间进行讨论,因而公众的影响非常有限。外交官通过对外交流不仅交换了意见,还协助国家确定立场,出台政策。外交官不单单扮演着国际社会传令官和看守人的角色,他们立场鲜明,阻止也制造着全球冲突,积极推动国家间经济、政治和文化联系的深化(Adler-Nissen,2015:27)。这凸显出处理国际事务时存在一定程度的"民主赤字"。威尔逊自己也不得不直面这一困境,面对着和会旷日持久、毫无结果的前景(Kissinger,1994:232),威尔逊被迫背弃在巴黎举行"公开会议"的承诺,允许大国操控会议进程,并秘密地进行所有外交谈判。局势急转直下,致使一位法国评论员哀叹,"一切都在黑暗中进行……维也纳和会的秘密都比巴黎和会要少"(Marquardt,2011:86)。由于缺乏公众问责,外交在秘密中进行,也可以说秘密外交的开展,与国家之间不正当的交往活动密切相关。

因为如此,在近两百年时间里,外交与情报一直存在关联。正如斯滕贝尔所言:"起源于公元前6世纪至公元前4世纪的波斯阿契美尼德帝国,情报机构作为政府的一部分,发展程度很高。在接下来的数个世纪里,阿拉伯人、土耳其人、阿富汗人、蒙古人和印度人纷纷效仿。"(Stempel,2007:122)早期外交部门和情报机构的功能差别并不大,在处理国际关系时秘密行动成为普遍的做法。

> 在秘密外交整个概念背后体现出政府对于普通民众根深蒂固的不信任。秘密外交意味着所有政府事务需要秘密执行,直到最终方案确定下来且只有在民众可能受到损失或处于危险之中才会做出改变……领导人担心,如果民众知晓他们一天天的所作所思,弄清背后的深层动机,民众将不再支持他们,而是会指责他们,甚至最终通过选举或革命的方式抛弃他们。
>
> (Punke,1956:84)

1815年拿破仑战争结束后签订的《维也纳条约》明确了外交官不能干涉其他国家内政,以及坚决谴责间谍活动的原则。由此,专业间谍机构和外交部门的差异开始出现。尽管国家纷纷建立起独立的情报机构,外交实践中的秘密性并未消失。鉴于外交谈判的敏感性，外交实践继续保持着不同程度的保密性。随之而来的问题是采用秘密外交的方式是否正当，如果正当的话，从规范角度来讲，何时开展秘密外交才合情合理，也就是说，才能有助于发挥外交实践的作用（Bjola，2014：85）。应该说在某些情况下，"民主赤字"是必要的，对公众公开外交谈判和外交关系的所有情况实际上会损害其有效性。

通过秘密外交签署的条约可以解决各方迫在眉睫的问题，但也会带来长期的历史阴影，有时甚至产生悲剧性的影响。例如，1916年英国与法国秘密签订的《赛克斯－皮科协定》（Sykes-Picot Agreement）。19世纪，中东地区由于对欧洲列强来说具有重要的地缘政治意义而开始具有全球价值。伴随20世纪初奥斯曼土耳其帝国的分崩离析，英法两国毅然决定瓜分帝国的阿拉伯行省，以不同形式分而治之，实行直接统治、划分"势力范围"和"经济区"（Simon and Tejirian，2004：11，96）。这份协定确定了今日中东国家的基本版图。然而，由于协议划分时并没有考虑到这一地区的文化、民族和宗教多样性等因素，更没有征求当地人民的意见，这些国家至今仍在为形成清晰的国家认同和发展成为主权独立的民主国家而斗争（Sicker，2001：3）。

从更加积极的角度来看，秘密外交助力了《中美气候变化联合声明》的达成。这一声明发布于2014年11月12日，正值2015年《联合国气候变化框架公约》缔约方大会召开前夕。2015年缔约方大会被广泛视为可以有效签署国际条约，将气候变化的影响控制在合理范围内的最后机会。中美两国都是全球温室气体排放大国。多年以来美国一直以要求中国采取同等措施为由，拒绝采取积极举措控制温室气体排放量。中国则更多关注国内发展，并据此制定政策。因此每年的缔约方大会都难以取得重大进展。联合声明的突然发布预示着中美两国都有达成一致的意愿,该声明被视为确保2015年缔约国大会取得成功迈出的一大步。尽管之后特朗普政府决定退出《巴黎协定》,联合声明难以继续发挥作用,但在这一案例中,秘密外交毫无疑问帮助推动了气候变化谈判进议程。

自从威尔逊开始,外交问责的原则在许多国家实现了制度化,然而根本问题依旧存在:外交问责与外交效率之间的界限何在?美国、欧盟和伊朗用不同的方式解决了在两者之间的权衡。接下来我们将会对此做进一步讨论。

(二)议会监督

1. 美国

美国在行政部门的外交决策中拥有最强有力的议会监督制度。事实上,美国国会通过两个专门委员会来控制外交政策:参议院外交关系委员会和众议院外交事务委员会。这些委员会负责监督美国总统的外交政策制定,并批准美国国务院预算。比如说,参议院外交关系委员会负责监督美国政府的外交政策机构,包括美国国务院、国际开发署、千年挑战公司和美国和平队。委员会还审查并审议所有外交人员的提名和国际条约的签署,以及与美国外交政策有关的所有立法。为此,该委员会定期组织听证会,并发布特别事务报告(U. S. Senate Committee on Foreign Relations, 2015)。

除了这两个专门委员会之外,国会还通过其他几个机构监督外交政策。参议院情报特别委员会监督中央情报局和其他情报机构,白宫国家安全委员会和参议院军事委员会处理国防事务,众议院筹款委员会和参议院财政委员会为国际贸易相关问题提供咨询,而众议院和参议院拨款委员会经常就对外援助有关的立法进行审查。行政部门需要报告其在海外的所有行动,美国总统在未经国会授权情况下只能在海外开展 60 天军事行动，对外政策资金设定的预算限制，以及委员会的审查体系，对于国会监督美国的外交议程发挥了强力的作用。尽管如此，这些监督制度所起到的作用也终归有限。总统可以以国家安全为名利用立法中的"例外条款"，两大党之间存在的意识形态分歧，以及行政部门在外交政策上采取主动措施所享有的优势等，都会削弱国会在外交事务中的权威（McCormick，2005：330-331）。

2. 欧盟

欧盟对外行动署（EEAS）由欧盟外交与安全政策高级代表（HR）领导，在功能上独立于欧洲理事会和欧盟委员会，但通过各种形式对欧洲议会及欧洲理事会负责，并通过外交事务委员会对成员国负责。外交事务委员会在日常管理外交事务中自主运作，但从法律角度来看，需要起草和执行由各欧盟机构根据有关政策领域的规定作出的决定。例如，在共同安全与防务政策（CSDP）方面，理事会保留决策权。欧盟对外行动署颁布的政策中一部分是由外交事务委员会制定的，该委员会由欧盟外交与安全政策高级代表领导，委员会授权其履行职权。尽管担任主席职务，依据法律原则，欧盟外交与安全政策高级代表必须保持沉默。但实际上，欧盟外交与安全政策高级代表在决策过程中要在多大程度上保持沉默，有很大回旋余地。

尽管欧洲议会在草拟欧盟对外行动署职权时只起到了形式上的咨询作用，但欧洲议会通过预算控制、获取机密信息和审查高层次人员的方式，对欧盟对外行动署施加影响——欧洲议会以此机制性架构逐渐获取在欧盟对外事务上的发言权。第一，议会和委员会通过行动和行政预算来全面控制欧盟对外行动署的预算，通过新设立的首席运营官的职位来解决行政和预算问题，从内部监督行动署的费用、成本和组织结构。欧盟委员会负责行动预算的支出，这些仍属于委员会预算的一部分。事实上，正如欧盟理事会 2010 年第 427 号决议规定的，外交事务委员会和预算委员会对欧盟预算外的共同外交与安全政策行动支出具有更大的监督权（Council of the European Union，2010）。

第二，欧洲议会可以参与评估，但是没有正式批准欧盟派驻世界各地代表团高级外交官的权力。欧洲议会只有在外交官得到任命之后、派驻国外之前可以对其进行问讯（EU High Representative，2010：para 5）。修改后的《里斯本条约》（Treaty of Lisbon）赋予欧盟委员会主席一项新的特权，即可以解雇委员会成员，也包括欧盟外交与安全政策高级代表。这一特权赋予欧盟执行机构一定的基本影响，并延伸到欧洲议会。第三，议会有权了解共同外交与安全政策及共同安全与防务政策的发展情况。事实上，根据《欧洲联盟条约》第 36 条的规定，欧盟外交与安全政策高级代表的任务是"定期同欧洲议会就共同外交与安全政策的主要内容和基本选择进行磋商"，并"确保欧洲议会的观点得到适度考虑"（Council of the European Union，2010：Preamble para. 6）。

总而言之，欧洲议会的监督作用在预算层面仍然体现得最为突出，而在实质性决策层面则相当有限。如上所述，欧洲议会在高层任命方面并没有很强的影响力，且其申请举办委任代表情况介绍会的要求不一定得到批准，而欧盟外交与安全政策高级代表依然掌握着同议会议员分享机密信息的权力，以及许多实质性政策指令是来自其他机构的。

3. 伊朗

在伊朗的神权政体中，伊斯兰革命最高领袖具有绝对的外交决策权，但外交政策的起草工作主要由几位重要的官员负责，他们是最高领袖、总统兼国家最高安全委员会（HGNS）主席、伊朗权益委员会（Expediency Council）主席和外交部长。随着国家最高安全委员会成为"伊朗政策制定的神经中枢和外交政策争论的主要机构"，总统对于外交政策的方向拥有"毋庸置疑的主导权"（Jones，2009：99）。议会对外交决策的监督相当薄弱，大多数政策由行政部门相关机构制定，最终由最高领袖决定。议会参与的一个机制是由议长参加的国家最高安全委员会，委员会负责制定伊朗的外交、军事和安全政策。

更有实质意义的是，伊朗议会（Majlis），是讨论外交政策议题的场所，并通过间接的方式影响政策的执行，尤其是通过诸如外交事务委员会等机构影响政策执行。例如，议会可以正式要求相关部门说明与执行外交行动有关的问题，并根据宪法条款有权批准或否决行政部门签署的国际条约、谅解备忘录和合约。尽管极少使用且影响有限，但议会确实保有传讯总统或外交部长的权力。2012年3月伊朗议会对前总统内贾德的外交和国内政策提出质询，指责内贾德挑战最高领袖的权威，这是1979年伊斯兰共和国成立以来前所未有的。

2011年6月，外交部长阿里·阿克巴尔·萨利希提名一位颇受争议的人物做副手，为此，33名伊朗议员向议会议长请求弹劾萨利希。后来萨利希提名的人提出辞呈，议会才取消了弹劾程序（Bozorgmehr，2011）。最后，由最高领袖任命的六位神学家和由司法机构提名并经议会批准的六位法学家组成的宪法监护委员会，仍然是伊朗国内事务中最有影响力的决策机构，但在制定外交政策中仅扮演间接的辅助角色。它的作用仅限于在形式上确保总统的外交法案不违背伊斯兰国家宪法和法律。在实践中，监护委员会的权力"通常是技术性的，主要处理伊朗与其他国家的双边协议"（Jones，2009：100）。

三、自决：平等和民主

（一）自决的案例

伍德罗·威尔逊在美国国会的系列演讲中阐述了关于战后秩序的构想并提出了两个彼此相关的原则，它们都深深植根于美国政治平等主义和民主权利这些自由主义传统之中。首先，所有的主权国家，无论大小，都应在相互关系中享有同等的待遇和权利。其次，无论是国内还是国际政治体制，都应当基于"被统治者的同意"（见专栏3-1）。

> **专栏3-1　威尔逊的自决概念**
>
> 和平必须建立在国家间平等的基础之上，如要使和平持续，必须权利平等；相互交换的承诺必须不能暗示大国、小国、强国、弱国之间的差别。权利必须建立在各国共同力量之上，而不是以个人力量为基础，和平依赖于国家之间的协调一致……除此之外，还有一个比确保组织内各国权利平等更深层次的问题。政府的一切正当权力均应源于被统治者的同意，主权国家也无权将其人民像财产一样转让给其他主权国家，如果这一原则得不到认可和接受，那么和平便无法持续，也不应该得以持续（Wilson, 1917）。

威尔逊的提议对外交来说完全是革命性的。一方面，他坚持认为没有任何一个国家的主权可以凌驾于其他国家主权之上，从而与殖民主义和帝国主义政府划清了界限。另一方面，他暗示外交政策不仅应关注传统的国家间谈判，还应在人民的权利被滥用时着眼于深入推动"政权更迭"（当然他当时并没有使用这一术语）。可以肯定的是，在战争结束时，无论是平等还是自决原则体现出的民主特性都没有得到彻底贯彻。美国拒绝通过新成立的国联参与欧洲事务；事实证明，自决原则所固有的矛盾和分歧也难以解决。例如，主权平等原则可能会让美国与其欧洲盟友，特别是英国和法国，产生外交冲突，因为不难预见，这些欧洲盟友将坚定维系它们的殖民帝国。

一战后的外交妥协是为了限制自决原则在欧洲应用，特别是在处理奥匈帝国领土问题方面。奥匈帝国的分崩离析导致中欧地区出现了四个新的国家（奥地利、匈牙利、捷克斯洛伐克和南斯拉夫），这一地区还有在俄国退出一战后建立起来的五个国家（爱沙尼亚、拉脱维亚、立陶宛、芬兰和波兰）。欧洲地区之外民众的自决权"暂时被委托给那些由于资源、经验或地理位置而可以更好地承担这一责任的国家"，也就是说，为前殖民地国家建立自治政府做好准备（League of Nations，1924：Art. 22）。

奥拉尼杨通过分析有关尼日利亚外交演变的案例阐述了这一观点。他认为，殖民主义遗产、国内政治结构和机制、经济依附关系以及外部影响塑造了尼日利亚的外交应对方式和外交行为。出于殖民化的原因，尼日利亚与其他国家的政治关系都绕不开其独立诉求。作为英国殖民地并面对冷战形势，尼日利亚的直接盟友都属于西方阵营和英联邦国家。在很长一段时间里，尼日利亚关闭了与东方国家交往的大门。尼日利亚第一批外交官在牛津大学接受培训，并在英国外交部以及英国驻华盛顿、渥太华和里约热内卢的使馆进行暂驻实习训练。

> 独立后的一段时间里，尼日利亚在一些国家的利益需要英国外交官来照顾，因为尼日利亚无论在这些地方有什么样的利益都难以承担维持外交代表机构所需要的费用。
>
> （Olaniyan，1996：6）

自决原则从理论建构转化为外交战略暴露出三方面局限性。第一，如果严格执行自决原则可能会导致无休止的政治分裂，因为没有任何分割方案可以适应在有根深蒂固的种族或宗教分裂的地区提出的各种主张。库尔德人提供了一个相关案例：库尔德人共有3000万—4000万（西亚第四大民族），在19世纪到20世纪初欧洲的国家建构过程中没能建立起统一的国家（Sulkunen，2015：27）。如今库尔德人占据着横跨土耳其、叙利亚、伊朗和伊拉克的领土，实现独立不仅需要这四国实现政治结盟，还需要在这一地区有利益关切的世界大国参与其中。

第二，自决也可能会成为地区不稳定的诱因，它助长了领土收复主义者的气焰，激起地区内对抗，并为大国毫不费力地利用这些国内分裂提供了外交机会。就像20世纪30年代末的纳粹德国，以350万苏台德地区德国人要求自决权的名义，不费一兵一卒，就吞并了捷克斯洛伐克（参见第九章的案例研究）。类似的策略还出现在近年发生的克里米亚危机中，俄罗斯以保护这片领土上俄罗斯人的权利和民族自决为由将克里米亚归并俄罗斯联邦。

第三，如果"基于被统治者的同意"成为一项不仅高度适用于国内而且适用于国际政治的原则，那么国际社会是否有责任在缺乏这一原则或这一原则存在缺陷的国家来执行自决呢？在威尔逊"十四点计划"提出87年后，2005年联合国召开世界首脑会议，提出了"保护的责任"这一正式声明。此后，国际社会有权干涉他国内政，这与原有的国际规范背道而驰。实际上，如果国家不能保护其人民免遭种族灭绝、战争罪、种族清洗和反人类罪的侵害，该国便不再享受其主权原则的保护，国际社会有保护该国人民的责任（UN General Assembly，2005）。

（二）法律规定

为了解决这些问题，国际社会已经采取了一系列旨在澄清自决权范围和限制可能滥用自决权情况的法律措施。例如，《联合国宪章》的第1（2）条和第55条充分承认了"尊重人民平等权利及自决原则"（UN，1945）。1970年《关于各国依联合国宪章建立友好关系及合作之国际法原则之宣言》通常被视为关于这一问题最具权威性的文件，因为它不仅承认自决权作为国际法的一项基本原则，而且详细说明了可以接受的实现方法，比如"一个民族自由决定建立自主独立国家，与某一独立国家自由结合或合并，或采取任何其他政治地位，均属该民族实施自决权之方式"（UN General Assembly，1970）。自决原则影响或补充了国际法的其他原则，因而必须结合不干涉、禁止使用武力、国家一律平等和一国之内人人平等等原则来解读（Brownlie，2003：555）。

从外交上回应分离问题有三种不同的形式。例如，边界调整对区域稳定构成的潜在风险促使非洲统一组织在1964年通过务实的决议，敦促保护殖民地边界的完整性，不管是否属于基于占有地保有原则（见词汇表）的种族分隔。对另一些国家来说，脱离宪法授权的国家分离只是一种救济性权利，是反对大规模和持久侵犯基本人权行为的最后手段，这也是对科索沃实行人道主义干预（见词汇表）的原因。最后，事实上的独立和事实上的主权国家是不一样的，因为后者意味着"根据某些规则赋予某种特定状态的法律地位"（Crawford，2006：5）。换句话说，通过分离实现自决权与集体承认独立国家地位的条件紧密联系在一起。

上述最后一点呼应了威尔逊之前间接提到的一个观点，他认为有必要将促进民主作为实现国际和平的长效方案。威尔逊也意识到这一方案存在潜在的风险，他指出，尽管自决成为一种普遍性原则，民主却不一定会普遍适用："我不是在为民主而战，而是为了想要获得民主的人民而战……如果他们不想要民主，那是他们的事，与我无关。"（引自 Thompson，2010：35）"政权更迭"的理念在冷战结束之前一直不温不火，但冷战结束之后，美国在全球通过和平或军事手段传播民主观念，"政权更迭"的理念变得非常重要。例如，1998年美国国会通过"伊拉克解放法案"，宣称"美国的政策应该支持推翻萨达姆·侯赛因在伊拉克的统治，推动民主政府取代萨达姆政权"（U. S. Congress，1998）。对外交官和政策制定者的考验仍然与威尔逊时代相同：在自由扩张主义意识形态的伪装下，如何避免民主和平的概念变为"民主战争"（见词汇表）？

（三）会议外交

自决原则带来的另一重要影响是会议外交的勃兴。毋庸置疑，此类外交模式在一战之前就早已存在（参见第二章欧洲协调的案例）。然而，交通、财政和安全问题限制了古代和中世纪会议外交的发展，当时的会议外交主要是为了解决战后安排问题。19世纪国际会议数量稳步提升，但是真正实现爆炸式增长是在一战结束之后（见表3-1）。部分原因在于行为体数量和各国之间交往的增加，越来越多的问题需要用国际化、超出两国范畴的外交手段解决。这些问题涉及新独立国家的领土划分、减少战后赔偿、海军裁军谈判、气候变化、健康和国际安全。现代案例包括联合国气候变化公约谈判、世界贸易组织会议以及旨在解决朝核问题的六方会谈。

表 3-1　1840—1939 年间每十年国际会议的数量

年份	会议数量
1840—1849	5
1850—1859	22
1860—1869	75
1870—1879	149
1880—1889	284
1890—1899	469
1900—1909	1082
1910—1919（一战）	974
1920—1929	2913
1900—1939	3655

数据来源：Leguey-Feilleux，2009：275。

此外，许多领导人认为，国际冲突主要是沟通失败的结果。如果拥有最终外交决策权的人能够通过面对面会谈直接解决问题，而不是借助外交人员的话，就可以避免上述情况。这种看法增强了对于会议外交作为危机管理工具所能发挥价值的信心，特别是包括美国、苏联（SU）和 30 年代的德国在内相当数量的大国，当时并没有参加像国际联盟（见词汇表）这样的多边体制框架。阿施-沙勒姆（Ish-Shalom）将这种国家元首之间的直接会晤称为王室或首脑外交。他认为外交官与国家元首之间的分工越来越不合理，这"导致外交陷入永久危机，失去了民心"（Ish-Shalom，2015：10）。他认为，外交分工越来越模糊，新的外交形式正在产生；"行政领导承担了外交责任，每天需要为国家进行私人（以及公共）外交，这已成为普遍现象"（Ish-Shalom，2015：11）。国家元首正在主导外交实践的方方面面，这导致了"'饱受争议的例行公事'这一现象的产生，这是一种永久性危机：社会政治环境致使例行公事变成危机"（Ish-Shalom，2015：13）。其结果是领导人疲于奔命，专业外交官丧失本职，民心出现动摇。

如前文所述，除了危机管理这项核心功能之外，会议外交逐渐演变为涵盖其他重要内容的外交活动，如在2010—2013年欧元区危机和2015—2016年难民危机期间，欧盟领导人就举行了多次峰会。从协商的角度来看，会议外交常常是信息交换和综合讨论共同关心话题的论坛。例如，2010年起每两年举办一次的核安全峰会汇聚了全球领导人，讨论改善全球核安全的工作计划。从谈判的角度来看，会议外交使得缔约方可以根据早先达成的协议来审查进展情况，或者准备新的条约草案。例如，《联合国气候变化框架公约》缔约方会议作为讨论和谈判的平台，每年有来自80多个国家的约1000名代表参加，审议1997年签署的《京都议定书》（Kyoto Protocol）第一阶段（2008—2012年）和第二阶段（2013—2020年）承诺的各项条款的执行情况，还就近期达成的《巴黎协定》展开谈判。

会议外交在带来多边包容性收益的同时，也要付出代价。将大量代表团集中在一起开销巨大，并可能导致棘手的后勤安排难题，因此多边会议必然是短期活动，所以讨论的问题常常搁置不决。例如，联合国海洋法会议耗时整整九年，而世界贸易组织多哈回合谈判在启动十多年后未能取得进展。此外，在媒体数量接近饱和的时代，多边会议很容易出现政治化倾向，可能会提高领导人对取得重大成果的期望，因而公然无视专业外交官的建议。岛津（Shimazu，2014：225）进一步认为，多边会议的媒体宣传使谈判有变为"文艺表演"的风险，因为领导人只顾公众形象。与此同时，这些会议带来的媒体关注，可能会使各种团体企图引入高度分裂和意识形态化的议题来操纵会议，而这些议题大多与会议讨论的主题并无关联。

决定会议外交成败的因素有哪些？首先，准备工作至关重要。特别是对于国际性会议来说，通常需要三到四年时间的筹备。会议召集方往往要建立一个筹备委员会，撰写并磋商会议初步草案，制定详细的会议议程，确保所有利益相关方，包括非政府组织或国际组织，都得到充分的咨询（Leguey-Feilleux，2009：281）。文化和意识形态的兼容性也是重要因素之一。特别是在国家元首和政府首脑参加的高层峰会上，这些因素可能潜移默化地强化错误直觉，增加不必要的期待。例如，1961年6月，美国总统肯尼迪在维也纳与苏联领导人赫鲁晓夫会谈的失败，很大程度上就归因于两位领导人无法克服他们的意识形态差异。

会议外交的有效性还取决于缔约方在多大程度上具备将会议决议转化为具体政策的能力。例如，二十国集团近来成为全球重要外交论坛，很大程度上是因为其灵活的体制结构和强大的经济凝聚力使其目前可以在解决全球金融问题上取得良好效果，未来也许还包括在环境问题上发挥作用。尽管缺乏永久的制度结构和正式权限，七国集团仍能够在全球治理中发挥强有力的领导作用，因为它往往将政策的执行委托给由七国集团成员控制的重要国际机构网络［国际货币基金组织、世界银行、经济合作与发展组织（OECD）等］。最后，尽管广泛地参与会议外交可能会放大协调问题，减少达成共识的机会，但主要利益相关方不同形式的自主参与还是对克服执行阶段的阻力至关重要（Carr and Norman，2008）。

四、集体安全：法律与审议的权力

（一）集体安全的案例

威尔逊"十四点"的最后一点是建立一个"国际联合组织……目

的在于使大小国家均获得政治独立和领土完整的相互保证"（Wilson，1918）。这一点建立在新外交个人和国家两个组成部分基础之上，且是这两部分的强化。在个人层面，公众通过对外交政策的监督使得外交决策变得更加透明和负责，从而限制了外交精英的冒险行为。在国家层面，自决原则旨在从根源上消除被视为战争主要诱因的政治压迫。最终在体系层面，集体安全承诺通过促进互信、国际合作及和平解决国际争端来防止各国之间的军事竞争。前两个组成部分在外交实践中有坚实的根基，但集体安全至今仍然任重道远，尽管有建立国际联盟和二战后建立联合国两次大胆的制度化尝试。

具有讽刺意味的是，建立集体安全组织的想法最早出现在英国。英国长期以来都是均势的捍卫者，在一战期间希望将美国拉入战争。在美国看来，国际秩序的削弱并非源于均势（见词汇表）的存在，而是由于各国对均势的追求。威尔逊认为，世界安全不是为了维护国家利益或现实政治（见词汇表：国家理由），而是为了将和平变为一个法律概念（Kissinger，1994：222-223）。尽管这一想法并未引起专业外交官的多大兴趣，但威尔逊对此坚信不疑，再加上英国希望继续维持与美国的友好关系，而法国则盼望这一组织可以约束德国，以此来维护法国安全，这些因素确保建立联盟的想法最终取得成功（Hamilton and Langhorne，1995：158）。国际联盟的建立旨在促进和平解决争端，在穷尽联盟关于仲裁及和解的程序和调解争端的方式之前，禁止成员国发动战争。

针对"可能引发的争端"，《国际联盟盟约》设立了一系列程序，"由联盟会员国提交仲裁，或司法解决，或由［联盟］理事会进行调查"（League of Nations，1924）。会员国同意"彼此不得向遵从报告书建议之任何一方发动战争"（第15条），以及"尊重并保持所有联盟会员国之领土完整及现有之政治独立，以防御外来之侵犯"（第

10条)。盟约还对国家惯有的战争权设定了主要限定条件：征服权不再存在！仅仅在自卫条件下使用武力才可视为合法，即使在那时，也只是在有限的条件下。诉诸战争仍需满足两个前提：如果联盟理事会未能就争议事项达成一致决定，或者争议其中一方未能遵守理事会所做的决定(第15条)。会员国无视这些规则会受到经济制裁，面临其他会员国使用武力的威胁。

国联逐渐变得无力执行盟约，这最终导致其分崩离析(见专栏3-2)，但《国际联盟盟约》的关键条款在二战后的《联合国宪章》第2条第4款中得以重新确立，如禁止使用武力、禁止以武力相威胁。《联合国宪章》第2条第4款中仅提及两个例外条款：单独或集体自卫(第51条)和集体安全(第7章)。在这两种情况下，只要干预的目标是"保护和捍卫国家已经享有的价值，而非攻击和攫取他国拥有的价值"，那么使用武力便可被视为合法(McDougal and Feliciano, 1994: 18-19)。

专栏3-2 阿比西尼亚危机

1935年，意大利入侵阿比西尼亚(埃塞俄比亚)，公开蔑视盟约，迫使法国和英国做出艰难的抉择：是支持国联，疏远意大利，还是公然蔑视国联权威，否定它未来在国际政治中扮演的任何角色，以维持同意大利的友谊。法国和英国外交部门试图采取折中的方法，一方面维持国联作为一个潜在的能够实施集体制裁的机构，另一方面拉住意大利，使其成为阻止纳粹德国向奥地利和巴尔干半岛扩张的关键力量。然而，此事件最终以最糟糕的结果收场：国联土崩瓦解，意大利也站到了德国一边。国联确实对意大利实施了武器和贸易制裁，但仅仅持续了7个月，而且并没有对军事活动所需武器实行严格限制(Ristuccia, 2000)。

换句话说,《联合国宪章》强调的是维持而非变革现有的领土和政治安排(例如,坚持威斯特伐利亚体系的主权原则)。因此,第51条承认国家有权单独或集体抵御武力攻击,但这并非绝对的。实际上,自卫权是历史遗留权利,因为所有联合国成员都应该受到集体安全的保护。根据第51条,"武力攻击"的发生是合法使用自卫权的强制执行条件。依据这一逻辑,任何针对潜在威胁展开先发制人的行动都违反了《联合国宪章》。然而,国际习惯法在这一问题上的规定似乎更为宽松,只要满足必要性和合理性两个条件,就可以依法采取预先性自卫(见词汇表)。换言之,一国考虑先发制人需要证明另一个国家的武力攻击迫在眉睫,且该行动的规模需要与威胁相称。

(二) 外交挑战

《联合国宪章》条款的解释和执行已委托给联合国安全理事会(UNSC),它是联合国的主要执行机构。安理会的结构反映了二战结束时的国际权力分配,越来越多的新兴国家(包括印度、巴西和日本)对此感到不满。安理会五大常任理事国是战胜国(美国、英国、法国、苏联/俄罗斯、中国),其余十个席位由联合国其他成员国轮流分配。五大常任理事国根据《联合国宪章》第27条(UN,1945)拥有一票否决权。安理会的这两个特点是为了解决国联存在的一个主要缺陷:在制定和执行国际规则时,不征求主要大国的意见或将其排除在决策机构之外。

从外交学的角度来看,集体安全提出了两个重大挑战:第一,在重大问题上如何得到大国的支持?第二,一旦大国拒绝,怎么办?在国联辩论这种正式场合体现出的平等和参与并不能把权力因素排除在外。事实上,国联的争端解决程序更像是"在兜圈子,最终产生的结果无非取决于英、意、法、德四国是赞同还是反对"(Carr,

2001：98）。《联合国宪章》规定的否决权制度（见词汇表），通过为大国提供留在制度中的强大动机解决了这一缺陷。从消极方面看，这一制度可以使大国阻止任何可能危害自身或其盟友利益的决议。这是冷战期间联合国安理会常任理事国及其盟友多次违反《联合国宪章》的一个主要原因。

目前关于将集体安全概念扩展到涉及先发制人行动和人道主义干预的辩论，再次表明机制性架构难以约束大国。最终，依照《联合国宪章》第41条和第42条（参见专栏3-3），安理会是否有法定权利，可以授权开展先发制人的打击活动或人道主义干预已经变得不甚重要了，更重要的是安理会决议能否满足五大常任理事国的利益。平心而论，联合国的外交官们在要求大国承担它们似乎并没有准备好承担的责任时，需要慎之又慎。对外交技巧的真正考验不在于费力达成并不适用的法律框架，而在于努力在安理会内外建立联盟关系，以此取得外交成效。

专栏3-3 联合国威胁、挑战和改革问题高级别小组关于授权使用武力等问题的建议

（1）威胁的严重性。扬言要对国家或人类安全造成的伤害是否足够明确和严重，按照初步证据应当使用武力？如果是国内威胁，该威胁是否涉及种族灭绝和其他大规模杀戮、种族清洗或严重侵犯国际人道主义法行为，是否实际存在或预计很快发生？

（2）正当的目的。是否明确无误地表明，不管有无其他目的或动机，拟采取军事行动的主要目的是制止或避免有关威胁？

（3）万不得已的办法。是否已经探讨通过非军事途径消除有关威胁的各种办法，且有正当理由认为其他措施将无法发挥作用？

（4）相称的手段。拟采取军事行动的范围、时间和强烈程度是

否为应对有关威胁的最低限度?

（5）权衡后果。是否有相当把握认为军事行动可成功消除有关威胁，且行动后果不会比不采取行动的后果更加糟糕？（UN，2004：para. 207）

因此，解决这个难题的办法在于让外交人员创造确凿的实例，来支持或反对集体安全行动的合法性。这涉及三个步骤。第一，该决定必须建立在坚实的法律基础之上，利用《联合国宪章》和国际习惯法中最相关的法律标准。第二，支持或反对干涉的正当理由需要达到国际社会关于使用武力的最高道德标准，如联合国威胁、挑战和改革问题高级别小组界定的行动准则。第三，也是最为关键的一点，外交官必须确保他们的论据具有充分的说服力，且满足审议合法性（见词汇表）的条件（Bjola，2005）。这意味着案例的支撑事实真实完整，是能够获取到的最佳证据；受影响的各方都可以参与辩论，具有平等的权利提出论点或挑战主张的有效性。最后，参与各方要展现出真正的兴趣，即通过论辩推理达成对诉诸武力的理解（Bjola，2009：76）。这种外交手段可能难以总是凌驾于大国的利益之上，但可以使大国难以仅仅以国家利益为名证明自己行动的正当性。

从伦理角度来看，外交官艰难地充当桥梁作用，一边扮演国际社会守护者的角色（Bull，1995：176），另一边承受着国内追求狭义国家利益的压力。维护国家利益的同时捍卫国际准则是一项充满挑战的任务，有可能导致各方面的怀疑乃至漠视。夏普敏锐地指出，这使外交官成为"职业陌生人"（Sharp，2009：100），即难以轻松走出忠诚和背叛之间的两难境地，同时不让他们的专业素养遭受质疑。这种矛盾要想得以缓解只有一种途径：在第二章讨论过的建立在个人层面的"忠诚于君主"的原则和建立在群体层面的"忠诚于国家"的原则这两项原则基础之上,补充另外一条原则——将外交的关注点扩展到全人类的"忠诚于人民"的原则(Bjola, 2016a)。

五、小结

- 新外交从第一次世界大战的废墟中发展而来,并从以下三条原则中得到启发:公众问责——保证对外政策征求民众同意;自决——个人权利这一自由主义原则在国家层面的延伸;集体安全——限制任意使用武力的机制。

- 公众问责要求政府经常性就外交政策做出陈述,向议会提交所有的决策条约和外交活动情况,接受议会特别委员会对外交事务的严格监督,并在选拔外交人员时推动竞争性机制。

- 自决引入了主权平等的原则。根据这一原则,任何国家都不得声称将主权凌驾于他国之上。与此同时,自决也灌输了一种思想,外交政策不仅要关注传统的国家间谈判,还应在人民的权利遭到滥用时推动更深层次的"政权更迭"。

- 集体安全作为均势政治的外交设计,意在通过增加互信,推动国际合作,和平解决国际争端,防止国家间军事竞争。集体安全的概念提出的初衷是解决侵犯国家主权的问题,但集体安全现在面临着压力,需要顾及国际社会对先发制人行动和人道主义干涉上的关切。

- "忠诚于人民"的原则将外交伦理的关注范围扩展到全人类。作为国际社会的守护者,外交官由于效忠对象的分裂而面临质疑,但是他们也帮助创造并修订各种规范,让国际合作成为可能。

思考题

- 哪些因素促成了"旧外交"向"新外交"的过渡？
- 民主问责和秘密外交之间应该如何权衡？
- 威尔逊自决原则的两个组成部分是什么？它们对外交实践提出了哪些挑战？
- 20世纪的会议外交与欧洲协调之间有什么不同？
- 集体安全应该达到什么程度？集体安全的原则在外交上面临什么限制因素？如何才能使其更有效？
- "忠诚于人民"的原则是何含义？它如何才能弥合外交官在维护国家利益的同时捍卫国际规则所面临的伦理要求？

推荐阅读

Nicholson, Harold. 1988. *The Evolution of Diplomatic Method, Cassell History*. London: Cassell.

这本经典的教科书涵盖了一位著名英国外交官的四场很有见地的讲座，分别涉及古希腊、古罗马、文艺复兴时期的意大利、17世纪的法国和20世纪五个时期的外交。

Ikenberry, G. John (ed.). 2009. *The Crisis of American Foreign Policy: Wilsonianism in the Twenty-first Century*. Princeton, NJ: Princeton University Press.

这本著作研究了主导二战结束之后美国外交政策的自由国际主义传统，具有启发性。

Bjola, Corneliu. 2009. *Legitimising the Use of Force in International*

Politics: *Kosovo*, *Iraq and the Ethics of Intervention*. London and New York: Routledge.

本书探讨了在国际关系中合法使用武力的条件。它以交往行为理论为基础，对如何理解国际政治中使用武力的正当性问题给出了具有启发性的回答。

Carr, Edward Hallett. 2001. *The Twenty Years' Crisis, 1919-1939: An Introduction to the Study of International Relations*. Basingstoke, UK and New York: Palgrave.

这是一本国际关系研究中的经典著作，评价了新外交在二战前欧洲事务中的运用。

Crawford, James. 2006. *The Creation of States in International Law*. 2nd ed. Oxford: Oxford University Press.

本书主要讨论了自 18 世纪以来独立国家地位与外交承认之间关系的发展，涉及诸如德国统一问题，以色列和巴勒斯坦的地位问题，以及非政府团体持续施压直到立国，甚至包括在车臣等案例中，反对已存在国家的假设性权利。

Housden, Martyn. 2011. *The League of Nations and the Organization of Peace*. London: Longman.

这本书介绍了如何理解国际联盟的成就及其最终不能阻止第二次世界大战爆发的原因，这对于我们理解一战与二战期间的外交和国际关系具有重要意义。

第四章 全球外交的多样性

本章目标
- 讨论全球外交的主要特征：议题领域和行为体的多样性
- 概述外交涉及的议题领域
- 确定传统外交行为体和非传统外交行为体
- 描述这些议题领域的外交互动如何促成了体系界定国家行为的原则

一、引言

本章继续追溯外交从起源到全球化时代的演变过程。上一章已经开始讨论二战后外交出现的一个重要发展动向，即涉及更多的行为体（见词汇表）和更多议题。本章将对此进行进一步阐述。行为体和议题领域的多样性也是当今全球外交的主要特征。

传统上外交主要处理战争与和平问题，也在相当程度上涉及经济问题，而如今外交涉及的许多议题领域以前仅被视为国内政策领域（如卫生），或者对外交政策无足轻重（如环境）。议题领域的激增与外交舞台上行为体数量的增加密切相关。外交不再仅限于由专职外交机构开展。专职的外交机构现在面临来自国内的竞争，例如财政部、经济部或环保部，这些部门往往在专业领域更为擅长。同样，国际公务员——例如联合国专门机构或世界银行的工作人员——

对于议题领域细节的把握要远远超过外交人员，对于小国来说更是如此。议题领域的激增也为非政府组织和活跃分子发挥作用提供了机会。例如，他们可以通过向更大范围的公众提供详细的知识来扩大影响。

本章讨论全球外交的六个主要议题领域：战争与和平、经济、发展、环境、卫生与移民。每个问题领域的讨论遵循相同的模式：介绍这些领域的关键行为体、使用的工具和面临的挑战。

二、战争与和平

第二次世界大战结束以来，国际社会至少存在三大类安全挑战。首先是国家间冲突。二战之后，国家间冲突与之前相比升级为战争的可能性有所下降，但仍继续威胁着国际稳定。领土争端尤为如此，它比其他类型的国家间冲突更容易诱发军事对抗（Vasquez，2009）。其中一些争端，如朝鲜和韩国、印度和巴基斯坦（查谟和克什米尔）、中国和日本（钓鱼岛）以及巴勒斯坦和以色列之间的争端长期难以解决。相比之下，另外一些争端出现的时间并不长。亚美尼亚和阿塞拜疆之间在纳戈尔诺-卡拉巴赫之间的争端起源于苏联解体。南海争端涉及文莱、中国、印度尼西亚、马来西亚、菲律宾和越南，这一海域石油和天然气潜在的蕴含量是各方争端的诱因。2014年，乌克兰政治革命推翻了亲俄政府，引发了俄罗斯与乌克兰在克里米亚半岛以及顿巴斯地区的冲突。

其次是国内冲突问题。第二次世界大战结束以来，国内争端愈演愈烈，比国家间争端更具破坏性。在此仅列出1945年至2000年间最致命的几次国内冲突。1971年孟加拉国内战造成150万人丧生（其中100万人是平民）。刚果民主共和国内战前三年（1998—2000

年）就有150万人丧生。仅在1983年至2000年间，苏丹境内的战争就造成200万人死亡。一些国内冲突造成上百万人死亡，其中大多数是平民，如埃塞俄比亚（1962—1989年）、尼日利亚（1967—1970年）、安哥拉（1980—1995年）和阿富汗（1990年和2000年）（Leitenberg，2006）。正在持续进行的国内冲突尚未达到这一巨大规模。此外，在内乱、国际恐怖主义和派系战争中，阿富汗、伊拉克和叙利亚等国的平民遭受了巨大痛苦。在叙利亚，截至2016年底，大约有40万平民丧生。自美国主导的政权更迭发生之后，伊拉克和阿富汗失去了往日的稳定，陷入混乱。从2009年到2016年，伊拉克每月平民伤亡人数在89人（2009年11月）至1775人（2014年6月）之间波动。阿富汗的伤亡人数略低，但呈上涨态势（UN News Agency，2017）。

最后，冷战结束之后，国际恐怖主义越来越盛行。大多数反恐方面的外交行动主要集中在打击"圣战"恐怖主义上，1992年，一枚炸弹在也门金莫赫酒店爆炸，其目标是美国士兵。基地组织声称对此次袭击负责。随后出现了多起爆炸事件。在东非，1998年美国驻内罗毕和达累斯萨拉姆大使馆遭到轰炸。2001年9月，国际恐怖主义蔓延至美国，基地组织的恐怖分子劫持了四架商用飞机并撞向世界贸易中心和五角大楼。从那时起，国际恐怖主义影响的范围更加广泛。"伊拉克和黎凡特伊斯兰国"（ISIL）极大地破坏了已经饱受战争蹂躏的国家，如阿富汗、伊拉克和叙利亚，并对包括比利时、法国、德国和英国在内的全球反恐联盟成员发动战争。索马里"青年党"以东非国家为目标，而"博科圣地"的恐怖活动促使西非各国（贝宁、喀麦隆、乍得、尼日尔、尼日利亚）建立联盟共同应对。

我们应当采取何种外交行动应对国际危机呢？《联合国宪章》奠定了维护国际和平与安全的制度结构。《联合国宪章》尊重国家主权这一国际事务中的最高准则，并提供保护机制。保护国家主权的主要手段是和平解决争端的措施（参见第六章）和强制执行措施（参见第七章）。后者应该包含联合国系统的"牙齿"，即集体安全体系。安全理事会（见词汇表）是负责安全事务的首要机构。只有安理会有权决定执行相关措施。安理会有五个拥有否决权的常任理事国：中国、法国、俄罗斯、英国和美国，还有十个非常任理事国。非常任理事国任期两年。

在整体的国际架构内，用于解决国际安全问题的机制不断增加。在解决领土争端方面，1975年签署的《赫尔辛基协定》特别值得注意。《赫尔辛基协定》以法律形式确定了欧洲各国的边界现状，极大促进了德国和波兰之间以及德国和苏联之间长期存在的领土争端问题的解决。在其他地区也出现了关于国家边界现状的重要协议。考虑到非洲国家划定边界时带有很大任意性，非洲在阻止边界争端方面可谓相当成功。令人鼓舞的是非洲国家有时会将争端提交国际法院进行仲裁。例如，喀麦隆和尼日利亚之间关于巴尔卡西半岛的长期争端就在2008年通过仲裁得到解决。

国际机构本身就是外交的产物，因而带有很强的时代烙印。20世纪40年代召开的敦巴顿橡树园会议和旧金山会议中确立的建立联合国系统以捍卫国家主权的外交决心，必须放在当时的时代背景下才能理解。世界政治刚刚经历了两次世界大战，避免悲剧重演是建立联合国的主要目标。同样，我们必须从历史经验和冷战背景来理解《赫尔辛基协定》。从19世纪90年代后期开始，欧洲的边界争端开始激增，将民族边界和国家边境合二为一的尝试引发了一系列战争，包括两次世界大战。冷战期间，东西方多国领导人一致认为应当承认欧洲各国的边界现状，把（至少一部分）搅动历史的幽灵尘封在历史中，以使欧洲保持稳定。

当然，这些机构并非包治百病的灵丹妙药。它们至少存在三方面问题。第一，机构设计本身就带有某些目的性。《联合国宪章》旨在成为管理国家间争端而非国内冲突的工具。事实上，即使在一国饱受内战摧残的情况下，主权原则也与干涉国家内政相互矛盾。叙利亚政府对其国民发起战争，并且使用了化学武器，就是这个问题的一个佐证。叙利亚政府邀请国外势力即俄罗斯参战，这完全符合主权准则。而美国并未受到邀请，却在叙利亚政府再次使用化学武器之后，攻击了叙利亚军事目标。叙利亚政府和受邀国俄罗斯称其违反主权原则，当然也违反了国际法。

第二，国际机构——最重要的是联合国安理会，当然也有地区安全组织——向各国提出要求共同管理国际危机。譬如，安全理事会常任理事国应该共同管理危机。自2014年以来，已有六个国家试图通过共同行动来管控乌克兰危机。到2015年，努力共同管控叙利亚危机的国家数量已增至20个左右。然而，在共同管控问题上达成最低限度的共同目标也是一项重大挑战。在乌克兰危机中，各国的共同管控甚至无法阻止第二次世界大战结束之后的第一次领土归并（克里米亚）。就叙利亚而言，共同管控也无法阻止叙利亚政府使用化学武器。

第三，世界形势瞬息万变。外交有责任为国际安全中出现的新挑战寻找解决方案。历史上外交成功和失败的案例都有。20世纪90年代，苏联和南斯拉夫解体，引发了已经搁置几十年的严重领土争端，并使其重回外交轨道。例如科索沃问题，争端的激烈程度达到了近代以来之最。解决这些冲突的外交努力最终往往难以避免变为支持强行的领土变更。科索沃问题再次成为这一趋势的早期例证。这些行为削弱了维持领土现状的规则。

2005年，联合国大会（见词汇表）接受了世界首脑会议的最终成果（见专栏 4-1），在定义"保护的责任"原则时，试图将基于人道主义理由进行干涉的情况具体化。这一原则认为，主权不再是绝对的特权，主权的行使与国家对本国人民的保护责任息息相关。如果一个国家无法履行保护的责任，国际社会有责任提供保护。如果国家本身就是犯罪者，犯下了种族灭绝、战争罪、种族清洗和反人类罪等罪行，国际社会有责任在必要时采取《联合国宪章》第七章所列措施进行干预。

这听起来对主权规范产生了深远影响。但在 2010 年之后，外交演讲和国际文件中使用"保护的责任"原则的频率显著减少。2011 年联合国安理会通过第 1973 号决议，授权联合国成员国在利比亚"采取一切必要措施保护平民"。然而，当西方列强——尤其是法国、英国和美国——非常宽泛地解释这一授权，并最终推翻了穆阿迈尔·卡扎菲政权时，这一决议很快失效。

专栏 4-1　2005 年世界首脑会议成果：保护的责任

世界首脑会议关于保护的责任的描述有两段："第 138 段：每一个国家都有责任保护其人民免遭种族灭绝、战争罪、种族清洗和反人类罪之害。这一责任意味着通过适当和必要的手段，预防这类罪行的发生，包括预防煽动这类犯罪。我们接受这一责任，并将据此采取行动。国际社会应酌情鼓励并帮助各国履行这一责任，支持联合国建立预警能力。

"第 139 段：国际社会通过联合国也有责任根据《联合国宪章》第六章和第八章，使用适当的外交、人道主义和其他和平手段，帮助保护人民免遭种族灭绝、战争罪、种族清洗和反人类罪之害。在这方面，如果和平手段不足以解决问题，而且有关国家当局显然无法保护其人民免遭种族灭绝、战争罪、种族清洗和反人类罪之害，我们随时准备根据《联合国宪章》，包括第七章，通过安全理事会逐案处理，并酌情与相关区域组织合作，及时、果断地采取集体行动。我们强调，大会需要继续审议保护人民免遭种族灭绝、战争罪、种族清洗和反人类罪之害的责任及所涉问题，要考虑到《联合国宪章》和国际法的相关原则。我们还打算视需要酌情作出承诺，帮助各国建设人民免遭种族灭绝、战争罪、种族清洗和反人类罪之害的能力，并在危机和冲突爆发前协助处于紧张状态的国家。"(UN General Assembly, 24 October 2005)

也许纽约联合国总部门前最著名的艺术作品非弗雷德里克·路特斯沃德的题为"非暴力"的雕塑莫属。它呈现了一把巨大的枪，枪管上有一个同样巨大的结。雕塑提醒世人，外交旨在防止暴力和武装冲突。自第二次世界大战结束以来，军备控制一直是联合国内外一个重要的外交领域。大规模杀伤性武器是人们尝试减少甚至是全部消除的重点。按照目前的说法，大规模杀伤性武器通常被称为CBRN：化学武器（chemical）、生物武器（biological）、放射性武器（radiological,"脏弹"）和核武器（nuclear）。国际上已有一个复杂细致的制度性架构，协助使用外交手段管理除放射性武器之外的大规模杀伤性武器。在此仅列出其中的一些机制，包括1972年4月签署的《禁止发展、生产、储存细菌（生物）及毒素武器和销毁此种武器公约》（简称《禁止生物武器公约》），以及在海牙签署的《关于禁止发展、生产、储存和使用化学武器及销毁此种武器的公约》（简称《禁止化学武器公约》）和设在海牙的禁止化学武器组织（OPCW）。除此之外，还有《不扩散核武器条约》（NPT）。《不扩散核武器条约》的实施与总部设在奥地利维也纳的国际原子能机构（IAEA）和全面禁止核试验条约组织筹备委员会（CTBTO）有关。此外，所有这些军备控制制度都与日内瓦裁军谈判会议（CD）建立了联系。

外交促成了这些军控机制的建立，并逐渐发挥作用。然而，在如何解释有关它们的法律义务问题上，仍然存在诸多争议。自21世纪初以来，核军备控制尤其受到质疑。一方面，北大西洋公约组织（简称北约，NATO）以外的许多无核国家对有核国家裁军进展缓慢感到不满，它们加入了人道主义行动，与包括红十字国际委员会、和平市长会议和国际废除核武器运动在内的跨国宣传网络建立了联系。与早先成功禁止地雷和集束弹药的运动类似，这一行动将人类安全而非国家安全作为参考点。对于核武器是否为对人类安全的主要威胁，以及是否违背了现有的国际人道主义法，有核国家和无核国家认识不一。因此，应该禁止核武器。2017年7月，约三分之二的联合国成员国同意签署《禁止核武器条约》。然而，没有一个有核国家参与其中。

另一方面，有核国家试图加强核军备控制体系中的不扩散机制。美国总统巴拉克·奥巴马将核安全峰会制度化。自2010年以来，峰会每两年举行一次，聚焦于保证可用于制造放射性武器的核材料安全。2015年联合国安理会通过的伊核协议同样也是关于核不扩散。伊朗同意在一定程度上限制武器级的铀浓缩活动，也同意原子能机构（"附加议定书"）对其进行详细核查。作为回报，联合国五大常任理事国、德国和欧盟同意就取消对伊朗实施经济制裁设定时间表。

三、经济

经济是另一个已经长期存在的外交议题。虽然过去通常将其放在战争与和平之后的次要位置，但如今经济问题已经变得同等重要，在日常外交互动中的重要性甚至已经超过战争与和平。

当前国际经济体系的一些组成部分可以追溯到20世纪40年代美国领导的重组国际经济体系的努力。1944年布雷顿森林会议创建了国际复兴开发银行（通常指代世界银行）和国际货币基金组织（IMF）。各国还同意建立国际贸易组织（ITO）。但由于美国国会未批准该协议，关税与贸易总协定（GATT）作为替代品出现。然而，随着时间的推移，全球经济架构快速发展。世界银行等国际组织（见词汇表）已成为外交舞台上的重要参与者，而不仅仅为各国提供了开展外交的舞台（St Clair，2006）。各国通过外交谈判建立了新的国际组织，如世界贸易组织（WTO），还推动一些非正式的论坛制度化。这些论坛旨在讨论并决定如何进一步发展国际经济机构。最重要的是，最初在白宫图书馆举行的非正式G5会议，包括了来自美国、德国、英国、法国和日本的代表团，现已经从G6（+意大利）发展为G7（+加拿大），并暂时形成八国集团（+俄罗斯）。克里米亚归并俄罗斯之后，该集团再次重组，并将俄罗斯排除在外。与此同时，G20已经成为一个重要的外交论坛，其成员数量超过G7（+俄罗斯、南非、墨西哥、阿根廷、巴西、中国、韩国、印度、印度尼西亚、沙特阿拉伯、土耳其、澳大利亚和欧盟）。此外，一些国际高级公务员，大多数来自国际货币基金组织和世界银行，也参加了G20相关会议。轮值主席国在年度峰会上邀请一定数量的非G20成员参会已成为惯例。

G20的演变强有力地证明，经济领域的外交架构比安全领域更具灵活性，但这并不能说明它更能体现平等。G20（G7更是如此）仍然相当于一个高级俱乐部，一些成员在其中的影响力要比其他成员更大。但是，相比于联合国安理会常任理事国席位和否决权的一成不变，G20成员资格和决策制定规则更容易修改，因而具有更加灵活的调整机制。由此而论，还有一点值得注意，传统的国家外交活动已经涉及国际企业。例如，在1999年达沃斯世界经济论坛上提出的"全球契约"试图将联合国与国际企业联系起来，用源自联合国具有广泛目标的商业活动原则，如人权与发展原则，指导企业活动。世界社会论坛是为了反对每年1月举行的世界经济论坛而发起的。尽管这一论坛的建立是为了反对世界经济论坛这一成熟组织，它在国际政治经济中也扮演了举足轻重的角色。对于非政府组织来说，论坛提供了重要的辩论机会，可以向全球观众传播它们的理念。如果非政府组织能够成功调动公众舆论，这些想法就不会仅仅停留在"官方"国际政治经济的大门之外。例如，假设非政府组织没有对消除贫困抱有坚定意志，那么像世界银行这样一个稳固的国际组织可能不会像21世纪初以来那样，向着消除贫困的方向前进。

上述案例业已表明，主权虽然仍是一项国际社会的基本原则，但对国际政治经济的塑造不如它在战争与和平问题上那么深刻。原因很简单：国际贸易和金融等经济问题绝对不会在民族国家的大门之外止步不前。事实上，随着经济流动超越边界，全球化（见词汇表）已经迫使民族国家更多采取守势，也迫使各国资本只能被动应对而非主动出击。例如，世界上最大的100个经济体中有一半以上是公司而非国家，这种经济力量必然会影响国际体系（Kaplan, 2000; Dicken, 2007: 38; Mander, 2014: 8）。

让我们更深入地关注国际贸易和国际金融。国际贸易一直是经济学的一个重要分支，从历史上看，它为外交领域带来了许多创新。也许最值得注意的是，旨在推动贸易发展的外交努力促成了现在经常被视为第一个国际组织即莱茵河航行中央委员会的创建。根据1815年维也纳会议的规定，该组织正式成立（现在仍在运行）。贸易发展的重要作用是推动建立自由贸易区和区域组织。一段时间以来，欧洲一体化进程始终处于这一发展的最前沿，如今几乎世界所有地区都在开展区域合作和一体化进程。在一些地区，区域集团之间存在相当大的竞争关系。以亚洲为例，有东南亚国家联盟（ASEAN），也有南亚区域合作联盟（SAARC）和亚太经济合作组织（APEC）。在某种程度上，这些组织可以简单地定义为次区域组织，但它们之间的界限很大程度上是一个政治问题，特别是印度和中国在谁参与哪个组织的问题上存在分歧。此外，域外力量也很重要。

贸易是区域化的重要推动力量。欧洲国家几乎四分之三的商品出口对象都是另一个欧洲国家。在亚洲，超过一半的商品出口是在本区域内。北美也接近这个数字。同时，贸易也是一种全球化力量。欧洲、亚洲和北美出口中剩余的部分将流向其他地区。其他地区的区域间贸易份额要高得多，特别是非洲和中东地区（World Trade Organizaiton，2015）。贸易推动了重要的外交创新。1994年世贸组织达成的《关于争端解决的规则与程序的谅解》就是一个例子。按照国际标准，这种安排是解决冲突的有效工具。应上诉方的要求，由世贸组织所有成员代表组成的争端解决机构有权建立"专家小组"来审理案件。除非各成员方一致同意取消，那么这一做法一直有效。该小组的专家秉持公正的原则，若非有"令人信服的理由"（第8条），争议各方均应接受裁决结果。除非争端解决机构一致反对裁决结果，或者争议一方提起上诉，否则专家小组报告应被接受。如若上诉，代表世贸组织成员资格的上诉机构会重新审查专家组的法律解释。上诉机构的裁决即为最终裁决，并且有一些措施来帮助裁决的实施，例如可以指定仲裁员。

虽然全球和区域贸易模式为促进合作产生了功能性压力，但是否进行更多的合作与一体化，实际上取决于政治和外交动力。欧盟曾经是区域一体化的模范，近年来也陷入主权债务危机，失业率居高不下，难民大量涌入。英国脱欧公投以及欧盟民粹主义运动的崛起，可能会在未来一段时间内给欧盟带来挑战。在其他地方，雄心勃勃的自由贸易协定计划因缺乏政治意愿而受阻。2016 年，澳大利亚、文莱、加拿大、智利、日本、马来西亚、墨西哥、新西兰、新加坡、秘鲁、美国和越南签署了《跨太平洋伙伴关系协定》（TPP）。一年后，美国总统唐纳德·特朗普打着"美国优先"的旗号，宣布华盛顿不会批准该协议。

虽然第二次世界大战后全球商业贸易和服务业快速增长，但与金融部门相比却还相差甚远。一个明显的原因是，在数字时代，金融交易可以快速而轻松地进行。从 20 世纪 90 年代到 21 世纪初，每日全球外汇贸易和利率衍生品交易稳步增长，并且已保持在约 5 万亿美元这一惊人的平均水平。交易的主要参与者往往集中在少数几个全球性城市，如伦敦、纽约、东京、新加坡和香港。鉴于如此巨大的流动性，学者们提出了一个问题：外交是否仍然能够以有意义的方式控制它们。持肯定态度的学者暗示可用外交工具影响金融市场。包括巴塞尔银行监管委员会、全球金融体系委员会和金融稳定论坛在内的国际清算银行就是可兹利用的外交工具。当然，国际货币基金组织和世界银行也很重要（Porter，2009），G20 同样扮演着重要角色。

然而，快速浏览一下自 2007 年以来的国际形势，可以看出全球金融市场急剧波动，外交工具很难继续发挥指导作用。2008 年 9 月 7 日，所谓的"信贷紧缩"始于美国，当时主要的贷款公司房利美和房地美没有国家干预就再也无法继续经营，随后信贷紧缩迅速扩散到全世界。国家资助的救援计划随之进行，例如，10 月 6 日之前，德国政府接管海波房地产控股银行，一周后英国政府救助苏格兰皇家银行和劳埃德 TSB 银行等。欧盟通过使用欧洲金融稳定基金

（EFSF）和欧洲金融稳定机制（EFSM），加强了对金融治理机制的控制。但即使在近十年之后，金融危机的影响仍然存在：以希腊为代表的深受金融危机冲击的国家，其经济指标仍能体现危机的余震。危机在政治领域的影响更为普遍。如果没有全球金融危机，民粹主义运动不太可能会广泛兴起。

四、发展

全球外交的另一个关键议题是国际发展。它与一般经济领域，特别是全球贸易和金融领域密切相关。正如本节所示，人们对发展的理解发生了改变。总体来讲，全球外交，尤其是西方援助机构，多年来一直以不同的视角审视发展问题，已从狭隘的经济焦点演变为更加广泛的政治视角。近几年国际发展的侧重点是善治，并普遍关注人的安全问题。视角的扩大导致国际发展涵盖的外交领域纵横交错。最值得注意的是，发展问题已经同战争与和平联系在一起。

早期，全球外交通常将发展理解为国家经济问题。在20世纪50年代末和60年代的非殖民化进程中，人们对南半球新独立国家的经济发展轨迹充满乐观情绪。在一篇极具影响力的文章中，沃尔特·罗斯托将这一轨迹比作"从地面起飞的飞机"（Rostow，1960）。快速的工业化被认为是这次"起飞"的动力。世界银行和国际货币基金组织虽然最初是为重建饱受战争蹂躏的欧洲而创建，但人们认为它们应该成为实现南半球国家经济发展的主要协调者，为主要的基础设施项目提供资金，例如重要的水坝和高速公路，这些项目被认为是工业化必备的先决条件。然而，事实上经济起飞并没有发生，特别是在南半球最贫困最需要发展的地区。

面对这些失败的案例，全球外交努力采用新的视角来审视发展。

20世纪80年代之前,经济学家、西方援助者和国际机构(世界银行和国际货币基金组织)形成的网络就不再聚焦于发展中国家的经济,而把重点放在如何将它们纳入世界经济体系。结构性调整计划成为实现这一目标的主要手段。在减少政府支出、开放国内进口市场和采取措施建立更多出口导向型产业的条件下,发展中国家从世界银行以及其他双边和多边债权人那里获得贷款。这种模式有时被称为"华盛顿共识"。但这种看似范式(见词汇表)的转变并没有改变国际发展政策。冷战(见词汇表)结束后那些最需要从市场开放中获利的国家和人民却获利最少。简单来说,他们根本没有准备好迅速在世界经济中展开平等竞争。

20世纪80年代后期国际发展出现了新的视角。它围绕善治的概念展开,与早期的方法有很大不同。这是一个更广泛的视角,可以重新审视国际发展。善治强调的并不局限于对全球自由市场经济技术的专家解读和狭隘理解,而是强调政治层面的发展。尽管在不同的文件和语境中定义有所差异,但是大多数对于善治的(如果不是全部)解释存在一些共同的关键特征,包括法治和民主(有时只是隐含的)、透明有效的国家官僚机构、人权和可持续性、正义和零腐败等。

三个概念与善治密切相关:人类发展、可持续发展和人的安全。这些概念说明了当前对发展的理解与"华盛顿共识"和快速现代化的早期梦想大相径庭。人类发展将人置于中心。从概念上讲,发展不再仅仅被视为一种宏观经济活动,其成败不仅体现在GDP和出口等宏观经济数据上,其最终衡量的标准是人类有多么接近自己的发展潜力。对可持续发展的强调也与之前不同。发展成功或失败不仅在于现在,更在于未来。这对如何对待环境资源影响深远。人的安全的概念在处理和平与战争问题的外交事务和发展之间架起了桥梁。正如1994年联合国开发计划署发布的颇具影响力的《人类发展报告》所界定的那样，人的安全就是免于匮乏和免于恐惧的自由。报告强调，发展不可避免地与这两类基本自由相互交织。

民族国家越来越认可非政府组织成为外交舞台的参与者，这促使对发展的理解从狭隘的经济视角向更广阔的政治经济视角转变。这种认可以不同的形式呈现，例如联合国委托非政府组织尝试举办如发展筹资高级别问题对话这样的特殊活动。但是，对于主要的非政府组织而言，还需要得到更加普遍的认可。乐施会、国际关怀组织、救助儿童会等有关发展问题的非政府组织办事处遍布全球。虽然大多数办事处的设立是向当地人民提供援助，但在主要决策中心如纽约也设有代表机构，让人联想到大使馆或国家的永久代表团。与外交代表机构类似，这些办公室的负责人通常被称为"代表"。国家代表和有影响力的非政府组织代表倾向于在互动中遵循类似的规则和惯例。

正如下一章将详细说明的那样，非政府组织在议程设置方面往往非常成功。就发展领域而言，它们有助于拓展在全球外交中看待发展问题的视角。发展领域的非政府组织一般非常了解当地（或微观）情况，它们往往采取更全面的方法。20世纪80年代，这种方法与传统援助者收到的结构性调整指令存在激烈冲突，非政府组织对此直言不讳。全球治理角度在转变的过程中，非政府组织长期以来提出的一些批评性意见被纳入考虑范围。还有一些批评意见仍未被采纳，使得发展领域的非政府组织与政府和政府间援助者之间明显的紧张关系继续存在。

到20世纪90年代中期，善治的概念在外交话语中变得越来越有影响力。1996年召开的联合国大会对这一概念表示支持。到2000年欧盟同来自非洲、加勒比和太平洋地区的发展中国家签署《科托努协定》时，善治便水到渠成地写入了早期文件。非洲联盟（简称非盟，AU）甚至建立了同行审查机制，对非洲各国政府及其在善治方面的表现进行督查。另外，非洲联盟在《2063年议程》确定的七项愿景中也纳入了善治的理念（见专栏4-2）。

> **专栏4-2　2063年议程**
>
> 迄今为止，非洲联盟《2063年议程》是最雄心勃勃的非洲发展文件。议程包含了非洲国家如何实现发展的愿景，可整理归纳成为以下七点：
>
> 1. 在包容性增长和可持续发展基础上打造繁荣的非洲。
>
> 2. 在泛非洲和非洲复兴愿景基础上打造政治团结的一体化非洲大陆。
>
> 3. 建设善治、民主、尊重人权、正义和法治的非洲。
>
> 4. 实现非洲的和平安全。
>
> 5. 让非洲拥有强大文化认同、共同传承、共享价值观和道德观。
>
> 6. 以人为本追求发展，充分发挥非洲人特别是女性和青年的潜力，关爱儿童成长。
>
> 7. 让非洲成为国际社会中强大、团结、坚韧不拔、富有影响力的行为体和合作伙伴。
>
> 非盟国家元首和政府首脑于2015年1月通过了该议程。非洲联盟委员会制订的第一个十年实施计划确定了实现上述愿景的目标和指标。

尽管有关善治的讨论无处不在，但关于善治在多大程度上可以推动发展，还是说善治仅是空洞的辞藻，目前仍然存在争论。学者和活动家经常将矛头对准世界银行。对他们来说，善治仅仅是一种表面功夫。在他们看来，自从非殖民化开始以来，在发展问题上世界银行开出老掉牙且失效的"药方"比比皆是。

即使是世界银行最精明务实的捍卫者也承认，国际发展面临许多长期存在的严重问题。2000年，联合国大会通过了《联合国千年宣言》。宣言中有很大篇幅涉及发展问题。与许多其他类似文件形成鲜明对比的是，宣言制定了明确的发展目标和实现目标的时间表。千年发展目标（MDGs）包括将世界上每天靠不到1美元维持生存的人口以及到2015年无法获得安全饮用水的人口比例减半（UN General Assembly, 2000: Art. 19）。结果既令人鼓舞，也令人沮丧。令人鼓舞的是，世界上一些地区，尤其是东南亚和东亚在削减极端贫困及其影响方面取得了相当大的成功。然而，与此同时，令人沮丧的是，其他地区，特别是撒哈拉以南非洲、南亚和加勒比地区以及高加索和中亚等地区，取得的进展仍与实现千年发展目标相去甚远。

在千年发展目标的基础上，联合国大会于2015年10月通过了第A/RES/70/1号决议。该决议概述了17个可持续发展目标（SDGs）：（1）零贫困；（2）零饥饿；（3）健康和福祉；（4）优质教育；（5）性别平等；（6）清洁水和卫生；（7）平价清洁能源；（8）体面的工作和经济增长；（9）工业、创新和基础设施；（10）减少不平等；（11）可持续城市和社区；（12）负责任的消费和生产；（13）气候行动；（14）水下生物；（15）陆地生物；（16）和平、正义和强大的制度；（17）实现目标的伙伴关系。到2030年总共需要实现169个具体目标。

五、环境

虽然环境外交出现在外交舞台的时间并不长，但自20世纪70

年代以来，环境外交取得了迅速发展。一般认为，1949年召开的资源保护和利用科学会议是讨论环境问题的第一个国际论坛。总的来说，1972年召开的联合国人类环境会议（斯德哥尔摩会议），以及从更具体的层面来看，1974年召开的第三次联合国海洋法会议（UNCLOS）是实现全球环境治理制度化的重要步骤。到20世纪90年代末，全球已经签署200多个国际环境条约。自此以后，环境领域的条约数量不断增加，未来还会签署更多的条约。

环境领域有许多不同的行为体。包括绿色和平组织等一般的环境领域的非政府组织以及雨林行动网络等更加专业化的非政府组织，通过提供信息、提高公众意识、动员公众向政府施压等手段发挥了重要作用。为了交流信息、相互对话，也为了让自己的声音得到倾听，环保类非政府组织表现出强烈的联盟倾向。例如，气候行动网络（CAN）包括700多个国际和国家非政府组织。在环境以外的议题领域也出现了这种建立联盟和网络化的趋势。

如今，代表各国出现在国际舞台上的不仅有职业外交官，而且开始有越来越多来自环境部门和机构的"新"外交官。原因显而易见，环境问题往往需要高度专业化的知识背景，职业外交官主要接受一般性培训，并不总是很容易满足这一要求。出于同样的原因，科学家也在环境舞台上扮演非常重要的角色。在这个领域，政治最终必须依靠尖端的研究来识别环境问题及其产生原因，并提出解决问题的步骤。

如今我们正面临一系列全球环境问题。有些局限于特定区域，有些则带有全球性质。一些问题备受关注，一些问题则更容易被遗忘。核试验的受害者属于后一类。在冷战期间的核军备竞赛中，美国和苏联共进行了2000多次核试验。这些核试验，尤其是地面测试，仍然在影响着测试地点周围的社区。在位于哈萨克斯坦的原苏联核试验场地塞米巴拉金斯克附近，癌症发病率几乎是该国其他地区的三倍，儿童出现精神缺陷的概率也高得多（Greenpeace，2006）。和平利用核能也有潜在的危险。据估计，1986年切尔诺贝利核事故导致该地区居民死亡人数达到25 000人（Gronlund，2011）。由汞等化学毒素引起的问题可能不那么引人注目，但它们也会带来灾难性后果（Esty，2008）。

森林砍伐以及与之相关的荒漠化是外交舞台上经常讨论的话题。虽然世界上几乎三分之一的土地仍然被森林所覆盖，但每年都有相当于巴拿马面积大小的森林从地球上消失。如果以目前的速度继续砍伐森林，世界上的热带雨林将在未来100年内完全消失（National Geographic，n. d.）。荒漠化对2.5亿人的生活产生了负面影响，往往威胁到他们本已脆弱的生计。如果荒漠化以目前的速度继续下去，将有多达10亿人面临风险。

砍伐森林和荒漠化加速了气候变化。科学界和外交界普遍认为，所谓的温室气体排放（特别是二氧化碳、甲烷、氧化亚氮和六氟化硫）是气候变化的罪魁祸首。然而，全球温室气体排放的变化趋势无法让我们过于乐观。第二次世界大战结束以来，随着2004年二氧化碳排放量的增加，温室气体排放量急剧上升。这种趋势可能会持续下去。与当前水平相比，估计温室气体排放量到2025年将再增加50%。这一急剧增长的主要原因是发展中国家排放量的迅速增加。然而，将这些令人沮丧的数字归咎于发展中国家有失公允。少数发展中国家和发达国家排放的温室气体最多。中国、美国和欧盟（按此顺序）合计占全球排放量的近一半；加上俄罗斯、印度和日本，总数接近三分之二；最后，如果算上巴西、加拿大、墨西哥、印度尼西亚、伊朗、韩国、澳大利亚、乌克兰和南非，这一数字接近80%（World Resources Institute，2009）。

国际上有很多致力于解决环境问题的正式法律文件、国际组织和外交论坛。例如，至少有八个国际组织和联合国机构处理荒漠化问题，它们分别是联合国粮食及农业组织（粮农组织，FAO）、国际农业发展基金（农发基金，IFAD）、萨赫勒和西非俱乐部（SWAC）、撒哈拉和萨赫勒观察站（OSS）、联合国环境规划署（环境署，UNEP，特别是旱地和发展中心）、联合国训练研究所（训研所，UNITAR）、联合国防治荒漠化公约常设秘书处（UNCCD）和世界银行。原则上讲，人们非常欢迎环境领域机制的不断增多。然而，随之而来也会出现一些"机制之间的协调甚至竞争问题"。

没有什么环境问题像气候变化一样受到公众和外交关注。虽然1972年召开的斯德哥尔摩会议可能被视为关注气候变化问题的早期重要开端，但1988年政府间气候变化专门委员会（IPCC）的成立才标志着各国开始在该领域进行更持久的外交接触。该委员会是一个专家机构，由世界著名的气候学家组成，他们分别由各自政府任命。1990年12月21日，联合国大会通过了第45/212号决议，设立气候变化政府间谈判委员会。两年后，所有这些努力都取得了重要成果。1992年《联合国气候变化框架公约》（UNFCCC或称《里约宣言》）签署，缔约国同意监测本国二氧化碳排放量。1997年，各方谈判达成《京都议定书》，规定了减少温室气体排放的具有法律约束力的目标。

从20世纪90年代末到2015年左右，气候外交的发展举步维艰。《京都议定书》直到2005年才正式生效。一些气候变化峰会，如2009年的哥本哈根世界气候大会和2011年的德班世界气候大会，其成果仅仅是避免了全球环境机制的崩溃。2015年由195国谈判代表达成的《巴黎协定》是新的里程碑式文件，绝大多数国家迅速获得国内批准，协定在一年后生效。关于如何落实的细节方面的谈判已取得进展，例如2016年马拉喀什气候大会的顺利召开。迄今为止没有出现重大中断,即使美国在2017年年中宣布将退出该协议,相关谈判仍在按部就班地继续推进。《巴黎协定》与其他近期签署的全球协议类似,涉及广泛的议题领域,例如,其部分内容就与联合国可持续发展目标一致。

六、卫生

1948年世界卫生组织的建立是国际社会建立全球卫生治理机制的最初尝试。世界卫生组织是联合国附属机构。20世纪70年代,全球卫生问题被纳入数个联合国机构的议程之中。最终,各国在1978年签署了《阿拉木图宣言》,"将健康作为一项神圣不可侵犯的基本人权"(Thomas and Weber,2004)。三年后,世界卫生组织开展了针对《阿拉木图宣言》的后续行动,并制定了雄心勃勃的目标——到2000年人人可以平等获得医疗保障。世卫组织制定了名为"人人享有健康"的战略。前文提到的联合国千年发展目标也确定了与全球卫生治理有关的若干重要目标。

然而,全球卫生统计数据表明,至少以某种方式接近"人人享有健康"的设想,依然任重道远。世界上一些地区尤其是撒哈拉以南非洲和南亚地区,其相关数据仍然令人担忧。在撒哈拉以南非洲,每12个出生的孩子中,就有一个在5岁前身亡。在南亚,这个比例是1/19。在撒哈拉以南非洲,38%的儿童发育迟缓,即患有慢性营养不良,该症对身心发展不利。在南亚,这一数字为33%(World Health Organization,2016:34)。类似的情况在传染病方面也有体现。虽然艾滋病仍然是一种全球流行病,但它对世界上较贫穷地区的影响,例如包括撒哈拉以南非洲和南亚在内的很多地区,要远远超过对发达地区的影响。疟疾和肺结核的情况也是如此,其患病人数在贫困地区的整体数字非常高。据估计，2015 年有 2.14 亿疟疾病例，致使 500 人死亡。还有 1000 万新的疟疾和肺结核病例（World Health Organization，2016：35）。

对其中一些疾病进行更好的医学治疗有助于减少总体病患数量。但是，治疗机会的获得在全球分布同样非常不均衡。生活在低收入和中等收入国家的民众相比发达国家获得治疗机会的难度要大得多。在低收入和中等收入国家购买的所有药品中，50%—90%由患者自费支付，这导致许多人无法获得基本的药物，药品价格越昂贵，患者就越难以负担（Thomas and Weber，2004）。

在国家外交机构的工作中，全球卫生问题往往仍处于边缘地位。因而，国家发展部门和发展机构，国际组织和机构，地方、国家和跨国经营的非政府组织成为这一领域的重要参与者。多方参与导致协调不畅。例如，仅列举涉及处理艾滋病问题的国际组织和机构便可窥见一斑：联合国儿童基金会（UNICEF），世界粮食计划署（WFP）、联合国开发计划署（UNDP），联合国人口基金（UNFPA），联合国教育、科学及文化组织（UNESCO），世界卫生组织（WHO），世界银行，联合国毒品和犯罪问题办公室（UNODC），以及国际劳工组织（ILO）等。为了协调联合国及其附属机构在该领域的工作，联合国还设立了联合国艾滋病规划署（UNAIDS）（Seckinelgin，2005）。

有迹象表明，外交部或笼统地说传统外交，对全球卫生问题的长期忽视可能即将结束。这一发展的催化剂之一是灾难救助（见专栏 4-3）。灾难引发了国际社会的强烈反响，促使传统外交寻找新的应对之策。2014 年西非埃博拉疫情证明了这一点。2014 年联合国安理会第 2177 号决议指出，埃博拉"对国际和平与安全构成威胁"。为此，该决议授权成立联合国埃博拉紧急应变特派团（UNMEER）。该决议的意义至少体现在三个方面。首先，以处理战争与和平问题为初衷建立起来的安全理事会，开始应对卫生问题。其次，安理会使用了通常用于降低或结束武装冲突的法律措辞。最后，安理会成立了第一个关注卫生问题的联合国专门小组。

专栏 4-3　灾难救助

的确，地震、洪水和饥荒等自然灾害并不是什么新鲜事。例如，在 13 世纪初期，可能发生在今天的埃及和叙利亚地区的地震造成多达 100 万人死亡。然而，自 20 世纪 70 年代以来，关于灾难的报道数量稳步增长，并通过电视和互联网传播到世界的各个角落。这些情况给国家领导人、外交部门和国家发展机构进行灾难救助带来了越来越大的压力。似乎在这些行动中，"外交完全是自私地追逐国家利益"等不言自明的格言暂时失去了效力。乔治·W.布什对 2004 年亚洲海啸的回应就是最好的例证。海啸造成近 25 万人丧生，许多幸存者流离失所，没有充足的食物和安全的饮用水。布什最初承诺提供 700 万美元用于灾难救助。当海啸带来的人道主义后果变得越来越严重时，他将援助金额翻了一番多，达到 1500 万美元。有充足证据表明，联合国与媒体报道相结合，对当时的情况产生了重大影响。在新闻发布会上，时任联合国负责人道主义事务的副秘书长扬·埃格兰指责富裕国家在面临如此大规模的灾难时表现得"斤斤计较"。埃格兰没有特别指向美国，但美国媒体对此却有不同的解读（当然也并非埃格兰的原意）。《华盛顿邮报》通常并不是批评布什最多的报纸之一，但对此的报道是"联合国官员抨击美国"对于援助"斤斤计较"。埃格兰表态四天之后，面对媒体呼吁给予更多帮助的报道，布什将紧急援助额提升到 3.5 亿美元（Steele，2007）。

七、移民

世界政治的全球化与移民流动的大幅增加密切相关。1970 年至 2000 年间,全球国际移民人口数量从 8200 万增加到 1.75 亿。其中,20 世纪 90 年代增长尤为迅猛(International Organization for Migration,2005:394)。到 2015 年,该数字已上升至 2.32 亿。流动的主要方向是从发展中国家到发达国家,更确切地说是流向主要的大城市,特别是澳大利亚、加拿大、法国、德国、沙特阿拉伯、西班牙、俄罗斯、阿拉伯联合酋长国、英国和美国等国家的大城市(International Organization for Migration,2015:2)。

移民的技能水平参差不齐,有低级、中级和高级之分。高技术移民的迁移导致所谓的"人才流失",给发展中经济体带来严重损失。在许多国家,至少三分之一受过高等教育的人口居住在出生国之外,这些国家包括伯利兹、巴巴多斯、刚果(布)、加纳、圭亚那、牙买加、柬埔寨、莫桑比克、毛里求斯、塞舌尔、汤加、特立尼达和多巴哥、圣文森特和格林纳丁斯、美属维尔京群岛、萨摩亚和津巴布韦等(Dumont et al.,2010)。

在国际法中,对于"移民"的定义莫衷一是。该术语通常指自愿离开原籍国的人,以及无论出于何种动机,生活在原籍国之外的人。然而,对"难民"的定义却已有共识。在 1951 年《关于难民地位的公约》中,"难民"被定义为受到迫害的人,例如基于种族、宗教、国籍或政治见解原因,迫使难民离开其所在国家。从 1970 年到 1990 年,难民人数大幅增加。1970 年,全世界有 530 万难民。到 1980 年,这一数字已上升至 960 万,到 1990 年达到 1230 万。此后,该数字在 2000 年减少到 950 万(International Organization for Migration,2005:309)。

由于阿富汗、伊拉克和叙利亚等国家内战频发，近年来难民数量急剧增加。估计难民总数达到6530万，其中4080万人在国内流离失所，86%的难民迁移至发展中国家，26%迁移至最不发达国家（UNHCR，2015：2）。这引起了接收难民的国家围绕是否允许难民入境问题展开激烈争论，也导致了针对入境难民的仇外暴力事件发生。此类情况在发达国家和发展中国家都广泛存在。

难民领域的外交制度化既没有跟上难民流动速度，也没有跟上难民人数的增加。在第二次世界大战期间，联合国善后救济总署（UNRRA）成立，战后由国际难民组织（IRO）取代，后者又很快被联合国难民署（UNHCR）和欧盟移民问题政府间委员会（ICEM）两个机构所代替。新机构的名字透露了它们成立的主要目的，即管理战后欧洲大量流离失所的难民。欧盟移民问题政府间委员会于1989年进行了改革，更名为国际移民组织（IOM）。1951年签署的《关于难民地位的公约》仍然是关于难民权利的关键国际协定，为难民署开展活动划定了范围。

此外还有一些其他国际机制用来解决移民问题，1990年联合国大会通过的《保护所有移徙工人及其家庭成员权利国际公约》便是其中之一，不过该协议的批准国有限（Koser，2010）。除国际移民组织和联合国难民署外，目前没有哪个重要的国际组织专注移民问题。许多机构仅仅处理某一特定问题，由此带来协调方面的难题。相关组织和机构包括国际劳工组织、联合国贸易和发展会议（UNCTAD）、联合国开发计划署、联合国经济和社会事务部（UNDESA）、联合国教科文组织、联合国人口基金、联合国儿童基金会、联合国训练研究所、联合国毒品和犯罪问题办公室和世界银行。专栏4-4解释了为什么联合国毒品和犯罪问题办公室也属于同一类型的组织。这些国际机制试图通过全球移民小组（GMG）进行协调。

> **专栏 4-4　人口贩卖**
>
> 国际劳工组织估计，在任何特定时间点都有近 250 万人口被贩卖。人口贩卖每年会带来约 320 亿美元的利润（International Labour Organization, 2008）。联合国毒品和犯罪问题办公室总结了令人不寒而栗的事实："每年都有成千上万的男人、女人和儿童成为人口贩卖的受害者。通过胁迫、欺骗或武力，他们被剥削，被迫进行劳动、性行为，甚至出卖他们的器官"（United Nations Office on Drugs and Crime, 2011：22）。在报告的虐待行为中，性剥削排名第一，几乎占 80%。大多数被贩卖的是女性人口（超过 80%）（United Nations Office on Drugs and Crime, 2011：23）。打击人口贩卖是一项非常艰巨的任务。有一些国际组织可以解决这个问题，特别是国际劳工组织、毒品和犯罪问题办公室和儿童基金会。1998 年通过的《国际刑事法院罗马规约》将与贩卖人口有关的侵权行为列为反人类罪。但是，由于许多国家没有颁布遏止贩卖所需的法律，而且没有为该事业投入足够的资源，这些国际努力不太可能很快消除人口贩卖问题。

有迹象表明，未来的外交互动将更加重视移民问题。2016 年，联合国大会通过了第 A/RES/71/1 号决议，这也被称为《关于难民和移民的纽约宣言》（简称《纽约宣言》）。该决议誓言要从根本上解决移民问题，并"继续保护所有过境者和抵达者的人权和基本自由"（第 26 条）。《纽约宣言》还承诺就如何执行决议所制定的目标进行更为细致的商谈。这可能是为在移民领域建立合适的调控机制做出更持久外交努力的开始。

八、小结

- 议题领域多样性。传统上,和平与战争问题位于外交前沿。如今,经济议题同和平与战争一样重要。在日常外交活动中,经济问题的活跃度甚至超越了和平与战争。此外,议题领域数量还在不断增加。在本章中,我们讨论了发展、环境、卫生和移民等。

- 参与方不断增加。无论是新的议题领域,还是已有领域的不断深化,都需要专业知识,这对国家外交机构来说是一大挑战,因为外交人员接受的是通识培训。环境、经济和金融等领域的专门部门和机构开始介入。国际组织、非政府组织和训练有素的专家也成为外交的一部分。

- 不同议题领域之间的联系越来越紧密。例如,人的安全的概念将发展同和平与战争联系了起来。这种联系甚至涵盖了我们在本章中讨论的每个问题领域。个人安全和发展潜力与卫生和环境状况有很大关系,它们与移民和难民的联系也越来越多。

思考题

- 在全球外交时代,哪些问题越来越突出,哪些问题变得不再重要?

- 鉴于外交系统越来越多地涉及专门的政策领域和问题,一般外交官在外交系统中的作用是什么?

- 全球外交时代是否等同于多边外交时代?

- 在塑造不同议题领域方面,有什么迹象表明外交手段可以承担更大的责任,或者更小的责任?

- 从道德的角度来看,外交要处理的最紧迫的全球性问题是什么?

推荐阅读

Buzan, Barry, and Richard Little. 2000. *International Systems in World History: Remaking the Study of International Relations*. Oxford: Oxford University Press.

本章概述的全球外交发展趋势产生于国际体系的更为广泛的演变之中。两位作者的作品专注于战争与和平领域,很好地对这种演变进行了概括。

Kleiner, Jürgen. 2010. *Diplomatic Practice: Between Tradition and Innovation*. Singapore and Hackensack, NJ: World Scientific.

作者生动地描述了我们所谓的全球外交的日常实践。该书的解释非常通俗易懂。

Pigman, Geoffrey A. 2010. *Contemporary Diplomacy: Representation and Communication in a Globalized World*. Cambridge, UK: Polity.

这是一部详细且令人信服的学术论著,描述了自冷战结束以来外交的变化。与我们的下一章内容类似,作者重点关注外交交流。

Woolcock, Stephen, and Nicholas Bayne. 2013. "Economic Diplomacy". In Andrew F. Cooper, Jorge Heine and Ramesh Thakur (eds.). *The Oxford Handbook of Modern Diplomacy*. Oxford: Oxford University Press.

该书的上述章节非常全面地概述了经济外交的各个方面,包括经济外交与发展和环境问题领域的重叠,还强调了非国家行为体越来越重要的作用。

Kjellen, Bo. 2014. *A New Diplomacy for Sustainable Development: The Challenge of Global Change*. London: Routledge.

作者不仅详述了环境与发展议题领域的相互作用，而且在更广泛的层面上，讨论了外交如何帮助应对我们所处时代的主要挑战。

Davies, Sara E., Adam Kamradt-Scott, and Simon Rushton. 2015. *Disease Diplomacy: International Norms and Global Health Security*. Baltimore, MD: Johns Hopkins University Press.

这本常常被讨论的著作着眼于全球卫生领域不断发展的国际准则，并研究外交如何帮助制定这些准则。

第三部分　绘制外交领域

第五章　外交环境

本章目标
- 识别限制和促成外交官执行任务以及优先使用外交手段的不同环境
- 区分人为构建和自发生成的外交环境以及环境的程序维度和实质维度
- 讨论外交法,并介绍 1961 年签订的《维也纳外交关系公约》
- 处理并非显而易见但却习以为常的不同层次的环境(更深层次的环境)

一、引言

外交官为了完成任务而从其所处环境(见词汇表)中提取信息。这些环境首先使外交活动得以开展。本章通过区分自发生成和人为构建的环境(Anter, 2007: 26; Tsekeris, 2009)以及环境的程序维度和实质维度(Bull, 1995: 13-19; Müller, 2004: 425)来讨论外交所处的不同环境。

环境包括人为构建和自发生成两个层面。人为构建是经过设计并且显而易见的。外交官们通过谈判,在机制建立方面达成一致。之后可能在此基础上建立更多专门的机制。《联合国宪章》就是这样的人为构建的机制。事实上,《联合国宪章》有点类似于世界政治宪法。一系列的国际条约和协定都是在《联合国宪章》的基础上得以缔结，其范围既涵盖《不扩散核武器条约》等军控条约，也包括《巴黎协定》等环境协定，既有《维也纳外交关系公约》，也有联合国大会的议事规则。正因如此，许多外交官同时也精通国际公法。研究外交环境的人为构建方面的专家是非常宝贵的财富。

在更深层次的外交环境中，还有一些自发生成机制，这些机制从未经过设计，而是通过较长时间的演化发展而来。自发生成机制相较于人为构建机制来说更难通过分析发现。然而，作为人为构建机制的基础，自发生成机制极为重要。人为构建机制就是建立在自发生成机制的基础之上的。例如，外交环境的文化基础包括人们对战争习以为常的理解，如应该区分战斗人员和非战斗人员，且应为非战斗人员提供某种保护。这些理念在被编入1899年《海牙第一公约》（The First Hague Convention）前就已经形成。文化基础甚至包括外交本身。早在《维也纳外交关系公约》签署之前，乃至常驻外交使节制度形成之前，人们就普遍认为有必要在不同的政体之间进行沟通和谈判（Bull，1995：184；Buzan，2004：161-204）。[1]

上述例子表明，无论是自发生成的环境还是人为构建的环境，均由程序维度和实质维度构成。例如，《联合国宪章》第一章就是关于国际政治的实质，规定了联合国应该代表的世界政治的宗旨和原则。在讨论联合国各机构时，第三、四、五章的重点是程序问题。其他许多章节，例如第六章和第七章，混合了实质性问题和程序性问题。同样，外交环境的文化基础也有一部分是关于实质理解和程序理解的。战斗人员和非战斗人员之间长期存在的区别指向实质维度，而同样长期存在的关于交换观点的信念则指向程序维度。

接下来，我们将首先集中讨论1961年签署的《维也纳外交关系公约》，简要回顾该公约的制定过程，概述其主要内容，并讨论其后续更新的内容。之后,视角将切换到更深层次的背景,讨论诸多深层背景与国际法之间重合的部分,详析有争议的三大学派(英国学派、自由主义、建构主义)如何认识深层背景。最后,讨论深层背景在全球外交时代的演变。

二、《维也纳外交关系公约》的形式

当今的外交法为确保外交机构,尤其是使馆的功能正常运行提供了程序上的引导。接受国应如何处理与其境内外国使馆的关系?如何对待在使馆工作的外交官?反过来,常驻外交使节应遵循哪些行为准则?对此目前已有许多成文或不成文的规定,比如,有关国际组织总部的相关协议。1947年,联合国与美国签订协议,规定联合国馆舍不可侵犯。而1961年签署的《维也纳外交关系公约》(以下简称《维约》)依然是外交法的基石。因此,本节主要探讨这一公约。

17世纪,荷兰法学家、哲学家格劳秀斯提出了两项重要原则:"现在,国际法中普遍提及使节的两项权利,一是受所出使的国家接纳的权利,二是使节人身、其随员和财产不受侵犯"(Grotius, on the Right of Legation, in Berridge, 2004: 101)。但直到19世纪早期,"欧洲协调"(Concert of Europe)向民族国家施加压力,促使各国在更坚实的法律基础之上进行沟通,将一直以来的外交习惯法汇编起来,建立起有史以来第一套更具影响力的成文法。1815年《维也纳条约》(Vienna Regulation)是将现行惯例法典化的重要一步。1895年和1929年召开的国际法学会(Institute of International Law)通过相关决议,1928年缔结了《哈瓦那外交公约》(Havana Convention regarding Diplomatic Officers),1932年通过了《哈佛外交特权与豁免公约草案》(Harvard Draft Convention on Diplomatic Privileges and Immunities)

(Denza, 2008: 1-12)。

1949年，联合国国际法委员会（International Law Commission）召开第一届会议，外交法汇编被列入计划。国际法委员会是一个重要机构，起草了许多国际条约。该机构由背景多样化的法律专家组成，他们拥有学术机构、外交机构、国际组织等任职的背景。国际法委员会成员由联合国大会选举产生，五年一届。20世纪50年代早期，南斯拉夫曾在联合国大会中带头倡议优先开展外交法汇编工作。这一倡议得到了其他会员国的积极响应，于是，联合国大会安排国际法委员会制定相关条约草案。国际法委员会起草了《维也纳外交关系公约》有关条款，并在吸纳了联大及21个会员国的建议的基础上，在1958年对相关条款进行了修订。这为维也纳会议的召开奠定了基础，促使在1961年3月2日至4月14日期间由81个与会国参与的协商谈判的成功举行。《维也纳外交关系公约》最终于1961年4月18日签订。《维约》是迄今为止外交法汇编影响范围最广泛的尝试，有近190个国家批准生效，仅有的几个未批准的国家也将其作为习惯法使用。

《维约》在很大程度上是时代的产物。在20世纪50年代至60年代，国际政治仍被广泛理解为国家间政治。因此，《维约》授权各国使馆和外交官代表主权国家（见词汇表：主权）进行发言。丹扎认为，《维约》就是制定"在主权国家间互设使馆的规则"（Denza, 2008: 1），这个解释很到位。至于《维约》包含多少新的元素，还是说它仅是习惯法的汇编，在法律学者间并非无可争议。丹扎提到它是习惯法的"进步性汇编"（progressive codification）（Denza, 2008: 5），布朗却并不重视"进步性"，而是更强调"汇编"的重要性（Brown, 1988）。但是，这些学术观点大同小异。显然，在制定《维约》的过程中汇编既有的习惯法是重要的方式。

三、四项主要规定

《维也纳外交关系公约》有四项主要规定：第一，使馆馆舍（包括使馆馆长的私人官邸）不可侵犯。根据《维约》第 22 条，"不可侵犯"不仅指未经使馆馆长（如大使）同意，任何人不得进入馆舍（如大使馆），还指接受国有义务保护"使馆馆舍免受侵入或损害，并防止一切扰乱使馆安宁或有损使馆尊严之事情"。第二，外交豁免权。《维约》的首要目标是确保使馆正常发挥功能，但是仅仅通过保护使馆馆舍无法实现这一目标，在使馆工作的外交人员也应受到保护，《维约》以非常强有力的方式保障了这一点。同样，不仅接受国有义务使外交官的权利免受侵犯，而且根据《维约》第 31 条，外交代表在接受国享有刑事豁免权，除特殊情况外，还享有民事和行政管辖豁免权。根据《维约》第 29 条，接受国也有保护外交代表在其领土内免受非国家行为体攻击的义务，防止其人身、自由或尊严受到任何侵犯。第三，接受国有保护使馆与派遣国之间通信线路畅通的义务。《维约》第 27 条的一些规定已经有些过时，比如探讨如何将"外交邮袋"送上和带下飞机等，但该条款的主旨依然重要。由于外交主要围绕沟通展开，因此缺少对通信的保护就无法保证使馆职能的正常开展。但值得注意的是，第 27 条仅适用于使馆与派遣国之间的通信往来。使馆在接受国的沟通交流并非是完全自由的。第四，使馆不得干涉接受国内政。《维约》并不只是授予使馆特权、规定接受国所需承担的义务，它还做出要求外交对等等规定，不干涉内政就属于这一范畴。按照《维约》的设想，外交使团是促进国与国之间沟通和交流的工具，要为"国家"层面服务（尤其是外交部和国家元首），而非广泛影响接受国公众。

布朗将《维约》描述为"国际关系中最可靠的多边主义机制之一"(Brown, 1988),他在作出这一论断时显然考虑了各国对《维约》的履约情况。总的来说,尽管《维约》有一些模糊的表述,且对其内容的解释一直以来受到习惯法的影响,但是《维约》的履约情况非常稳固。可这并不意味这一法律体系毫无争议。有关争议部分是源于法律本质出现了变化,部分是由于国家和个体试图对《维约》条款进行最符合自身利益的解释。

1998年10月,奥古斯托·皮诺切特(Augusto Pinochet)将军在伦敦被捕,这是一个有关外交豁免权存在争议的重要案例。当月,西班牙法官巴尔塔萨·加尔松(Baltasar Garzón)触发了一系列事件,标志着国际法的一个重大转变。他以皮诺切特在作为将军的17年间对其祖国智利进行的恐怖统治为罪名,对他下达了国际逮捕令,并以皮诺切特对西班牙公民犯下的罪行(其中94种酷刑的罪名最为突出)证明该逮捕令的合理性。尽管由于法律原因,此项指控暂时搁置了皮诺切特在智利统治期间的上千起谋杀和酷刑案件等有说服力的证据,但该做法的后果很快显现出来。英国地方法官根据《欧洲引渡公约》(European Convention on Extradition)逮捕了皮诺切特。皮诺切特尽全力向英国高级法院提起诉讼,认为对他的逮捕无效,其最重要的依据是《维约》第39条第2款,该条款保障了前国家元首仍享有在其他国家的刑事豁免权(Bianchi, 1999: 255)。直到1999年3月,英国法官才做出裁决,判处可以引渡皮诺切特,但只能指控他在1988年以后所犯下的罪行。就在此时,英国《刑事司法法案》(Criminal Justice Act)纳入了《联合国禁止酷刑公约》(UN Convention against Torture)的内容。这一决定存在一个重大缺陷,它忽略了皮诺切特理应受审的许多理由。一年后,法官判定皮诺切特由于健康原因必须获得释放,这一结果进一步放大了上述缺陷。

然而，另一方面，这一举动也意味着英国向普遍管辖权迈出了一大步。有些骇人听闻的罪行，即使是在法院所属的国家边界之外犯下的，且犯罪者也不属于该国国民（比如取得公民身份或永久居留权的人），也必须受到该国国内法院的司法管辖。此后一段时间，特别是西班牙法院在许多案件中均行使了普遍管辖权。其中大多数与20世纪七八十年代拉丁美洲国家军政府对本国民众所犯下的暴行有关，包括危地马拉官员对该国伊西尔玛雅人进行的种族灭绝、萨尔瓦多官员杀害六名耶稣会士，以及一名阿根廷海军军官在军政府对其本国人民发动的"肮脏战争"中所犯下的反人类罪，等等。2009年，西班牙议会制定了一项限制普遍管辖权的法案。但这并不意味着普遍管辖权的终结，而是在很大程度上体现了普遍管辖权的地位和重要性（Langer，2015）。

对于所谓外交干涉他国内政的案例存在广泛争议，但与上述外交豁免权的例子相比则更平淡一些。西方国家在亚非拉发展中国家推动的民主化运动有时会遭遇强烈反抗。在极端情况下，这些发展中国家在对西方国家做出干涉本国内政指控的同时，通常会宣布从事相关活动的外交人员为"不受欢迎的人"（persona non grata）。专栏5-1详细解释了这一外交概念。例如，2008年，委内瑞拉时任总统乌戈·查韦斯（Hugo Chavez）用他惯用的强硬表达方式宣布美国驻委大使帕特里克·达迪（Patrick Duddy）为"不受欢迎的人"，并将其驱逐出境。此后，美国临时代办约翰·考尔菲尔德（John Caulfield）因涉嫌在波多黎各与流亡的委内瑞拉反对派团体会面，令查韦斯异常愤怒。尽管查韦斯的反应可能有些极端，当然，这种反应也受到其反美立场的推动，但民主化努力和不干涉内政原则之间的确存在紧张关系。西方国家经常通过将民主化的任务委派给非官方或只与政府保持间接联系的机构来规避这种紧张关系。德国的政治基金会，尤其是康拉德-阿登纳基金会（Konrad-Adenauer-Stiftung）、汉斯-赛德尔基金会（Hanns-Seidel-Stiftung）、弗里德里希-艾伯特基金会（Friedrich-Ebert-Stiftung）及弗里德里希-诺曼基金会（Friedrich-Naumann-Stiftung）等就是这样的实体。美国的国家民主基金会（National Endowment of Democracy）及英国的威斯敏斯特民主基金会（Westminster Foundation for Democracy）都服务于类似的目标（Kleiner，2010：82）。

专栏5-1 不受欢迎的人

考虑到《维也纳外交关系公约》赋予外交官的豁免权，接受国在指责外交官行为不当时能够使用的措施十分有限。《维约》第9条为类似的情况提供了一种最锋利的武器：宣布某位外交官为"不受欢迎的人"。随后，派遣国应将该名外交官召回本国首都。如果派遣国并未这样做，《维约》有权"拒绝承认其为使团一员"，但这作为最终的制裁措施很少使用。在外交实践中，宣布一名外交官为"不受欢迎的人"等同于将这名外交官驱逐出境。接受国宣布外交官不受欢迎的原因有很多。例如，1996年，一名乌克兰驻加拿大副总领事因涉嫌酒驾及类似罪行被驱逐。2004年，在古巴时任领导人菲德尔·卡斯特罗（Fidel Castro）宣布墨西哥的声望已经"变为灰烬"后，墨西哥宣布一名古巴外交官为"不受欢迎的人"。2005年，一名捷克外交官被控私生活不检点而不得不离开白俄罗斯。2006年，英国宣布四名俄罗斯外交官为"不受欢迎的人"，当时俄罗斯拒绝引渡安德烈·卢格沃（Andrej Lugovoy），这件事一度占据了报纸头版。安德烈·卢格沃被怀疑在伦敦使用放射性物质钋-210杀害了亚历山大·利特维年科（Alexander Litvinenko）。受害者与嫌疑人曾经在苏联和俄罗斯的情报机构共事。作为回应，俄罗斯也驱逐了四名英国外交官。2016年，美国政府指控35名俄罗斯外交官侵入了多个组织的计算机网络，并宣布他们为"不受欢迎的人"；俄罗斯以遣返35名美国外交官的方式做出回应。这个数字与冷战时期相差甚远：1971年，英国曾将105名被指控从事间谍活动的苏联公民驱逐出境，其中大部分为外交人员。

除了上述这些存在争议的案例，《维约》也存在一些显而易见且被广泛认识到的问题。总的来说，很有必要反复强调履约记录的重要性。但是，至少存在三种例外情况值得注意。第一，虽然通常来说，国家能够遵守使馆馆舍不受侵犯的规定，但在某种情况下并非如此。就这一点而言，毫无疑问，最引人注目的事件是伊朗人质危机。1979年11月1日，也就是伊朗伊斯兰革命后不久，大约5000名民众冲击了美国使馆。据报道，其中大部分是信仰伊斯兰教的学生。当天，民众被和平疏散。三天后，事态的发展急转直下。大约3000名抗议者，其中包括相当一部分自称"伊玛目的门徒"的伊朗学生（Muslim Student Followers of the Imam's Party）的武装分子，闯入美国使馆并挟持了52名美国公民作为人质。谈判、调停及来自联合国国际法院（见词汇表）的谴责并没有化解此次危机，444天后人质才得到释放。2011年，伊朗抗议者强行进入位于德黑兰的英国使馆，并高喊"英国去死！"伊朗人质危机再次上演并引发关注，同样，其中大部分抗议者也是学生。但这次，仅仅是建筑物遭到了毁坏，被扣押的英国外交官很快得以释放。值得注意的是，在两起事件中，问题并不在于伊朗政府直接攻击了使馆馆舍，而在于伊朗政府没能保护使馆馆舍不受侵犯，特别是在1979年发生的人质危机事件中。这显然违反了《维约》。

第二，虽然外交人员享有外交豁免权，但还是有将外交官作为攻击目标的案例。1979年，伊朗政府不仅未能保护美国使馆馆舍不受侵犯，还拒绝向美国外交人员提供保护。受到不当对待的外交官（及一些无辜的局外人）可以列出一张很长的清单，美国外交官尤其容易成为攻击目标。1983年4月18日，一起针对位于贝鲁特的美国驻黎巴嫩使馆的自杀式炸弹袭击造成超过60人死亡，其中包括17名美国公民。15年后，一起更具破坏性的恐怖袭击攻击了美国位于内罗毕的驻肯尼亚使馆。1998年8月7日，一起恐怖分子制造的卡车爆炸袭击造成几乎300人丧生，5000人受伤，其中包括12名美国公民。基地组织宣称对这起袭击事件负责（U.S. State Department, n.d.）。不过，除非有证据证明黎巴嫩和肯尼亚政府原本可以避免此类袭击发生，否则这些案件就不算违背《维约》。2012年，又有一系列针对美国使馆的袭击事件发生，专栏5-2中有详细介绍。

专栏5-2 2012年美国外交官遇袭事件

2012年6月，电影《本·拉登的无知》（The Innocence of Bin Laden）在洛杉矶一家小型电影院上映。这部反伊斯兰的电影抹黑了先知穆罕默德。7月，一个笔名为"萨姆·巴奇莱"（sam bacile）的用户将电影中的一些片段以《穆罕默德的真实生活》（The Real Life of Muhammad）及《穆罕默德电影预告片》（Muhammad Movie Trailer）为标题上传到了门户网站YouTube上。然而，隐藏在该笔名背后的激进组织9月初在其业余剪辑的电影片段中留下了蛛丝马迹。总部位于埃及的萨拉菲派的电视台Al-Nas播放了被译为阿拉伯语的YouTube上流传的电影片段后，随即引发了阿拉伯国家的暴怒，他们大肆抨击整个西方世界，尤其将愤怒转嫁到了美国身上。从此，抗议活动在伊斯兰世界蔓延。在 9 月 11 日傍晚，抗议者闯入位于开罗的美国驻埃及使馆，撕毁了美国国旗。埃及防暴警察及时出动，避免了紧张局势进一步升级。晚些时候，全副武装携带有火箭动力榴弹及高射炮的枪手，开始从抗议人群中向美国驻利比亚班加西领事馆开火。大约一小时后，他们成功占领了领事馆大楼，杀死四名美国人，其中包括美国驻利比亚大使克里斯托弗·史蒂文斯（Christopher Stevens）。该地区其他国家（突尼斯、苏丹、黎巴嫩、伊拉克和也门）及一些域外国家（阿富汗、巴基斯坦和印度尼西亚）也发生了抗议活动，但未升级至班加西那般程度。

然而，可以肯定的是，受到类似对待的不只有美国外交官。比如，2002 年，非洲国家驻俄罗斯的大使们因担心遭到种族袭击，要求俄罗斯政府对其在莫斯科工作的外交人员进行更好的保护。这种担忧并非毫无根据。加纳驻俄大使弗朗西斯·马哈玛（Francis Y. Mahama）在莫斯科一个公园里散步时就遭到殴打。在 2012 年针对美国外交官的袭击中，美国盟国（如法国、德国和英国等）的使馆和外交官也曾遭到包围。

第三，虽然上述两种关于《维约》履约记录的例外情况很少发生，但接受国往往非常希望了解使馆向其派遣国首都发回的消息或收到的指令。冷战期间，美国联邦调查局甚至在苏联大使馆下方修建了一条隧道，以便窃听其通信内容（Denza，2008：11）。美国在 2003 年第二次海湾战争前的外交攻势表明，这种间谍活动绝非只发生在过去。2003 年 3 月 2 日，《观察家报》刊登了一篇根据一份美国国家安全局（U. S. National Security Agency）高级官员遭到泄露的备忘录写成的文章，要求提升对联合国安理会成员国（当然，除了美国和英国）的监视（Beaumont et al., 2003）。看起来这项监视行动主要针对的国家包括安哥拉、喀麦隆、智利、墨西哥、几内亚和巴基斯坦（当时的安理会非常任理事国），但事实上中国和俄罗斯，甚至美国的长期盟友法国和德国（当时也是非常任理事国）同样处于监视之下。

反过来，问题同样存在。一些使馆和领馆利用使馆馆舍不可侵犯性来监视接受国。由于维基解密发布了大量数据，爱德华·斯诺登（Edward Snowden）也向多个媒体提供了泄露美国国家机密的文件，美国国家安全局自2014年以来饱受批评。数据显示，美国系统性地监视了接受国许多高级政府官员。这使美国与巴西、法国、德国和日本等国的外交关系变得紧张。

四、更新《维也纳外交关系公约》？

从上文可知，《维也纳外交关系公约》是外交成文法的核心。《维约》所遵循的功能主义路径——假定存在一套保证使馆正常运作的规范——构成了现代外交的支柱。虽然在执行过程中存在明显的问题，但总的来说履约情况很好。这可能与《维约》的起草者并不是无中生有地捏造出一条条规定有很大关系，他们将过去的习惯法及长期被外交领域视为理所当然的规定编纂成了法条。

然而，《维约》形成于全球化外交时代到来之前，当时的行为体和议题领域的多元化仍处于初期阶段。当今外交的作用不能仅局限于使馆的职能。尽管外交习惯法及许多其他规范并未形成法律，但自从草拟《维约》以来，它们发挥了重要作用。在全球化和全球治理（见词汇表：治理）中，新的行为体和新的进程逐渐形成。通信革命就是一个很好的例证。《维约》详细解释了如何包装外交邮袋和将它们装载到飞机上，但是并未涉及电子邮件。毕竟《维约》起草之时，当今大多数通信技术尚未出现。

因此，呼吁全面改革《维约》或以新公约取而代之的呼声开始出现。例如，澳大利亚学者西拉库萨就提请大家注意，国际组织和跨国公司及其在全球外交中的作用都应该被纳入此类公约中（Siracusa，2010：1）。非政府组织也需要书面规范，如2012年维基解密创始人朱利安·阿桑奇（Julian Assange）的外交庇护案所示（详见专栏5-3）。但是目前，外交法的编纂看起来仍像过去一样进展缓慢。《维约》的编写、签署和批准用了上百年的时间，考虑到当今全球外交的动向，新公约的产生可能仍需几十年时间。

专栏5-3　外交庇护与朱利安·阿桑奇

2012年，朱利安·阿桑奇事件占据了众多报纸的头版。朱利安·阿桑奇是著名非营利性在线发布平台维基解密（Wikileaks）的创始人，该平台致力于实现全球透明化，但对于透明度的激进追求引发了它与民族国家，尤其是与美国之间的冲突。维基解密揭露了美国干涉行动的机密情报及其在伊拉克和阿富汗的干涉行动所产生的后果，它发布的美国对战时和战后法律的违约行径令人吃惊。维基解密还公布了关于关塔那摩湾的机密材料。2010年，该组织揭露了一大批美国国务院外交电报，此举使得外交的透明度远远超过了威尔逊曾提出的外交公开原则（见第二章）。有些电报内容对美国外交官所在的接受国及其决策者并不友好。美国因此被迫需要在许多事件上道歉。2010年，瑞典首席检察官玛丽安妮·奈（Marianne Ny）针对阿桑奇的一项强奸指控下达逮捕令。美国希望将阿桑奇从瑞典引渡回国，并指控其犯有间谍罪，以此缓解承受的压力。2012年，阿桑奇向厄瓜多尔驻英国使馆申请外交庇护，随后，英国与厄瓜多尔之间出现了外交僵局。厄瓜多尔为阿桑奇提供了外交庇护,但是,在国际法中,对于是否存在外交庇护仍有争议,欧洲外交官倾向于否认,拉美外交官倾向于认可。然而,根据1961年《维也纳外交关系公约》,这一案件黑白分明——厄瓜多尔大使馆神圣不可侵犯。因此,英国不可以直接进入使馆逮捕阿桑奇。如果英国确实认为必须逮捕阿桑奇,它依旧可以采取强硬手段处理这一问题,例如解除与厄瓜多尔的外交关系。从解除外交关系的那一刻起,使馆馆舍便不再神圣不可侵犯。但是,此举太过激进。

五、深层背景

上一节讨论了人为构建的外交环境,比如《维也纳外交关系公约》,在很大程度上是人们设计出来的法律文件。本节将讨论自发生成的外交环境。首先我们对规范(见词汇表)进行讨论,区分人为构建的规范和自发生成的规范。然后,我们将聚焦自发生成的规范。

根据美国法律研究所的定义,国际法"由广泛适用于处理国家和国际组织行为的规则和原则组成,这组规范也同样适用于处理它们之间的关系及它们与个体之间的自然或法律关系"(The American Law Institute,1987)。

该定义对于国际法学者来说意义重大,对具有社会学背景的社会科学家来说同样意义非凡。但是,后者对于这一定义的解读要比前者宽泛许多。国际法学者心中时刻不忘法律原则和规范,而社会科学家更多考虑"应当"或"不应当"、"合法"或"非法"这样的"行为准则"问题(Florini,1996:364)。上述一些内容影响深远,甚至形成了外交和外交官的制度规范。需要强调的是,有些规范虽不是法律规范，但并不意味着它们不重要。一些非法律规范根深蒂固地存在于外交官脑海中，已成为他们必备的素质。这些规范影响十分强大，大部分外交官习以为常，往往意识不到。杰弗里·怀斯曼（Geoffrey Wiseman）称之为外交文化（Wiseman，2005）。

在一些人眼里，这是知识界对规范认识的最新发展（或者甚至是一时流行的看法）。这符合彼得·伯格（Peter Berger）和托马斯·卢克曼（Thomas Luckmann）在开创性的著作《现实的社会建构》(*The Social Construction of Reality*)中的观点。这种存在理论的本体论（见词汇表）在外交和国际关系方面的成果包括尼古拉斯·奥努夫的《我们建构的世界》(*World of our Making*)（Onuf，1989）和弗里德里希·克拉托克维尔的《规则、规范和决策》(*Rules, Norms, and Decisions*)（Kratochwil，1989）。但是，外交方面的文献大多非常关注这些背景规范，尽管它们常以不同类别出现。确实，早期外交方面的文献都与程序上的背景规范相关，旨在教导外交官遵守外交程序上的行为准则，甚至旨在将这些规范变为外交官的第二天性，也就是成为他们无须思考而自发的行为。

17世纪最常被引述的一本外交类书籍是亚伯拉罕·德·维克福特（Abraham de Wiquefort）用法文撰写的《大使及其职能》(*L'Ambassadeur et ses fonctions*)，书中大量篇幅探讨外交官的行为举止及处事技巧。这本书并未试图教授法律规定，而是注重那些应该渗透到外交官背景中的行为准则。原则上，这与试图教导一个孩子每天早上刷牙如出一辙，这种练习期望产生的结果是将规范转化为一种不言而喻、不容置疑的行为准则。弗朗索瓦·德·卡利埃（François de Callière）1716年出版的《与君主谈判的艺术》(*De la Manière de Négocier avec les Souverains*)可以说更加关注外交官的行为举止和处事技巧。作者提倡的纪律和规则是成为一名出色的外交官的行为标志。有关外交的这种书写方式一直延续到20世纪（Satow，1917）。

现在，外交方面的书籍不再对外交官的行为举止和处事技巧过多着墨，但它们对外交从业者仍具有十分重要的意义。世界各地从事外交研究的专业院校都教导学生和受训者很多礼仪方面的知识。比如，美国国务院下属的外交学院（Foreign Service Institute of the US Department of State）教导学员如何称呼他人，如何介绍他人，称呼他人时应冠以何种头衔，作为客人应如何表现，向谁发出邀请，在正式及非正式宴请上如何穿戴，等等（U.S. State Department，2005）。仅仅第一个问题——称呼他人——就很可能成为产生误解的雷区，尤其对于新手而言。例如，在演讲的开始，必须正确称呼听众。今天，"尊敬的阁下，女士们，先生们"（"Excellencies, Ladies and Gentlemen"）是经常使用的一种简约表达方法。但是，作为补充，听众中地位高的人可能非常希望听到对他们的到来进行单独问候和致谢。在外交交谈中，细节至关重要，在提出异议时也是如此。曾经有过一段对抗的时期。但是外交对话通常会过滤气愤、沮丧和对立等情绪，或将其巧妙地隐藏在表达方式中，这或多或少是外交领域中的准则。巧妙的暗示通常可以被熟悉外交的人士所理解。

对于身处这些话语规范之外的普通大众来说，尤其是在灾难发生时，这种友善的言辞可能会令人大跌眼镜。举一个不该使用文雅言辞的例子。安理会针对卢旺达大屠杀的第一份决议根本没有使用"种族灭绝"一词，并且只使用了"谴责"来表达安理会对正在发生的事态的立场，只使用了一次"严重谴责"，还是用于谴责对联合国工作人员的袭击上。事后看来，如此轻描淡写的措辞让许多外交官都感到相当震惊。1994年4月21日，联合国安理会通过了第912号决议，此时距致使至少50万人丧生的人类历史上最迅速的种族灭绝事件已过去两周之久。

这个发人深省的案例也强烈地暗示了深层背景在一些关键问题上的重要性。绝大多数学生、观察家和世界政治的缔造者都对种族灭绝深恶痛绝。这不能只归功于如1948年《防止及惩治灭绝种族罪公约》（1948 Convention on the Prevention and Punishment of the Crime of Genocide）这样的法律文件，尽管它们很重要；也是由于人们对某些暴力形式有了更深入的认识和更广泛的排斥。不久前，诺伯特·埃利亚斯（Norbert Elias）将其称为一种约束的惯习（见词汇表）（Elias et al.，2000；亦可参见Bjola and Kornprobst，2007）。也就是说，深层次自发生成的环境确实非常重要。

六、三大学派在深层背景上的观点

学者们在论述自发生成的外交环境时，不仅涉及程序和实质规范，还更广泛地涉及被视为理所当然的外交文化基础。根据对深层背景的研究深入程度，可以划分三大学派。

自由主义有一种强烈的倾向，把注意力集中在人为构建而不是自发生成的机制上。机制通常被认为是设计出来的（Koremenos et al.，2001）。然而，值得指出的是，一些自由主义的关键概念为自发生成机制留下了空间，一些自由主义学者对此有着深刻的见解。众所周知，斯蒂芬·克拉斯纳将国际机制定义为"在国际关系特定问题领域里一系列明示或默示的原则、规范、规则和决策程序，行为体的预期以之为核心汇聚在一起"（Krasner，1983：2）。需要注意的是，该定义不仅包括制度的显性成分，还包括隐性成分。后者可以解释为自生环境。大多数研究制度的理论家不愿触及这些深层背景，他们也没有给外交留下太多的研究空间。当然也有例外。比如，扬（Young，1983，1991）的论述为自生环境对外交产生的突出作用提供了重要见解。

英国学派更加注重外交背景，并对其进行了更深入的分析。在很大程度上，英国学派并不关心给次级制度（secondary institutions）贴上什么标签。相反，它强调了主要制度（primary institutions）即深层背景的重要性。通过分析这些主要制度，赫德利·布尔（Hedley Bull）对外交文化进行了相当深入的探讨。他认为外交文化构成了国际社会。外交文化的核心是基于共同规范的一种特殊的论证和交流方式：

> 他（外交官）总是希望通过论证或劝说而非欺侮或恐吓实现诉求。他会让对方看到所寻求的目标不仅符合自身利益，也与对方的利益相一致。他更倾向于说"权利"，而非"要求"，以及表明这些权利产生于双方共同承认和遵循的规则和原则。

(Bull, 1995: 165)

同样地，沃特森将外交理解为一个文明化的过程。外交规范将交流互动引向持续对话（Watson, 1982）。在近期英国学派外交思想的重塑过程中，夏普重申了这一观点。他认为，构成外交的规范尤为强调对和平关系的维护（Sharp, 2009）。

建构主义（见词汇表）更加注重对外交背景的理解（Kornprobst and Senn, 2016a）。虽然建构主义者的研究也强调根深蒂固的规范和文化的作用，但同时也采用了其他几个概念以确定外交背景的组成部分，其中最常被讨论的一个概念是身份（identity），它常被概念化为叙事（Somers, 1994），比如通过叙事，民族国家等具有国际影响力的实体对自己实现了身份界定。另外一个概念是认识型（见词汇表），鲁杰（Ruggie, 1982）将其定义为国际行为体观察世界的一个镜头。他笔下的镜头是指具有边界和领土的主权民族国家组成的世界。这是一个非常有趣的观点。虽然由于全球化带来的压力，当今世界面临困境，但全球政治已深植于人们的思想中，大家几乎从未想到要去进行反思。与认识型的概念类似，律法（见词汇表）（Epstein，2005；Adler-Nissen，2014）旨在捕捉最深层的自生成分。在布迪厄之后，使用这个术语的学者经常强调律法的程序维度，尤其是行为者之间的等级制度，而不是实质维度。

近年来，实践的概念开始流行起来，学界出现了大量的关于实践转向的讨论。实践是反复操作的具有意义的一种行为。很多学者将实践定义为一种反思性行为。行为体仅需实践，而无需深思熟虑。更多（Adler，2008）或更少（Hopf，2002；Pouliot，2008）关于实践的反思性概念都指向了深层背景。实践存储于工具库之中（在布迪厄和非反思性的著作中，实践由法律、信仰和惯习组成），而且在面临特定的社会情境时，实践会依据情境自动执行，而非由这一工具库所决定。

七、深层背景的实例

有一点值得再次强调，对深层背景的一些抽象讨论将我们带回经典的外交文献中。例如，维克福特和卡利埃认为，行为举止及处事技巧均属于深层背景，而这些是行为体通过社会化习得的。举止和技巧关乎如何以外交官的身份行事，即深层背景中的程序性内容。其他被提及的外交学者则更注重实质性内容。沃特森的观点无疑是其中之一。相比升级冲突，外交背景更多指向防止冲突升级为战争的内容（Watson，1982）。

深层背景从来不是单一的，也非一成不变。不同外交行为体所处的背景不同，甚至彼此对立，这些差异和对立致使不同的外交行为体沿着特定的方式演进。从程序上讲，20世纪后半叶，外交的秘密性降低，变得越来越公开化（Marshall，1997）。例如，非政府组织就获得了参与多边谈判的机会（有时还有发声的机会）。这一深层背景在程序上的体现已反映在经济、发展、环境和卫生等外交次领域。非政府行为体成为外交的一部分，这已是广泛接受的社会事实。基于此，规范非政府行为体参与外交事务的明确规则已经出台。专栏5-4即为非政府组织如何在环境谈判中获得认可的案例。但是，在涉及战争与和平问题的次领域，非政府组织参与的普遍性大大降低，且充满争议。人道主义倡议认可非政府组织参与核军控谈判，而联合国五大常任理事国坚决反对。两者存在较大争议（Kornprobst and Senn，2016b）。

专栏5-4 非政府组织申请参会许可

非政府组织申请参加重大多边会议的程序简单明了。例如，2009年国际谈判委员会（International Negotiating Committee）为形成一份关于汞问题的具有法律约束力的文件所进行的谈判需要以下文件：

- "组织的章程、宪章、法规条例及附则等文件（包括其所有修正条款及附件）的副本。
- 组织的工作任务和工作范围的陈述文件，包括外展服务的详细说明，以及在本领域内或其他活动范围内交流情况的说明。支持性文件应包括一份公开的工作任务说明（可从网站或宣传册上摘录）。
- 一份对环境和卫生领域议题感兴趣的证明文件，包括介绍过去两年内组织所负责活动的描述性文件，或更充分地阐述组织在环境、卫生及相关领域的兴趣。证明文件可包括年度报告、会议/研讨会报告、新闻稿及媒体声明副本、新闻通讯或期刊文章等"（UNEP，2011）。

"欧洲意识"是又一例证。该意识可以概括为：国家间的隔阂导致战争，国家间的交流与合作孕育和平。欧洲意识不是法律规范，甚至不是规范。它是呈现欧洲的过去、现在和未来的透视镜，促使有远见的外交官为欧洲一体化不懈努力，其中包括康拉德·阿登纳（Konrad Adenauer）、阿尔契德·德·加斯贝利（Alcide de Gasperi）、让·莫内（Jean Monnet）、罗伯特·舒曼（Robert Schumann）、保罗-亨利·斯巴克（Paul-Henri Spaak）等人。如果没有这种共同的背景意识，就不会有建立欧洲煤钢共同体（European Coal and Steel Community）的《巴黎条约》（Treaty of Paris），不会有将欧洲煤钢共同体发展为欧洲共同体的《罗马条约》（Treaties of Rome），更不会最终签署《马斯特里赫特条约》，建立欧盟（Parsons，2002）。专栏5-5对此进行了更深入的探讨。然而，欧洲意识最近在欧洲面临越来越大的挑战。右翼（甚至一些左翼）民粹主义运动完全拒绝欧洲意识，并在选举中获得了支持。英国脱欧运动也否定欧洲意识，突出国家主权的重要性。

专栏 5-5　欧洲意识

"欧洲意识"认为，欧洲由不同的民族国家组成，但各国彼此之间不是独立的，它们的命运不可避免地交织在一起。过去，欧洲由于拒绝承认这种共同命运导致一系列灾难的发生。只有通过交流合作，克服民族国家间的分歧，才有可能避免悲剧重演。历史上，每次重大灾难发生后,"欧洲意识"在欧洲知识精英中都会重新产生广泛影响,他们利用"欧洲意识"解释发生的事件并寻找方法避免灾难重现。例如,早期的"欧洲意识"与国家互动有关,马克西米利安·德·贝蒂纳公爵(Maximilian de Béthume)在三十年战争后所著,以及阿贝·德·圣皮埃尔(Abbé de Saint-Pierre)与杰里米·边沁(Jeremy Bentham)受到启蒙运动理念的影响,都体现出这一意识。"欧洲意识"的开创性发展(不仅对于欧洲而言,对世界也是如此)来自戴维·米特兰尼(David Mitrany)在二战时期所写的文章《有效的和平体系》(*A Working Peace System*)。"欧洲意识"也是在二战之后才逐渐摆脱了欧洲外交的烙印。可以说,由于经历过残酷二战的那一代人已经离开了外交舞台,后来者不再认真对待欧洲这段重要历史,因此"欧洲意识"正在逐渐衰退。

　　弄清这些深层背景带来了方法论上的挑战。许多学者使用解释主义的研究工具来确定背景的组成部分、演变过程以及围绕背景存在的争论(Epp,1998;Kuus,2007;Pouliot,2016)。这涉及对文本的深入分析。关于外交官活动的记述透露出他们最理所当然的想法,访谈也有同样的作用。不过深层背景包含的所有元素无法全部通过文本来获取。部分学者认为,外交官许多理所当然的想法已经不再明确地体现在文本当中,因此,访谈便成为识别深层背景的重要途径。

　　后建构主义有时采用类似的研究方法,但这样做往往为了使通常不言而喻的事情变得陌生。詹姆斯·德尔·德里安(James Der Derian)在相关的外交著作中通过询问外交是如何产生的(解构主义)而使外交变得陌生。通过揭露外交发展过程中的许多偶发事件,他宣称外交恰好是人们建构出来的。后建构主义坚称这种建构充满不平等和不公正,因此应保持距离。科斯塔斯·康斯坦丁为了用建构去解释外交，提出了一种似乎不太可能但相当有力的手段：使外交变得陌生而可笑（Constantinou，1996）。

八、小结

- 外交官扎根于环境中，这些环境是构成外交官和外交的首要因素，否则，外交便不复存在。
- 本章从两个角度讨论了外交环境的组成部分：人为建构的和自发生成的，程序性的与实质性的。
- 尽管存在程序性和实质性的人为建构环境，但我们对外交环境的说明侧重于1961年《维也纳外交关系公约》。该公约确定了程序性规范，规定了外交官和接受国外交机构的行为准则。尽管在许多方面已经过时，但该公约迄今仍是现代外交的基石。
- 本章讨论了外交环境中几种自发生成的内容，所涉案例包括使外交更具包容性的行为（程序性）以及欧洲意识的演变（实质性）等。
- 自由主义、英国学派和建构主义三个学派的思想帮助学者思考如何使"深层背景"概念化。相对于建构主义而言，自由主义提出了一个更狭义的背景概念，最先引导我们关注深层背景的英国学派则介于两者之间，且更偏向于建构主义。

思考题

- 在确保全球外交发挥作用方面，外交法的优势和劣势各有哪些？
- 法学家和社会学家在定义规则和原则时在哪些方面保持一

致，哪些方面存在分歧？这对外交学研究有哪些影响？

- 外交是一套文明的制度吗？
- 认识型是否促进了区域一体化？
- 对于深层背景的研究存在哪些方法论上的挑战？如何应对这些挑战？

推荐阅读

Constantinou, Costa M. 1996. *On the Way to Diplomacy*. Minneapolis: University of Minnesota Press.

这本书深入论述了外交背景的演变。康斯坦丁运用后建构主义视角进行解读，让通常被认为是外交正统的思想看起来很陌生。

Denza, Eileen. 2008. *Diplomatic Law: Commentary on the Vienna Convention on Diplomatic Relations*. Oxford: Oxford University Press.

权威解读1961年《维也纳外交关系公约》的著作，经常被外交学学者引用，供外交实践者参考。

Sending, Ole Jacob, Vincent Pouliot, and Iver B. Neumann. 2015. *Diplomacy and the Making of World Politics*. Cambridge: Cambridge University Press.

书中许多章节论述了本章所述自发生成的环境的演变过程，并将之与人为建构环境的形成与消失联系起来，涵盖了广泛的议题领域。

Wiseman, Geoffrey R. 2005. "Pax Americana: Bumping into Diplomatic Culture". *International Studies Perspectives* 6 (4): 409-430.

这本书是对2003年美国入侵伊拉克的案例研究。作者首先阐述了战争与和平中关键的外交规范，随后探讨了美国如何违反这些规范及造成了何种后果。

注释

［1］英国学派认为自发生成的部分在外交环境形成中起首要作用，人为构建的部分作用次之。在此感谢马丁·森（Martin Senn），他指出的这些不同的分析方法对本书作者颇有启发。

第六章　全球外交的任务

本章目标
- 明确外交的主要任务
- 讨论执行外交任务的不同方式
- 概述相关外交文献如何将这些任务概念化
- 将外交任务与外交环境联系起来

一、引言

无论是哪种外交行为体，要处理何种领域的议题，识别其中所涉及的主要外交任务都是可以做到的。本章所述的外交任务主要包括信息传递、谈判、调停和会谈。并非所有的外交官都以同样的方式处理这些任务。尽管可能过于简单化，但处理方式仍可大致分为两类：代表国家的传统外交官倾向于完成上述所有四项任务；而代表世界政府或非政府组织的非传统外交官有所不同，他们更多的是进行信息传递和对话，较少参与谈判和调停。然而，也有例外。欧盟委员会等国际机构参与了大量的国际谈判，非国家行为体有时也会成为重要的调停方。

会谈的类别之多可能会让读者感到惊讶。这个宽泛的概念涵盖了从廉价磋商到对话等多种形式，当然并不包括无关紧要的闲聊。会谈可以在国际外交中发挥重要作用，改变我们上一章讨论的自发生成的环境。相比之下,谈判和调停意在改变人为构建的环境(尽管无意识下自发生成的后果总是可能出现)。

我们最好把本章讨论的外交任务放在沟通背景下进行总结。外交与沟通密切相关(Rana,2001)。消息传递、谈判、调停以及我们确定的多种类别的会谈代表不同的沟通方式。最重要的是,外交官即沟通者。

外交行为体所处的环境为沟通中的信息传递、理解这些信息以及为不同外交行为体找到共同点提供了可能。换言之,环境能够使行为体第一时间意识到要传递的消息,也可以理解他人传递的消息。此外,环境还能勾勒出不同行为体在协议上达成共识的可能性,尽管在很多情况下这种共识的达成具有很大的不确定性。

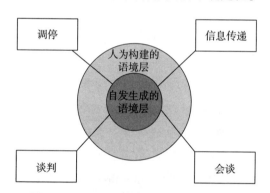

图 6-1　外交环境和外交任务的相互作用

因此,外交官为了完成沟通任务,需要利用外交环境。利用外交环境的方式反过来也会改变和重塑外交环境。图 6-1 概括了外交环境与外交任务之间的相互作用。

本章分为四部分。我们从信息传递这项很可能是外交官最古老的职能入手,随后深入讨论谈判、调停,最后讨论会谈的类别。需要强调的是,尽管生活中的谈话很多时候无关紧要,但在外交中非常重要。

二、信息传递

外交官是信息传递者。在传统的国家间外交中,外交官往往传递两方面信息。一方面,外交官原封不动地向驻在国首都传递来自派遣国首都的信息,不做出任何改变。宣战就属此类。以德国向苏联宣战为例。1941 年 6 月 21 日,德国驻苏联大使弗里德里希-沃纳·格拉夫·冯·德·舒伦堡(Friedrich-Werner von der Schulenburg)收到一封来自柏林的电报,该电报标记为"国家机密""非常紧急"。电报向苏联政府传达了德国的重大决定,其结尾总结如下:

总而言之,德国政府因此宣布苏维埃政府违反其应承担的义务,

(1)现在不但在继续这样的行为,而且还在竭力损害德国和欧洲的利益;

(2)采取了越来越多的反德外交政策;

(3)将所有部队集结在德国边境待命,因而苏联政府违背了与德国的条约,为了自身的生存,准备从后方进攻德国。因此,元首下令德国武装部队尽一切手段抵抗这一威胁。

(Public Broadcasting Service,2009)

可以预见,宣战让战争的受害者成了战争始作俑者。事实上,最后一句即为正式宣战。舒伦堡只是这份信息的传递者,而非起草者。希特勒上台后不久,舒伦堡便加入了纳粹党。1934 年,他成为希特勒派出的德国驻苏联大使。1939 年,舒伦堡向苏联施压,两国签署《苏德互不侵犯条约》(又称《希特勒-斯大林公约》),双方同意互不侵犯,以牺牲多个东欧国家的利益为代价,划定了各自的势力范围。1941 年 6 月 22 日上午,舒伦堡前往克里姆林宫,向苏联外交部长维亚切斯拉夫·莫洛托夫(Vyacheslav Molotov)传达了他收到

的这份重要信息。莫洛托夫质问舒伦堡，德国为何要破坏《苏德互不侵犯条约》。舒伦堡和莫洛托夫都是该条约的设计者。舒伦堡没有遵守信息中包含的"不对此信息做任何讨论"的命令，据说舒伦堡回复说："过去六年，我自己一直在尽全力增进苏联与德国之间的友谊。但是，个人阻挡不了国家之间的命运。"（Public Broadcasting Service, n. d.）三年后，纳粹的人民法庭（Volksgerichtshof）认定舒伦堡在东线附近的拉斯登堡密谋暗杀希特勒而有罪，在柏林的普洛岑湖监狱（Berlin-Plotzensee）对其施以绞刑。可见外交人员并不总是认可他们必须传达的信息。

另一方面，外交官将信息从驻在国传回到派遣国首都，汇报驻在国现状，尤其是一些不为外界所知的信息。马基雅维利在给拉斐尔·吉罗拉米（Raffaeloo Girolami）的建议中便写到该如何看透宫廷里的秘密：

> 要找出所有的阴谋，并正确地推测出问题，除了根据自己的判断外，没有其他可依赖的东西。这确实很困难，但是通常情况下，宫廷里会有不少爱管闲事的人，他们时刻警觉，想要获悉周遭的一切，与这些人保持友好关系是非常必要的，以便从每个人那里获取一些线索。
>
> （1522年10月23日，拉斐尔·吉罗拉米启程赴西班牙，到查理五世王朝担任大使，行前马基雅维利送给他的建议，参见 Machiavelli, Advice to Raffaello Girolami, 转引自 Berridge, 2004: 42）

外交官传回的信息通常仅限于即将出台的政策细节。其中一些信息处于《维也纳外交关系公约》规定的允许传递和不允许传递中间的灰色地带，有些甚至超出了灰色地带。上一章有关外交环境和外交法的内容提到了这一点。在极少数情况下，从驻在国发回派遣国首都的消息本质上更具概括性。其中,凯南(Kennan,1946)的长电报一直是外交官传递的最具影响力的信息之一,值得深入研究。

1946年初,莫斯科不太支持刚刚成立的世界银行和国际货币基金组织,这令美国财政部感到困惑。与美国许多官僚机构一样,财政部仍将苏联视为盟友。因此,苏联对新成立的国际机构的疑虑令财政部感到惊讶。财政部向美国驻莫斯科大使馆发出"解释苏联这种行为"的请求。该请求被放到了时任美国驻苏联使团副团长乔治·凯南(George F. Kennan)的办公桌上。凯南开始撰写长电报,并为电报的格式和长度不合规而致歉。

他分五部分对苏联外交政策的总体轨迹进行了详细分析。第一,他认为苏联理解世界政治的主要前提包括"资本主义包围圈"、资本主义与社会主义不可能和平共处、资本主义阵营内不可避免地会发生战争,以及有必要防止在社会主义阵营发生类似战争。第二,他认为莫斯科由此推断"必须采取一切措施来提高苏联在国际社会中的相对实力",加深和利用资本主义国家之间的差异,并消除社会主义国家中的异常倾向(比如社会民主)。第三,他预测莫斯科的公开政策将围绕提升苏联的权力和威望而展开,比如在第三世界和国际组织中提升苏联的话语权。第四,他预测苏联的秘密政策将特别关注"各国共产党的排名和分类"、傀儡政权的建立(如土耳其)和"做一切可能使主要西方国家相互对抗的事情"。根据凯南所述,这四个观点共同构成了对美国的巨大挑战:

> 概括起来,我们所面对的是这样一种政治力量:它坚信同美国不会达成永久妥协,坚信为了苏联的安全必须破坏我们社会的内部和谐,必须摧毁我们传统的生活方式,必须打破我们国家的国际权威。

第五，凯南阐述了美国应如何应对这一挑战，论述的核心是苏联领导层所遵循的相互矛盾的逻辑。凯南认为，苏联领导层"不受理性逻辑的影响"，但是"对武力逻辑高度敏感"。因此，如果西方国家，尤其是美国，保持强硬的立场，就可以应对苏联挑战。强硬的立场中应包含军事成分，但也应当包括"对我们希望看到的世界做出建设性规划"。保持强硬立场的力量只能来自美国社会。

凯南的信息发挥了作用。这是一份具有里程碑意义的文件，其主要观点被美国精英和公众所接纳。直到今天其影响仍清晰可见。1946年夏天，杜鲁门总统要求他最亲密的顾问之一克拉克·克利福德（Clark Clifford）撰写一份有关美国外交政策的报告。克利福德的报告以凯南的长电报为基础，杜鲁门认为这份报告很重要且很有帮助。半年后，凯南在《外交事务》(*Foreign Affairs*)杂志上化名X发表题为《苏联行为的根源》的文章（Kennan，1947），从而将其传播给了更广泛的群体。该文章与长电报的内容非常相似。我们将在本章结尾再次提及长电报，因为它不仅是消息传递的经典案例，还有力地说明了创新和信息传递如何结合。

最后还要谈及另外一点：非传统外交行为体也是重要的信息传递者。以非政府组织为例，它们的目标群体不是本国政府部门，而是国家、地区、全球层面的公众。一些非政府组织会定期发布关于全世界侵犯人权行为的报告，这些报告发挥着重要影响。最不理想的结果是这些报告仅仅增强了人们的人权意识而问题仍然存在。尽管如此，各国受到公众舆论的压力，重新考虑其行为的情况并不鲜见。例如，美国总统乔治·W.布什在2002年因将基地组织和塔利班相关人员转移到古巴的关塔那摩湾美军基地监狱，受到严厉批评。非政府组织的深入调查和调查结果的传播导致公众强烈反对关塔那摩监狱。尽管布什没有屈服于压力，但是，在奥巴马的努力下，美国政府关闭了关塔那摩监狱。

　　国际组织也是重要的信息传递者。国际组织通过发布关于经济增长和金融交易、发展与善治、国际移民及其流动等方面的年度报告，以及通过更多临时的现场调查工作，致力于展现真实的全球图景。正如巴内特和芬尼莫尔所述，国际组织具有一种特殊的权威，许多其他行为体都愿意听取它们的意见。国际组织被视为非政治实体，不仅为自己服务，也为全球社会服务，这赋予了其话语以权威性（Barnett and Finnemore，1999）。一个特别有趣的制度安排是全面禁止核试验条约组织筹备委员会。由于许多主要国家并未批准《全面禁止核试验条约》，所以该条约尚未正式生效。但是全面禁止核试验条约组织实际上是一个国际组织。它使用最先进的设备，可以检测到世界各地的核试验。到目前为止，它已经检测到五次核试验，即朝鲜于2006年、2009年、2013年和2016年（两次）对核装置进行的测试。

三、谈判

　　谈判的形式多种多样。一方面，首先让我们考虑一下丘吉尔和斯大林在一次会议中就一个重要问题达成共识。1944年10月9日，两位领导人在莫斯科讨论未来各国的势力范围。深夜，丘吉尔将一项重要议题列入议程："让我们来解决巴尔干问题。"他继续说道：

　　　　在巴尔干地区，我们有利益、使命和代理人，不要在小事上产生矛盾。就英国和苏联而言，如果苏联在罗马尼亚占有百分之九十的支配权，英国在希腊占有百分之九十的支配权，两国在南斯拉夫各占一半，这样分配如何？

丘吉尔在一张纸上写下了这些数字。斯大林一边看着列表，一边听着翻译，很快停顿了一下，"拿起他的蓝色铅笔，在上面做了一个很大的记号，然后递给了我们"。丘吉尔对此次会议很满意，"只需要坐下来，一切很快就解决了"。后来，西拉库萨的著作中记载了这个故事（Siracusa，2010：55-56）。他主要是写丘吉尔，斯大林可能并不像描述中那样被动，发生的其他事情也可能和描述中的存在差异，但故事的要点与历史学家精细的研究相吻合。两位领导人轻而易举地达成了一致，对之后几十年欧洲的命运产生了至关重要的影响，这一点值得关注。

另一方面，在有些问题上，即使各国持续、反复进行谈判，也很难实现明显突破。气候变化谈判就属于这一类问题。1990年12月21日，第45届联合国大会通过了第212号决议，成立气候变化谈判委员会。两年后，《联合国气候变化框架公约》签署。顾名思义，这份文件不是详细的协议，在很大程度上它只是一个框架。尤其是第4条的内容宽泛且模糊。为了取得切实成果，在一些非政府组织的参与下，众多缔约方之间的谈判仍在继续。1997年《京都议定书》在制度化方面有所发展，第17条明确要求制定"相关的原则、方式、规则和指导方针"，但是整体仍然很笼统。尽管定期举行气候峰会，但国际社会并未就制度化进行相关讨论。最终，2005年蒙特利尔气候变化大会正式通过了2001年的《马拉喀什协议》（Marrakesh Accords），朝着制度化方向迈出了一小步。然而，近年来召开的一些峰会，如2009年的哥本哈根世界气候变化大会和2011年的德班气候大会，更多的是致力于防止整个气候变化制度崩溃，而不是更坚定地推进制度化发展。2015年签署的《巴黎协定》无疑在制度化方面取得了重大进展，但它不太可能改变持续谈判和再谈判的模式。

由于谈判形式多种多样，所以最好宽泛地界定谈判。汤普森的定义很有价值："谈判是人际决策的过程。在我们无法独自实现目标时，谈判是必要的。"(Thompson，2009：2)尽管谈判具有多面性，但能否概括出谈判成功的要素呢？

博弈论已经成为研究谈判能否成功的重要工具。博弈论提出了这样一个问题：当每个玩家被锁定在同一个游戏中时，他们如何才能使自己获得最好的结果。国际象棋的例子有助于理解博弈论的基本概念。有两个棋手（行为体）面对同一个棋盘（环境），他们追求有利的"战略"（见词汇表）（例如特定的开局），以便赢得棋局。学者们经常引用一个更为贴切的例子，那便是"囚徒困境"。"囚徒困境"不是关于如何一路取胜，而是寻找一系列的策略和反策略，其配置方式是任何一方都不能单方面偏离，这样才能提高玩家整体的收益，这便是纳什均衡（Nash equilibrium）。在外交研究中，博弈论在和平与战争（Touval and Zartman，1985）等特定政策领域，以及更为广泛地捕捉外交谈判的动态（Putnam，1988）等方面得到了广泛应用。

我们还可以从很多其他的学术视角来理解谈判。政治心理学认为，谈判者并不总是像博弈论所认为的那样精于计算。谈判者的"情绪"（见词汇表）很重要，它构成了谈判者之间表达感情的动力，会影响他们的战略选择，甚至利益的形成。谈判者的"认知"（见词汇表）也很重要，它会影响谈判者 A 怎么看待谈判者 B，包括在谈判者 A 眼中谈判者 B 所拥有的权力（Goldman and Rojot，2002：77）。

另一个独特的角度是观察委员会主席、大会负责人等如何施加影响推动停滞不前的谈判。这些手段包括：达成新的一揽子交易，在时间上给谈判者施加压力，以及暂时重新召集部分谈判方进行谈判等（Steiner，2004；Odell，2009；Coleman，2011）。琳达·帕特南对此提出了一个重要的见解：熟练的谈判者并不会任交流自由发展。他们会为了达成协议想办法塑造交流进程（Linda Putnam，2010）。

社会学方法更倾向于详细阐述权力带来的无形影响,例如研究地位和声望对谈判的影响(Cohen,2001a)。职业文化又是一个重要的概念。无论是哪个国家的外交官,对于外交是什么、怎样开展外交、如何进行谈判都有一些共识。这有利于他们进行谈判(Salacuse,1998)。在前一章的叙述中,我们已经论述了关于背景思想的共识。他们通常是外交的一部分,也从一开始就塑造了外交谈判。

我们还可以从一些非学术的角度来理解谈判。专栏6-1讨论了其中的一些视角。

专栏6-1 仅从学术视角观察谈判存在的局限性

现有的学术视角并不能捕获到谈判的每一个细微差别。例如,弗朗索瓦·德·卡利埃(François de Callières)建议谈判者"饮酒时不要失去对自己的控制,同时要努力让别人放松自我控制"(de Callieres,转引自Freeman,1997)。这可能不太具有学术性,但不应忘记,外交不仅仅是在富丽堂皇的大厅里发表事先准备好的重要演讲,非正式场合的交往常常可以推动谈判进程。根据所处环境和文化的差异,他们有时可能需要喝上一两杯酒。1955年,联邦德国总理康拉德·阿登纳前往莫斯科就遣返德国战俘问题进行谈判时,的确想到了这一点。他命令代表团携带了大量的腌制鲱鱼片,并在非正式谈判前将其吃掉。他预期在这几轮谈判中,肯定要喝不止一杯伏特加,希望富含脂肪的鱼片能够吸收酒精。鱼片究竟起了多大作用我们不得而知,但是此次谈判圆满结束。苏联同意释放将近一万名德国战俘。作为回报,联邦德国同意与苏联建立外交关系。除此之外,协议中未提及联邦德国承认民主德国这一高度敏感的问题。

此时，读者可能会提出反对意见：目前为止，我们好像一直在讨论以国家为中心的谈判。确实，谈判除了为民族国家的外交服务之外，还有许多非政府行为体在世界政治谈判中留下印记。然而，为了观察它们的谈判行为，我们必须超越前文就谈判所给出的学术解释。例如，非正式网络对于谈判至关重要，甚至在谈判开始之前，非正式网络就能对谈判及其结果产生一定的塑造作用。通常这些非正式网络不仅包括传统外交官，还包括代表非政府组织、跨国公司、国际组织等的行为体。正是通过在非正式网络中的互动，行为体才确定了利益所在，并决定如何采取相应的行动（Jönsson and Strömvik, 2005）。更重要的是，这些行为体通过在非正式网络中的互动，来诠释世界以及那些看似不言而喻的常识。一些行为体占据了网络中的节点，因而能够传播他们对于世界的理解，而这些行为体不一定是传统外交官。

例如，代表国际组织的行为体就有一定的社会建构能力。巴尼特和芬尼莫尔指出，它们"定义了共同的国际任务（如'发展'），创造和定义了行为体的新类别（如'难民'），创造了行为体新的利益（如'促进人权'），并且在世界范围内转变了政治组织模式（如市场和民主）"。反过来，这些类别构成了许多谈判的基础（尽管这些谈判有时可能会改动它们的定义）。这是基础性的，也非常重要。引用一句美国短语，一个人是作为难民享受保护，还是被划为"非法居留者"，对这个人来说意义重大。在定义这些行为体时，国际官僚机构起着重要作用（Barnett and Finnemore, 1999: 699）。

非政府组织常常被排除在达成国际协议的实际谈判进程之外，或者被降为观察员的地位。但是在国家间谈判开始之前，非政府组织的交流工作非常重要，会影响到人们对某一问题的认识，有时甚至会影响到某一议题是否会被放在谈判首位，还会影响到能否找到解决问题的正确方式。1997年，133个国家在渥太华签署了《禁止杀伤人员地雷公约》(Anti-Personnel Mine Ban Convention)。公约乍看之下像是典型的国家间的协议，但其大部分撰写工作实际是由非政府组织完成的。在20世纪90年代，"来自60多个国家的约1000个非政府组织"开始了强有力的禁雷运动。乔迪·威廉姆斯（Jody Williams）担任这些非政府组织的协调员，由此产生的国际禁止地雷运动（ICBL）获得了越来越大的动力（Price，1998）。开始的时候，这是一场宣传运动，给世界舆论带来了令人震惊的统计数据：每周约有500人被地雷炸死或炸伤，其中绝大多数为平民。后来，这场宣传运动与国际法和更深层次的外交背景联系在了一起——随意攻击平民违背了已有的国际人道主义法，所以这场运动获得了越来越多的合法性。国际禁止地雷运动逐渐成为世界性的权威运动，并于1997年获得诺贝尔和平奖。到20世纪90年代中期，这场运动在传统外交界引起了强烈共鸣，比利时、加拿大和德国等国家成为禁止地雷运动的坚定支持者。加拿大外交部长劳埃德·阿克斯沃西（Lloyd Axworthy）抓住了这一大好时机，于1997年12月在渥太华举办会议，圆满完成了《禁止杀伤人员地雷公约》的谈判。

《禁止杀伤人员地雷公约》可以说取得了一定的成功。虽然包括中国、俄罗斯和美国在内的一些大国既没有签署也没有批准该项公约，但是有159个国家加入，推动禁雷运动向前迈出重大一步。值得注意的是，该公约不仅成功地在人为构建层面增加了一项军备控制协定，还成功地将规则嵌入自发生成的层面。传统上，军备控制的出发点是国家安全，相比之下，《禁止杀伤人员地雷公约》以人的安全为基础。同样重要的是，在关于军备控制的讨论中，非政府组织通常会被边缘化。但是在禁止地雷的讨论中，非政府组织本身就是非常重要的行为体。自从该公约颁布以来，军备控制很多其他方面的讨论也向人的安全和包容性治理的趋势发展，并产生了一些具体的成果，如 2008 年《集束弹药公约》（Convention on Cluster Munition）。《禁止杀伤人员地雷公约》甚至对核不扩散制度都产生了影响，人道主义倡议成为一股不可忽视的力量（Kornprobst and Senn, 2016b, 2017）。专栏 6-2 概述了这一发展。

专栏 6-2　人道主义倡议

　　2010 年，国际红十字会委员会主席雅各布·凯伦伯格（Jakob Kellenberger）向驻日内瓦的外交使团发表讲话，这可能是在核军备控制领域进行人道主义倡议的开端。他提出了一个范式转变的案例。凯伦伯格没有从国家安全的角度看待核问题，而是倡导人的安全的范式。他主张严肃对待非国家行为体，而不是理所当然地认为国家是核军备控制的唯一捍卫者。从那时起，国际社会对该项倡议的支持越来越多。2012 年，16 个国家在《不扩散核武器条约》审议会的筹备委员会上提交联合声明，要求重新评估这一条约。几个月后，35 个国家在联合国大会的第一委员会上也提交了同样的声明。2013 年，78 个国家向筹备委员会提交声明，125 个国家向第一委员会提交了声明。到 2015 年，《不扩散核武器条约》的绝大多数缔约国支持人道主义承诺，这些国家都是无核国并且不在美国的核保护伞之下。2016 年 3 月，缔约方开始就禁止核武器的法律文书进行谈判。1968 年《不扩散核武器条约》签署之后，还没有如此多的国家联合起来改变核领域根本的法律基础。2017 年 7 月，除拥核国家之外，谈判各方商定了一项禁止核武器的条约。

四、调停

对于谈判桌上的各方来说,引导谈判达成协议往往是一项很复杂的任务。正因如此,谈判各方有时会接受不直接牵涉冲突之中且有助于促进谈判的第三方介入。这种介入被称为调停。克里斯托弗·米切尔对这一外交任务进行了实用且宽泛的界定:调停是一种"中介活动……由第三方进行,主要目的是达成某种妥协,解决各方之间的利害关系,或者至少结束分裂的冲突行为"(Mitchell,1981:287)。原则上讲,外交领域的任何冲突都可以接受调停,包括经济、环境和卫生等国际层面的不同议题。在实践中,关于安全问题的调停最为常见。因此,本节提供的大多数案例都涉及安全领域的议题。

与调停相关的研究文献大多以国家为重点,探讨调停者参与调停的原因,其中之一就是国家在国际社会中的地位。卡里埃认为,调停能够提高一个国家的威望。"没有什么比提高声誉、受到世界各国的尊重更正当的事情了。"(de Callières,2004)目前,关于调停的一些具有实证性的文献也关注声望和调停之间的关系,但是却将因果关系进行了调换。大国(在卡里埃看来享有很高声望的国家)比中小国家更频繁地参与调停。综上所述,这些论点可能引出了一个更为复杂的假设,即声望和调停之间的关系是双向的。大国比小国更经常地扮演调停者的角色,这反过来又可能有助于它们重塑大国地位。

除了威望之外,各国出于担心持续的冲突会冲击国际体系的稳定性,也可能进行调停。美国在中东地区,特别是在以色列和巴勒斯坦之间的长期调停努力,就属于这一范畴。例如,美国前总统比尔·克林顿(Bill Clinton)坚持认为,解决这场冲突不仅对整个中东地区，而且对世界政治都有重要的积极影响。除此之外，他希望巴以问题的解决能够减少中东地区的恐怖主义活动。

然而，参与调停的不仅可以是国家，依据自己的章程及其他基本文件，一些全球性和区域性的国际组织往往也具有调停任务。《联合国宪章》第六章就是关于和平解决争端的，第33条即第六章第1条便强调了调停。布特罗斯·布特罗斯-加利（Boutros Boutros-Ghali）在他的《和平纲领》（Agenda for Peace）中也强调了调停的重要性，在联合国的实践中，"联合国秘书长本人会频繁地担任调停者"（Boutros-Ghali and UN，1992）。非洲联盟、阿拉伯国家联盟和欧洲联盟等区域性国际组织要求其成员在本区域内出现争端时寻求调停。有时，国际组织过于看重这一授权，反而违反了调停的一个关键特征，即调停应在冲突各方同意的前提下进行。阿拉伯国家联盟在2011年底向叙利亚派遣了一个观察团，次年1月又进一步建议用一项具有包容性的权力分享协议取代巴沙尔·阿萨德（Bashar al-Assad）政权，但其实阿萨德一直都在试图拒绝阿盟在冲突中发挥积极作用。

非政府组织和类似于非政府组织的实体也参与调停，并且可能取得巨大成功。例如，天主教会拥有相当大的宗教权威，有时是积极的调停者。在圣艾智德团体（Community of Sant-Egidio）的帮助下，绵延了几十年的莫桑比克内战得以结束。在20世纪90年代早期，圣艾智德团体在莫桑比克解放阵线（Frente de Libertação de Moçambique, Frelimo）和莫桑比克全国抵抗运动（Resisténcia Nacional Mocambicana, Renamo）之间进行调停。2002年，双方在圣艾智德团体罗马分会签署了和平协定。圣艾智德团体也对阿尔巴尼亚、阿尔及利亚和科索沃等地的冲突进行了调停。一些主教也参与其中，比如墨西哥的塞缪尔·鲁伊斯（Samuel Ruiz）、刚果（金）的蒙森沃（Monsengwo）和东帝汶的卡洛斯·费利佩·希梅内斯·贝洛（Carlos Felipe Ximenes Belo）（Sampson，2007：299）。

调停有不同的类型，有些符合教科书中对调停的狭义定义，即强调冲突各方的自愿同意，有些则并非如此。贝尔科维奇和卡达耶夫西-奥雷拉纳（Bercovitch and Kadayifci，2002）研究了调停者所采用的策略，并将其分为三类：第一类，促进交流的策略。调停者只是将信息从冲突一方传递给另一方，这样可以增加冲突各方获取之前未知的可信信息。第二类，程序性策略。调停者主动创造一种能够使谈判圆满结束的环境，具体包括在谈判地点、时间和议程设置等方面给出建议。在谈判中，甚至像谈判地点这样看似平平无奇的因素也可能对谈判起到重要的促进作用。第三类，指导性策略。调停者通过扮演积极的角色强力干预谈判，例如，提供激励措施以及发出最后通牒等。

这些类型中的任何一种，尤其是第一种，都可能与一种特殊的谈判方式密切相关。虽然通过秘密渠道（见词汇表）进行谈判并不总是和调停相关，但是调停经常是通过秘密渠道进行的。促进交流往往与打通冲突各方之间的交流渠道有关。这些渠道不受公众关注，也不受冲突各方内部潜在破坏者的干扰。这样的渠道有很多优点，可以促使领导人（通常通过其顾问）来探索在其他情况下难以想象的一系列选择。

以《奥斯陆协议》（Oslo Agreement）为例，挪威调停者［特别是泰耶·罗德-拉森（Terje Rød-Larsen）和莫娜·尤尔（Mona Juul）］的主要目标是建立一个非正式的秘密渠道，使得伊扎克·拉宾（Yitzak Rabin）和亚西尔·阿拉法特（Yassir Arafat）能够自由讨论可能实现和平的路径。拉宾和阿拉法特分别选择西蒙·佩雷斯（Simon Peres）和马哈茂德·阿巴斯（Mahmoud Abbas）作为首席谈判代表。历经12

轮谈判，佩雷斯和阿巴斯不仅意识到对方准备做出在过去看来是不可思议的让步，还发展了私人关系，这对推进谈判至关重要。要知道，在当时的时代背景下，和一个被大众视为敌人的人说两句话都有可能在国内引起民众强烈的抨击。当然秘密渠道也有缺点。如果在谈判的早期阶段不能纳入潜在的破坏者，那么谈判进程可能在后期遭到破坏，或者谈判结果无法实施。而且，秘密渠道可能会导致集团思维（group thinking）的问题。通过秘密渠道交流的领导人，尤其是他们的助手，可能会高估形势，陷入集团思维当中（Putnam and Carcasson，1997）。《奥斯陆协议》就带有这样的瑕疵。谈判于1993年8月完成，巴以双方于1993年9月13日在华盛顿签署协定。但是在以色列和巴勒斯坦国内的强烈反对声下，协议并未实施。拉宾还为此付出了生命代价，他被右翼极端分子伊戈尔·阿米尔（Yigal Amir）杀害。

很多关于调停的文献试图找出导致调停成功或失败的原因。尽管在界定"究竟什么是成功的谈判"上存在困难（见前一节），但是这些文献仍然提供了许多不同的解释。表6-1列出了调停最常讨论的问题，其中有一些彼此矛盾，而另一些则是相互补充。

表6-1 解释调停的成功和失败

解释的焦点	解释的关键词
调停者	公正
	经验
	权力
调停	稳健
	信息
冲突	成熟
	政体类型
调停者和冲突各方	积极认同
	合法性

这些文献非常强调公正。如果能够总结出调停获得成功的十大理由，那么公正定在其中。贝里奇在对外交经典著作的概述中，评论了各位学者达成的一个重要共识："他们一致认为，根据调停的定义，调停者应当是公正的。"（Berridge，2004：4）瓦泰勒也认为公正至关重要："调停者应遵守完全的公正。"（Vattel，2004：189）维克福特为外交官从事调停工作撰写了一本指导手册，用更绝对的措辞表达同样的要求：

> 首先向调停者建议，公正是最重要的。如果不公正，所有的工作都是徒劳。不仅使节不能在其行为中被人发现存在偏袒，甚至使节的家人也不能在语言或行动上有所偏袒。
>
> （Wicquefort，2004：133）

简而言之，公正往往被视为成功调停的必要条件。虽然调停者的其他条件不具有像公正一样的影响力，但在一定程度上也非常重要。有观点认为，调停者的经验会对调停产生重要影响，因为经验能赋予调停者权威（Kleiboer，2002）。专栏6-3说的就是公正和权威。还有观点认为，调停者必须是一个拥有大量资源的强大实体的代表。通常，强国比弱国更容易成为成功的调停者（Greig，2001）。其他影响因素的假设集中于前文概述的调停类型。一方面，有人认为，调停战略要比仅提供信息更为有力。这里有力指的是直接下达调停指令（Beardsley，2008）。另一方面，也有人认为仅提供可靠的信息就能够推动调停（Kydd，2006）。为了缓解这两个假设之间的紧张关系，中间论点认为，只有高质量的信息才能促进调停，否则，在调停中仅靠提供信息并不比更加稳健的战略容易成功（Savun，2008）。

> **专栏 6-3　前任国家元首担任调停者**
>
> 前任国家元首可以履行重要的调停职能。一旦离任，他们的行为将不再像过去一样与国家利益紧密相连，从而可以在冲突各方面前显得公正。此外，他们可能在任职期间获得了相当大的权威。总体而言，公正和权威能够产生影响。位于斯堪的纳维亚半岛的几个国家的前任总统都有进行调停的优良传统。其中，芬兰前总统马尔蒂·奥伊瓦·卡莱维·阿赫蒂萨里（Martti Oiva Kalevi Ahtisaari）在这方面表现最为突出。他调停了印度尼西亚、伊拉克、科索沃和纳米比亚等国家的冲突，并因此于2008年获诺贝尔和平奖。在非洲，纳尔逊·曼德拉（Nelson Mandela）卸任南非总统后，非常巧妙地利用其权威进行调停，比如21世纪初在布隆迪展开调停。曼德拉也是诺贝尔和平奖获得者。除此之外，他还获得了许多其他奖项和荣誉，其中包括联合国大会在2009年宣布7月18日为曼德拉日（这一天是他的生日）。美国前总统吉米·卡特（Jimmy Carter）参与的调停也很值得关注。卡特的调停主要集中在中东地区，当然并不限于此。比如，2008年他在哥伦比亚和厄瓜多尔之间进行的调停。在很大程度上，卡特通过创建自己的非政府组织来将其调停制度化。卡特中心致力于促进人权和民主，以及预防和解决世界各地的冲突。

一些假设认为，影响调停结果的因素并不是调停，而是冲突本身。有观点认为，必须要在时机成熟时冲突才能得以解决。例如，格里格和迪尔就持久的敌对关系提出了一个耐人寻味的观点。他们认为，对于大约持续了25年的敌对关系来说，在早期和晚期开展调停的机会都很小，中期最有希望（Greig and Diehl，2006）。此外，一些学者认为政体类型非常重要。民主政体比威权政体更容易通过调停来解决冲突（Bercovitch and Kadayifci，2002）。

最后，也有关于调停者和冲突各方之间关系的争论。冲突各方与调停者之间若存在积极认同，就可以促进彼此间的信任，从而有利于调停。积极认同可能根植于宗教（Bercovitch and Kadayifci-Orellana，2009）或者其他更具延展性的文化纽带（Carnevale and Choi，2000）。还有观点强调调停者的合法性。合法性通过调停者和冲突各方之间的互动而产生，作为无形资源影响调停的效果（Jabri，1996）。

在本节结束时，有必要对文献加以说明。对调停的研究往往侧重于特定的调停者。然而，许多冲突不止涉及一个调停者。现实中，多个国家和其他行为体常常试图一起管理冲突。自2014年以来，有六个国家试图参与俄罗斯和乌克兰之间的调停。截止到2016年，努力结束叙利亚战争的共同调停者增加到20个。这些共同调停的尝试往往会产生一种特有的动力，调停各方都会努力突出它们"共同的"帮助解决冲突的决心。

五、会谈

从标题上看，本节内容看似对外交无关紧要，并且很多外交学相关书籍对本节将要讨论的内容轻描淡写或是忽略不谈。但是，在我们看来，这一节内容十分重要，它可以帮助我们理解外交官的行为，了解消息传递、谈判和调解对世界政治产生的影响。我们将会在本节中讨论外交会谈的五个维度，其意义远远超越了无关紧要的聊天。这五个维度可以产生重大影响，从一开始就体现在外交人为构建和自发生成两个层面。

第一是廉价磋商（cheap talk）。诸如博弈论等正式的研究方法通常会关注在谈判桌上发生的事情，换句话说，主要分析谈判者之间如何交换条件。然而，谈判者在进行真正的谈判之前或在谈判过程中会进行一些重要的交流性接触。例如，外交官在非正式会谈中了解对方的谈判底线。廉价磋商可以使外交官们对即将进行的谈判有更多了解，帮助他们交换条件，取得谈判的成功（Ramsay，2011；Trager，2011）。例如，坐落于纽约的联合国总部有一个名为维也纳的咖啡厅，这家咖啡厅是促进此类非正式会谈的典型场所。很多这样的会晤仍然不受外交界和公众的影响。然而，也会有人选择将会晤公之于众，比如维也纳咖啡馆会通过脸书公布一些会晤信息。

第二是言辞力量（rhetorical force）。外交官们有时会运用言辞的力量（Mattern，2005）。例如希门尔分尼（Schimmelfennig，2001）指出，外交官们会为了令不守规则的谈判对象蒙羞，而做出一些本不会做出的事情。有时，外交官们会采取更加严厉的策略，例如使特定的对象失去合法地位（Chowdhury and Krebs，2010）。羞辱的目的是影响交流对象的行为，用去合法化的方式挑战对方的身份地位。外交官运用各种各样的方式应对那些言辞的力量，想方设法反击对自身的污名化。

第三是倡导（advocacy）。传统和非传统外交行为体经常提出倡导。他们将信息整合，旨在赢得支持，包括改变他人的偏好，有时甚至是世界观。学者们运用各种概念，如常用的有"框定"和"叙事"，来理解倡导的动力。框定是让观众按照业已根深蒂固的观念看待某一议题（Goffman，1974；Benford and Snow，2000；Kornprobst，2018）。新（即将框定的内容）与旧（框架的组成部分，有时甚至是整个框架）之间的联系通常可以用简单的术语加以概括。因此，框定有时等同于强大的流行语。叙事则更加复杂，通常将争论内容嵌入熟悉的故事当中，故事情节包含了英雄与反派，联接了过去与现在（Fisher，1984；Bal，2009；Lejano et al.，2013）。

外交倡导的形式多种多样。公共外交（见词汇表）在二战后的外交实践中广为运用。公共外交这一名词由塔夫茨大学弗莱彻法律与外交学院前院长埃德蒙·格利恩（Edmund Gullion）创造。公共外交的主要目的是通过向驻在国的民众传播信息，间接对接受国政治产生影响（另见第九章）。这些信息中可能包含对特定公民社会主体的支持。虽然公共外交的总体目标是影响驻在国对派遣国的外交政策，但也可能产生更为广泛的影响，甚至影响到接受国的国内政策。需要注意的是，这使我们回到了前文所讨论的外交法的灰色地带。外交法非常明确地规定，外交官不应该干涉接受国内政。尽管如此，公共外交还是成为一种固定的外交形式。

在某些倡导中，提出者的威信和信息传递的方式可能与要传达的信息本身同样重要，甚至更为重要。名人外交（celebrity diplomacy）很好地证明了这一点。通常来说，在国际上，很多独立个体的声音无法被他人听到。而由于著名演员和音乐家享有名人的地位，也就有了发言的权威，因此他们的呼吁可以广为人知。名人的言谈往往伴随着富有感染力的形象，例如安吉丽娜·朱莉或戴安娜王妃怀抱一个营养不良的小孩。名人们通过各式各样的途径发挥着影响力。学者们认为，U2乐队主唱博诺（Bono）是个名人外交官，他从不回避与国家领导人打交道。相反，博诺会主动寻求与国家领导人接触的机会，他深知借此可以利用自己的影响力成事。博诺与小布什一起参加"双边"外交，在讨论发展与贫困问题的国际论坛上开展"多边"外交。鲍勃·格尔多夫（Bob Geldof）与博诺相反，被学界称为名副其实的"反外交官"（antidiplomat）（Cooper，2008：55）。格尔多夫关于外交事件的言论经常非常刺耳。例如，他会指责世界银行、国际货币基金组织和一些西方国家的发展组织向非洲提供人道主义救援。在已经建立的外交论坛中，经常会看到名人外交官的身影。

达沃斯世界经济论坛就是其中之一。在 2016 年的达沃斯世界经济论坛中，博诺、莱昂纳多·迪卡普里奥、梅琳达·盖茨、克里斯蒂安娜·阿曼普尔等知名人士与来自全球各地的商业和政治领导人一起，参与了论坛中的多场辩论。

第四是多元对话（polylogue）。此前讨论的对话都是较为封闭的交流性接触。这尤其适用于廉价磋商，磋商者只是想告诉彼此什么可以接受，什么不可以接受，而不会改变自己的立场、偏好或是已经根深蒂固的想法。言辞的力量有改变磋商者行为的潜力，但即便行之有效，也不能改变他们的想法。倡导也有潜力做到这一点，但这适用于被说服者，而对倡导者并不适用，因为后者试图传播自己的理念。多元对话是一种更为开放的交流方式。在多元对话中，对话参与者和听众的定位难以明确区分。此外，虽然所有对话参与者都带着不同程度的战略意图，但是他们也准备在不同程度上重新审视自己的一些先验知识（Kristeva，1977；Kerbrat-Orecchioini，2004）。

尽管多元对话的概念还没有正式写入外交学相关著作中，但在外交实践中已经发挥了实际作用。二轨外交（见词汇表）就是其中之一。二轨外交这个概念由美国国务院职业外交官约瑟夫·蒙特维尔（Joseph Montville）提出。冷战时期，考虑到美苏两国之间沟通困难，他推测两国之间不应该只有一条官方外交途径，还应该有第二条非官方的途径，包括议员、普通公民、活动家、学者、宗教团体等主体。由于二轨外交涵盖了大量不同类型的非传统外交官，戴蒙德和麦克唐纳撰写了关于多轨外交的文章加以论述。在他们的术语中，一轨是官方路线，即政府与政府间的交流，而其他轨道是根据参与的非传统外交官类型来区分的。例如第三轨道是商界，第九轨道是媒体（Diamond and McDonald，1996）。

对蒙特维尔来说，二轨外交的主要优势在于它不需要一轨外交所需要的姿态。在他看来，一轨外交需要站稳立场，不能示弱。与之相反，二轨外交可以试验和探索新的立场，更加开放。换句话说，二轨比一轨具有更大的对话空间。以南非为例，从1980年到1985年，态度温和的南非白人和南非非洲人国民大会（ANC）的成员一起探索了各种终结种族隔离制度的方式。这些人来自各行各业，从企业高管到自由斗士，从议员到活动家，从学者到非国大的官员。这种灵活的方式至关重要，降低了双方对彼此的威胁程度。通过这些对话，甚至形成了南非人新的具有包容性身份认同的规范轮廓，其中很多对话是在南非以外的其他国家进行的（比如在赞比亚）。南非的案例有力印证了二轨外交是多么成功：参与会谈的行为体能够抓住机会，换位思考，质疑主流的正统观念，敢于推陈出新，实现了将南非这个有着种族歧视的国家转变为彩虹之国这一壮举。这些会谈有时十分接近对话预计的理想成果，对重新思考南非人的身份认同做出了重大贡献。

科技外交（science diplomacy）也被视为多元化沟通的一种。从代表国家的传统外交官到独立科学家，许多行为体参与了多元化沟通。许多议题对于一般人来说相当高深，这使得科技外交成为一种具有独特潜力的多元对话，能够在自发生成的层面留下印记。例如，当美国和俄罗斯合作组建国际空间站或一些欧洲国家申请加入欧洲核子研究组织（CERN）时，交流接触可能产生的结果绝不仅仅是重新思考世界如何运作。除上述方式外，还有很多其他多元化外交的接触方式。专栏6-4介绍了其中的两项：体育外交和音乐外交。

专栏6-4 体育外交和音乐外交

二轨外交的方式多种多样，其中包括体育外交。20世纪70年代初期，美国总统尼克松和顾问亨利·基辛格寻求与中国缓和关系，以便推动中国摆脱苏联的影响。鉴于中美两国之间存在着意识形态差异，且经历过一段不友好的历史，即发生在大约二十年前的朝鲜战争，两国和解绝非一件容易完成的外交任务。二轨倡议成为打破旧有相处模式的重要举措，"乒乓外交"就是其中之一。1971年4月11日到17日，中美两国乒乓球队进行了一场有趣的比赛，美国乒乓球队还参观了许多中国的旅游景点。针对这一次破冰之旅，周恩来总理表示历史上从未有一项体育运动能够成为如此有效的外交工具（Graham and Kelley, 2009）。20世纪90年代，一个音乐外交的案例得到了世界的广泛关注。在六方会谈（中国、日本、朝鲜、俄罗斯、韩国、美国）中，美国努力劝说朝鲜放弃发展核武器计划。2008年2月美国的纽约爱乐乐团访问平壤，开展了一次全球直播的音乐会。然而在这个案例中，二轨倡议没能阻止一轨谈判的破裂。2009年4月14日，朝鲜宣布永久退出六方会谈。

第五是对话（dialogue）。对话是很少的几个在外交实践和学术用法上大相径庭的词汇。在外交语言中，对话无处不在。很多情况下，特别是在多边场合，对话是一种不错的在分歧中结束谈话的方式。另外，交换意见是"好吧，我们不同意，但是让我们继续讨论"的同义词，而"继续讨论"是"我会试着教你！"的委婉说法。20世纪90年代，欧盟与伊朗的所谓关键对话就很好地说明了这一点。欧盟与伊朗展开对话，希望能够教给伊朗一些关于人权的知识。欧盟的这一做法可以理解为规范传播的一次实践。

相比之下，在学术上，对话是最为严苛的谈话方式。如伽达默尔（见专栏6-5）、伯恩斯坦、巴赫金和利科等理论家认为，对话要以开放的心态进行交流性接触。对话的意义不在于赢得争论，当然也不是要过早地摒弃其他观点。与之相反，对话要求参与者准备好重新审视自己所珍视的信念，以及他们运用自己的信念来理解特定情况的方式。对话双方需要从不同的角度进行学习。换句话说，与他人对话是一个可以摆脱或至少是重新审视自己的先入为主的观点和偏见的机会。一项关于冷战结束的研究发人深省。研究表明，国家高层间的外交有时候具有说服力，可以从根本上改变对方的偏好。里瑟认为，在美国和联邦德国双方的劝说下，苏联领导人在国家高层对话中被说服了，这使苏联领导人认为德国的重新统一和加入北约并不会对苏联构成威胁（美国认为，这肯定比中立的威胁要小）。由于苏联领导人本身没有固定的偏好，所以他们愿意持开放态度，听取好的意见（Risse，2000）。

有时候，对话涉及很多行为体（最好将之称为多元对话）。它可以在形成和重塑宣传网络的过程中发挥重要作用。在最终促成海牙国际刑事法院成立的运动得到越来越多支持之前，一些行为体参与了多元对话，成为这一运动的主要倡导者。多元对话通过多种方式设定了运动的总体方向。换句话说，国际政治中存在着交换意见和多元对话的"岛屿"（Deitelhoff，2009）。当这些"岛屿"与其他形式的对话联结在一起时，便能产生相当大的影响。

专栏6-5 相互学习的技巧

伽达默尔坚信，对话就是深入了解彼此的观点。认真倾听（或阅读）只是参与讨论的出发点，下一步则包括澄清问题，以增进对对方论点的理解。接下来是以对方可以理解的方式回答这些问题。如果在回答问题时提问者发现了回答者所暴露的缺点，提问者不会以此为借口进行反驳。相反，提问者会基于对对方背景的解读，尝试更深入地了解这些答复和建议的理由，从而提出克服缺点的方法。

最后这一步至关重要。对方论证中看似出现的漏洞并不意味着对话的终结；相反，一定程度上只是对话的开始，因为这将促使提问者更熟悉对方的背景（Gadamer，1960）。

六、小结

- 外交官是信使，比如在派遣国和驻在国之间传递信息。至于他们在传递的信息中包含了多少自己的解释和想法，因人而异。
- 外交官是谈判者。大量与谈判相关的文献讨论了在何种条件下谈判是成功的。我们从博弈论的解释、心理学的方法和文化的角度阐明了这个问题。
- 调停是在谈判各方无法自行达成协议的情况下产生的。对此存在几种不同的解释，但这些解释都将焦点放在了公正的重要性上，公正被认为是调停成功的必要条件。
- 会谈与语言的力量有关。我们区分出了五种会谈形式：廉价磋商、言辞的力量、倡导、多元对话和对话（多方对话）。经常被讨论的一些外交概念，如公共外交和二轨外交，则可以理解为这些对话形式的子类别（公共外交是倡导，二轨外交是多元对话）。
- 外交任务的表现能塑造和重塑背景，而这些背景首先使任务的执行成为可能。当谈判和调停首先在人为构建层面上影响和改变外交时，信息传递和对话也有很大的潜力在外交自发生成的层面上产生印记。

思考题

- 信息传递是对世界进行描述还是重新塑造？
- 在理解谈判的动力问题上，博弈论起到了何种作用？

- 秘密渠道外交的优点和缺点各是什么？
- 在调停中，该做什么，不该做什么？
- 非政府组织如何在外交舞台上有所作为？

推荐阅读

Bjola, Corneliu. 2015. "Introduction: Making Sense of Digital Diplomacy". In Corneliu Bjola and Marcus Holmes (eds.). *Digital Diplomacy: Theory and Practice.* London: Routledge.

这本书的导言部分讨论了科技发展如何改变外交沟通实践，并特别关注了这些变化如何广泛地影响了国际政治。

Jönsson, Christer, and Martin Hall. 2005. *Essence of Diplomacy.* Basingstoke, UK: Palgrave.

两位作者密切关注外交任务与沟通如何交织在一起。他们所理解的沟通概念包含的范围很广，包括了口头和书面、私人和公共沟通。

Merrills, J. G. 2011. *International Dispute Settlement.* Cambridge: Cambridge University Press.

作者对国际争端解决机制进行了全面介绍，深入探讨了我们在本章中分析的关键外交任务处理机制，如谈判和调停。除此之外，本书还讨论了诸如仲裁等法律机制。

Mitzen, Jennifer. 2011. "Governing Together: Global Governance as Collective Intention". In Corneliu Bjola and Markus Kornprobst (eds.). *Arguing Global Governance.* London: Routledge.

这是一篇发人深省的文章，探讨了我们所说的全球外交时代外交的集体意向性。作者深入讨论了会谈及其影响。

Starkey, Brigid, Mark A. Boyer, and Jonathan Wilkenfeld. 2015. *International Negotiation in a Complex World*. Lanham, MD: Rowman & Littlefeld.

这是一本可读性很强的关于谈判的导论。作者从博弈论的角度研究谈判，在整本书中，作者使用了棋盘游戏的类比，讨论了环境（context）、参与者（player）、赌注（stakes）、招式（moves）和成果（outcome）等。

第四部分　解释外交

第七章 决策制定

本章目标
- 向读者介绍不同的学术行动逻辑（见词汇表）
- 了解行动逻辑的不同定义
- 讨论这些定义在解释外交决策和决策制定时的优缺点

一、引言

除了将外交官降格为信使，仅负责在两国间传递信息这样的极端情况，第六章中所有的外交工作都要求外交官自己做决定。外交官如何选定传达信息的措辞？如何决定谈判桌上己方的立场？如何决定调停争端的方式？又是如何决定会谈内容？这一章从广义的角度讨论外交决策和决策制定，涵盖范围很广，还借鉴了社会学理论，以此向读者介绍解释决策制定的各个方面。

本章和前几章有所不同。前几章首先介绍了外交的发展过程（第一部分），之后勾勒出分析外交进程的框架（第二部分），本章则从开始就非常详细地介绍外交官的工作，将一个大工具箱介绍给大家，其中包含了多种分析方法，并重点介绍每一种方法的优缺点。这些分析方法来自不同的学科，比如政治学、经济学、心理学和社会学，很多较为抽象，所以我们不断结合20世纪和21世纪的重要历史事件及其外交决策来阐释这些方法。在这些事件中，决策者都需要平衡外交和军事手段的回应，这有助于我们了解不同分析方法的优缺点。

本章分为五个部分。第一，我们将重点研究理性选择，通过分析冷战时的威慑逻辑，讨论理性选择的优缺点。第二，介绍政治心理学中的竞争，并研究2003年第二次海湾战争前期的外交活动。第三，我们讨论了适当性逻辑，分析德国统一后对之前外交政策的延续和调整。第四，我们将关注点放到论辩逻辑上，并用此逻辑来分析冷战结束的原因。第五，我们概述了实践逻辑，并将其应用于法国对非政策，探讨了其优势和局限。

二、理性选择

如今，理性选择依然是社会科学领域研究决策制定的主要方法。从纯个人的角度看待理性选择，就是在不考虑他人行为的情况下，行为体如何做出决定。这一视角的核心是预期效用。我们将深入研究预期效用与其他概念之间的联系，并进一步审视这一理论的核心假设。首先，第一个假设是行为体有某些想要实现的目标。其次，其中一些目标对行为体来说比其他目标更为重要。用专业术语来说，就是个人通过赋予不同的效用等级来对事件的优先性进行排序。我们假设个人在制定决策的过程中始终如一，换言之，不会改变优先排序。最后，通过个人计算得出哪种行为能使效用最大化。

这是一个相对简单的选择机制。但当我们将决策时形势的不确定性纳入考虑时，情况就变得复杂了。这里的不确定性是指，行为体无法通过计算来确定哪一个最大效用是可实现的。所以我们还需要加上第四项假设，即行为体无法计算出实际效用，而只能得出预期效用。计算预期效用需要考虑事情发生的可能性及应对方案，也就是说，是选择迎难而上还是规避风险。专栏7-1讨论了外交研究中一个经常讨论的理性选择理论。

专栏7-1　双层博弈

罗伯特·帕特南的《外交和国内政治：双层博弈的逻辑》可能是外交领域引用次数最多的一篇文章了。这篇文章有两点伟大之处：第一，文章将外交与国内政治紧密联系在一起。撇开外交研究和外交政策分析之间存在的差异，帕特南研究了外交和国内政治之间的关联，并将此称为"双层博弈"。第二，帕特南以一种简明扼要的方式描述了整套逻辑。他认为，领导人需要同时在国内和国际两个层面进行博弈，每个层面都存在获胜集合（win-sets）。外交能否成功在很大程度上取决于外交参与国的偏好，国内博弈能否成功取决于选民偏好哪种条约。要达成国际协议，两个层面的博弈都得成功。这一理论引起的争议在于，究竟应该如何看待外交与国内政治之间的关系。一些学者从理性选择的角度进行分析（Knopf, 1993; Bellamy and Weale, 2015），另一些学者则选择了其他理论（Risse, 2004; Wigen, 2015）。

从互动角度看，理性选择是上述的个人角度加上战略（见词汇表）。个人想要达成自己的目标，几乎不可能不考虑他人的行为。在特定决策环境下，个人必须考虑他人的动向并由此选择自己的动向，因为动向之间的相互作用会对最终收益产生影响。就像棋手在博弈（见词汇表）时选择特定的开局方式一样，个人也会制订自己的行动计划。这套计划就是策略（Green and Shapiro, 1996）。前一章中提到的博弈论就是一套成熟的理论，能帮助我们理解不同策略的相互作用如何促使行为体达成一致（Morrow，1994）。

　　作为外交研究的主要视角，学者们或多或少都会用到理性选择理论。一些学者直接将博弈论作为分析工具，另一些则通过间接运用理性选择理论来进行决策制定的经验研究。下一节我们将通过对1962年古巴导弹危机的分析，来探讨理性选择理论的优势和不足。古巴导弹危机发生时，美国时任总统肯尼迪估计，美苏发生核战争的几率约"在三分之一到二分之一间"（Allison，1969）。那么，为何他最终选择了外交方式而非武力来解决危机呢？

三、古巴，1962年

　　1962年10月14日，美国侦察机非常清晰地拍摄到苏联正在古巴建设导弹基地。赫鲁晓夫不仅要在古巴部署防御性导弹（地对空导弹），还要部署攻击性导弹（地对地导弹）。此事引发了一场严重的国际危机，最终危机的解决是通过外交而非军事手段。从10月24日开始，在时任联合国秘书长吴丹的协助下，苏联最高领导人赫鲁晓夫与美国总统肯尼迪就解决危机交换了意见。更为重要的是，肯尼迪总统的弟弟（也是他的顾问）罗伯特·肯尼迪（Robert Kennedy）与苏联驻美大使阿纳托利·多勃雷宁（Anatoly Dobrynin）达成了一致，苏联将从古巴运回所有导弹，同时美国也要从土耳其撤回导弹。1962年末，双方的承诺都得以兑现。

　　为何美苏最终选择用外交手段来解决问题呢？格雷厄姆·艾利森在影响深远的《概念模型与古巴导弹危机》一文里一开始便使用了理性选择框架来分析古巴导弹危机。首先，他将国家视为单一决策主体。这样做，他就把国家人格化，视为一个理性的独立行为体，且行为模式符合上文所述的理性决策的基本假设。接下来，便需要分析行为体的行为偏好。像很多外交及国际关系学者一样，艾利森是从"直觉出发"（Allison，1969：694）。据他观察发现，国家安全对美国而言最为重要。他进一步说明，在威慑也就是相互确保摧毁（见词汇表）和冷战的背景下，美国不能在军事实力上输给苏联。

肯尼迪总统与决策委员会顾问共同讨论了六种应对苏联挑衅的方案。第一种方案是不做任何反应。这样做的前提是苏联在古巴部署导弹不会导致美苏军事实力对比发生变化，目的是低调处理，让赫鲁晓夫无法从此次事件上捞取任何政治资本。第二种方案是通过外交渠道向赫鲁晓夫施压，要求他撤走部署在古巴的导弹。美国有很多选择，既可以直接通过双边渠道，也可通过联合国或美洲国家组织（Organization of American States，OAS）实现目标。第三种方案是同菲德尔·卡斯特罗进行秘密接触，说服他背弃苏联。第四种方案是最有武力倾向的一种：入侵古巴，拆除导弹并将古巴重新纳入美国的势力范围。第五种方案是对古巴进行精准的空中打击，摧毁那些导弹发射场。第六种方案则是出动海军对古巴进行海上封锁，阻止苏联舰船向古巴运送更多导弹和必要的硬件设施。

接着，根据苏联可能做出的回应，艾利森详细分析了这些方案，以及选择哪一个带来的收益最大。他认为这并不复杂。一方面，其中一些方案太过保守，局限性太强，很难起到实际效果。若不拆除导弹，美国的国家安全会受到严重威胁，这样看来，"不做任何反应"并不可行。古巴的导弹距离美国本土很近，所以让苏联撤回导弹的方案更有说服力，但是仅靠"外交施压"无法保证实现目标。如果不采取军事施压，那么美国要如何才能让苏联撤走导弹就未可知了。"秘密接触卡斯特罗"也很可能会失败，暂且不提卡斯特罗会不会被说服（基本不可能），部署在古巴的导弹由苏联军队把守，想要成功拆除，关键不在古巴而在苏联。另一方面，其中一些方案又过

第七章　决策制定

于冒险，可能会将世界推向核大战的边缘。"入侵古巴"的选项风险就极高。入侵古巴可能会使苏联以同样的方式进行反击，比如出兵西柏林或土耳其。这样，局势会很容易失控。相比之下，"精准打击"的风险还稍微低一些，但这同样可能导致看守导弹的苏联士兵死亡，从而造成危机升级。并且，这样的空袭也不一定能摧毁古巴所有的导弹。第六种方案，也就是海上封锁，是介于不行动与军事打击之间的一条中间路线，既向苏联展示了美国要求拆除导弹的决心，又留足时间让苏联进行回应和挽回面子。也就是说，封锁的方案给外交提供了化解危局的机会。

艾利森运用理性行为体模式对封锁方案的选择进行了解释，并恰当地总结道："实际上，封锁是美国的唯一选择。"（Allison，1969，698）他是对的。从理性选择的角度看，肯尼迪总统选择了动用海军封锁古巴［为规避国际法上的一些问题而被委婉地称为"隔离"（quarantire）］，并且最终选择通过外交渠道化解危机，这并不让人意外。实际上，从理性选择角度来看，古巴导弹危机根本没有那么危险。对于美国和苏联任何一方来说，将危机升级都不理性。考虑到"相互确保摧毁"对双方偏好和战略的普遍影响，危机升级的可能性微乎其微。

不过，当我们打开国家决策黑箱研究内部决策机制时，我们会明白为何此结论不一定成立。比如，艾利森指出，组织常规（organizational routines）（与反思决策截然相反）会严重影响决策。也许最重要的一点是，空军依据工作手册和无可争议的常规操作，认为空袭比国家安全委员会执行委员会（ExComm）的其他方案更能解决问题。由于手册中并没有明确指出如何开展"外科手术式"的空中打击，因此空军制订的空中打击计划在大多数执行委员会委员看来都过于冒险。执行委员会对空袭所需要出动飞机的数量以及可能造成的人员伤亡和间接损失都不甚清楚。所以从一开始，执行委员会就对空袭方案疑虑重重。

执行委员会委员之间的相互关系也能反映理性决策模式的弱点，这一点艾利森并未明确指出。集体商议和影响商议结果的社会关系都超出了理性决策的分析范畴。最终，究竟采取哪一种方案是由肯尼迪总统来决定的。但是总统并不是自己制定决策，而是很大程度上依赖他最信任的国家安全委员会执行委员会的成员。所以总统决定先对古巴进行海上封锁，再通过外交渠道解决危机，并非巧合。这一系列方案都得到了总统弟弟罗伯特·肯尼迪和总统安全事务顾问罗伯特·麦克纳马拉（Robert McNamara）的支持。他们是总统最为信任的两位委员会成员。这样看来，最后由罗伯特·肯尼迪负责在委员会内部就对苏政策达成一致，通过外交途径化解危机，这一切都顺理成章。

索尔兹伯里勋爵（Lord Salisbury）曾直白地评价道："逻辑在外交中毫无用处。"（转引自 Freeman, 1997：161）俾斯麦曾成功预测第一次世界大战的爆发，但依靠的也完全不是理性决策。他担心的是巴尔干半岛上"某些该死的傻瓜"会在某个时候引发欧洲大战（Siracusa 2010：32-33）。虽然关于理性主义的假设有很多批评之声，但我们不应完全忽略其解释力。理性选择的视角给我们提供了一个简单明了的分析框架。运用理性选择理论的学者非常清楚，他们为了解释世界而将其简化（Keohane, 1988：379）。换句话说，他们并不相信理性选择的假设是成立的，只是出于研究需要才接受它。

在何种情况下使用理性选择的框架来分析外交决策具有说服力，读者可以自己判断。在接下来的章节中，我们将向读者介绍其他分析框架，首先是心理学视角，学者们常用此视角进行分析，而理性选择理论基本认同因果行为逻辑。他们试图理解自私的个人如何在思考了行为后果后，厘清行为路径。但在心理学视角下，"厘清自己的行为路径"定义与理性选择截然不同。然后我们再探讨不同的行为逻辑：适当性（合理性）、论辩和实践。

四、心理学视角

对高级外交官和决策者的心理学研究有视角众多，与理性选择理论相比，很难形成统一的核心假设。然而，不管政治心理学家之间存在多少分歧，他们都共同反对将实现决策目标的路径程式化。他们批评理性选择的假设，在他们看来，这些假设认为"人的大脑有着无穷的力量或是超自然的理性判断力"（Gigerenzer and Todd，1999：6）。心理学的分析常常使用"判断"（judgement）这个词，以此彰显在对机构的概念化上与理性选择核心假设的差别。

政治心理学的核心假设是，决策者在决策时受到很多已有认知（具体来说，如认知图式或操作码）的影响。随着时间流逝，个人会逐渐获取帮助他们在不确定或复杂环境中找到方向的背景知识。一些学者认为，决策者往往有不少根深蒂固的"认知"（baggage），这会成为一种潜意识。因此，认知成为心理学分析的重要的研究对象。决策者并非一直进行计算直到找到最优结果。相反，他们依靠启发策略特别是刚刚提到的认知体系，来决定何时停止寻求替代方案。赫伯特·西蒙（Herbert Simon）对这方面研究作出了巨大贡献。他提出的有限理性观点认为，决策者是以主观预期收益水平的心理标准代替理性状态下的效用最大化标准进行决策的（Simon, 1957, 1982）。其他一些理论大都建立在西蒙的观点之上。比如前景理论（prospect theory）认为，当决策者在面临损失的时候，往往趋于接受风险，而在面临收益时则趋于规避风险（Kahneman and Tversky, 1979; Levy,

2000）。快速节俭启发式（fast and frugal heristics）决策规则认为，决策者会从适应性工具箱中提取简单信息来理解世界，因此依靠单一线索就足以做出决策（Gigerenzer et al., 1999）。也有学者强调决策中的情感因素。他们认为，情感是理性不可或缺的，两者根本不能截然分开。情感和理性总是一同出现，或者说，没有脱离情感的理性（Mercer, 2010）。

心理分析往往关注决策者个人，一般是国家领导人。因此，这种分析存在局限性，并不包含外交领域的其他决策者，更不包含非政府行为体。但这种方法也有好处：因为研究视角受限，政治心理学家的研究通常细致入微而有启发性。亚历山大·乔治（George, 1969）的著作便将外交与政治心理学结合了起来，影响甚广。他把"认知体系"定义成操作码，引发了一波研究热潮（Holsti, 1970; Walker, 1990）。

五、伊拉克，2003年

让我们来看下一个案例，此例中的外交官也曾面临外交和战争一线之隔的情况。但与古巴导弹危机不同，两国最终爆发了战争。2003年，美国和英国同其他一些国家一起建立了"志愿者联盟"，放弃劝说萨达姆·侯赛因（Saddam Hussein）交出和销毁其被指控拥有的大规模杀伤性武器，直接入侵并占领了伊拉克，建立起新的政权。为什么这些国家要这样做呢？用心理学方法来分析有何优劣之处？

根据已有材料，美国总统乔治·布什和英国首相安东尼·布莱尔处理伊拉克问题深受历史类比（analogies）和隐喻（metaphors）的影响，以此来认识萨达姆、伊拉克并作出决策。历史类比在此案例中非常重要（见专栏7-2）。绥靖政策在历史类比中常被提及。布什和布莱尔就多次援引慕尼黑类比。1938年慕尼黑会议给后人的教训是，应及时打击独裁者，以免为时晚矣、无力回天。在布莱尔和布什看来，2003年的萨达姆就属于此类。

专栏7-2 绥靖政策

1938年9月30日凌晨，在慕尼黑的"元首宫"，阿道夫·希特勒（Adolf Hitler）、内维尔·张伯伦（Neville Chamberlain）、贝尼托·墨索里尼（Benito Mussolini）和爱德华·达拉第（Edouard Daladier）分别代表德国、英国、意大利和法国签署了《慕尼黑协定》。墨索里尼根据德国外交部提供的材料在大会上提议牺牲捷克斯洛伐克，将其领土割让给纳粹德国。张伯伦和达拉第表示同意，并告知未受邀到场的捷克斯洛伐克政府，若其拒绝和平转让苏台德地区，则须自己同纳粹德国开战。一年后，人们发现希特勒想要吞并的领土远远不止苏台德地区。随后，德国大举进攻波兰，拉开了第二次世界大战的帷幕。从那时起，绥靖政策就成为外交史上重要一课，也成为措辞中的有力武器：对一个独裁者妥协毫无意义。如果不尽早打击危险的独裁者，只会让形势变得更糟，那时，消灭他则会变得难上加难。这一课尤为重要，但也成为动员国家发动战争的工具。只要将敌人描绘成希特勒那样的人（如萨达姆·侯赛因），就可以动员民众。但究竟是否描绘得真实贴切，就无从得知了。

其他历史类比似乎也有理有据，比如，布莱尔多次提到北约（NATO）在1999年科索沃冲突中对塞尔维亚的轰炸。在他看来，科索沃冲突告诉我们干涉是有效的，不仅可以有效地维护和平与安全，还可以带领一个国家走上民主化道路。还有一些宗教方面的隐喻对布什和布莱尔也同样重要。他们在演讲中多次提到,"正义"与"邪恶"水火不容。一些学者认为这是受了摩尼教世界观的影响（Dyson,2007）。

这些观念影响了布什和布莱尔对萨达姆动向的解读,也同样影响了最终决策。他们在事件初期就确信,萨达姆拥有大规模杀伤性武器,并计划制造更多,尤其是生化武器。1997年的相关记录显示,布莱尔曾宣称:"我已了解一些情况,情况很糟糕。他（萨达姆）即将掌握可怕的大规模杀伤性武器。我不明白为何法国和其他国家都没有认识到问题的严重性。"（Dyson,2006）这一分析与布莱尔六年后对局势的理解高度一致。布莱尔当时所说的"一些情况",指的是其得到的相关情报。基于布莱尔有选择性地阅读所获情报,他一直高估了萨达姆所造成的威胁。2002年,布什政府派科林·鲍威尔（Colin Powell）到联合国安理会,向联合国提交相关证据,证明伊拉克已严重威胁国际和平与安全。其中鲍威尔特别强调,伊拉克已拥有可以向美国投放生化武器的无人驾驶飞机。联合国监测、核查和视察委员会（UNMOVIC）之后回应,这些指控毫无根据（Kerr,2004）。

有证据表明,布什和布莱尔的个人情感在其中起到了一定作用。的确,没有任何一位美国总统能以超脱冷静的态度面对类似"9·11"这样的恐怖袭击。布什深爱自己的国家,对他来说,保持完全理性根本不可能。布什在2003年5月宣布战争结束,他特别强调,伊拉克战争是反恐战争的重大胜利:作为基地组织的同盟,萨达姆政权随时可能为国际恐怖分子提供大规模杀伤性武器,而这样一个政权已被颠覆。关于萨达姆与基地组织关系的指控从未得到证实,但"9·11"恐怖袭击发生后,这种联系在布什及其顾问们看来合情合理。从情感角度出发,我们至少可以部分解释这样的"主观合理性"

产生的原因。领导人用来描绘萨达姆的语言也受主观情感影响。人们常用"邪恶"一词来形容萨达姆,这样的词语显然带着浓厚的主观感情色彩。用于描绘萨达姆的其他词汇也一样,比如布莱尔就把萨达姆称作"一个怪物",这样的描述不客观也不公正(Kennedy-Pipe and Vickers,2007)。

总体上看,心理学分析为决策研究提供了重要的视角,而在分析布什和布莱尔对伊拉克形势的误读和误解时,此方法尤为有用。如今我们知道,1991年海湾战争惨败后,萨达姆并没有重启伊拉克的核武器、生化武器项目。但同其他方法一样,心理学分析也存在自身的局限。其中有两点需格外注意。首先,经验研究本非易事,为心理学分析找寻事件细节更是难上加难。比如,**戴维·欧文**曾在知名杂志英国《皇家药学学会期刊》上发表文章,称布莱尔身患"狂妄症"(Owen,2006)。但如何用经验研究来证明这一点呢?毕竟,布莱尔不可能去欧文那里小坐,详细地告诉欧文自己的决策信息,可只有这些信息才能为欧文的观点提供有力支撑。

其次,许多心理学分析将关注点放在最高决策者身上,而忽视了对决策全局的考察,如研究决策者和其顾问们之间的互动,分析决策者与各个机构乃至民众之间的关系。事实上,领导人在作出决策前经常会咨询他人,比如其信任的某个外交官,所以他们的想法常常会发生改变。另外,一些决策者特别关注舆情。在所有的心理学分析方法中,贾尼斯的"小集团思维"(Janis,1972)很重要,它是少数几个没有忽略咨询环节的分析方法之一。一些决策者组建内部决策团队时,会将意见相左者排除在外,于是很容易在事件应对方式上达成共识。但由于他们的观点并不全面,有时会导致严重的误判。

接下来,本章将介绍一些社会学的分析视角。从社会学的视角来看，决策者的社会嵌入性尤为重要，也就是假设他们深深嵌入社会背景之中。与理性选择以及大多数心理学分析方法不同，社会学并不致力于解释决策者如何做出某个特定的决策，而是试图说明决策者可能或者不可能做出何种决策。

六、适当性逻辑

适当性逻辑从另一本体论（关于存在的理论）中衍生而来。效果论特别是理性选择理论都并未强调决策主体的社会背景，它们分析的起点是个人，而不是集体，也不是或对个人有意义的集体行为。而适当性逻辑则完全不同。它假设社会背景对人们的影响根深蒂固，并从人们的观念背景入手分析。马奇和奥尔森认为，这样的观念背景是由规则构成的。而规则，既涉及认知层面，也涉及规范层面（March and Olsen，2004：3）。

尽管含义不太一样，我们已经接触过认知层面了。心理学家在研究类比这种让行为体理性思考的探索技巧时，也会涉及这个层面，但适当性逻辑又在其之上做出一些改变。这些认知规则可以建构身份。比如，慕尼黑类比已经不是人们偶尔使用的案例了，因为它被认为是有用的知识，已成为社会中个人或个人从属的社群本质特征的一部分。学界认为，1938年的《慕尼黑协定》对布什和布莱尔都产生了深远的影响，这并非巧合。这一历史教训对大多数英美人来说都难以忘怀，已经成为他们本质属性/身份的一部分；这样的特征在两国根深蒂固，外交代表也不例外。

马奇和奥尔森认为，规范层面的重要性不亚于认知层面。最终是规范直接驱动行为。规则可以评判嵌入社会中的个人政治行为是否合宜。适当性逻辑认为行为体会依此行事，因为规则建构了身份。

违反规则就是与自己的信念背道而驰（March and Olsen，1989）。从这一学术的角度出发，布什和布莱尔之所以拒绝外交及其他方式，坚持用武力解决问题，是因为一旦对萨达姆·侯赛因采取绥靖政策，就意味着违背了每一个美国和英国领导人都应放在首位的信条：绝不能重蹈张伯伦的覆辙。

专栏7-3展示了最近学界对规则的探讨（Wiener，2009；Holzscheiter，2016），行为体在多大程度上认同规则确实很值得进行实证研究。通常，对于规则本身以及如何解读规则存在大量争论。

专栏7-3　安理会第1973号决议

2011年2月中旬，利比亚海滨城市班加西出现抗议示威活动，由于忠于卡扎菲的安全部队向人群开火，事态严重升级。抗议示威迅速扩散到全国，引发了利比亚内战。卡扎菲政府的这一行为也遭到了国际社会的谴责。2011年2月26日，联合国安理会通过了第1970号决议，强烈谴责"大规模、系统性地攻击平民"的行为，警告"这可能构成危害人类罪"，并表明安理会将根据《联合国宪章》第七章采取行动，主要包括：向国际刑事法院汇报利比亚形势，对利比亚实行武器禁运，对卡扎菲政府高级官员执行旅行禁令。随着局势进一步恶化，安理会又通过了第1973号决议。决议重申了联合国对目前利比亚形势的严重关切，并决定采取更加有力的措施，包括设立禁飞区，以及授权"会员国采取一切必要措施……保护利比亚的平民和平民区，让其免受攻击"。安理会成员国中，法国、英国、美国（常任理事国）和波黑、哥伦比亚、加蓬、黎巴嫩、尼日利亚、葡萄牙、南非（非常任理事国）都投了赞成票，中国、俄罗斯（常任理事国）和巴西、德国、印度（非常任理事国）都投了弃权票。

之后，北约介入利比亚内战，确实起到了保护平民的作用，但也使得全国过渡委员会与卡扎菲政府的力量对比有所转变。因此，中国、印度、南非和俄罗斯（尤其是俄罗斯）都口头谴责了1973号决议，对决议的执行表示不满。普京直接指责："这（1973号决议）让人想起中世纪时十字军东征，实际上默许了对一个主权国家为所欲为。"（RIA Novosti, 21 March 2011）

七、德国，外交与干预，1949年至今

1993年前，（联邦）德国在外交手段和军事干预之间更倾向于前者。例如1990年第一次海湾战争期间，德国外交局限于所谓的"支票簿外交"（chequebook diplomacy）。德国支持美国领导的针对伊拉克和科威特的行动，但并未参与其中，只提供了资金支持。仅开展"支票簿外交"，而不参与具体行动，就让人无法明白德国的真正意图。第一次海湾战争是一次集体行动，该行动由联合国主导。但在当时，将德国士兵派往海外，参与联合国行动，简直就是不可思议，对于德国总理赫尔穆特·科尔（Helmut Kohl）和外交部长汉斯-迪特里希·根舍（Hans-Dietrich Genscher）来说尤为如此。

但对于南斯拉夫内战，情况却有所不同。德国曾抱有若能早早地承认从南斯拉夫分裂出来的共和国，便能实现停火的希望。虽然德国未通过欧盟便单独承认了这些共和国，且同时给其他欧盟成员施压，让它们也这么做，但这并未成功终止这场二战后欧洲经历的伤亡最惨重的战争。相反，战事愈演愈烈，波黑战争尤为惨烈。国际社会越来越多采取军事手段来终止这场战争，在波黑设立禁飞区便是一例。北约提供侦察机来对禁飞区进行监督，执行这一任务的

工作人员中三分之一都是德国人。第一次海湾战争后，盟国不断向德国施压，让其更多参与到军事行动中。科尔政府最终屈服于强大的外交压力，尤其是来自美国的压力。

这似乎是德国外交政策"正常化"的标志。当外交手段无法解决对国际和平的威胁时，除了军事干涉似乎别无选择。1999年，时任德国外交部长约施卡·费舍尔（Joschka Fischer）出身长期反战的绿党，是一个坚定的反战主义者，但他与来自社会民主党的总理格哈德·施罗德（Gerhard Schroeder）一同决定加入北约对南斯拉夫的军事干涉行动。"正常化"似乎勉强通过了一次艰难的测试。2001年，施罗德政府推动联邦议院批准了一项议案，加入了美国领导的消灭阿富汗塔利班政权的联合行动，"正常化"似乎在进一步推进。

2003年以后，德国曾经的顾虑又回来了。施罗德和费舍尔不仅拒绝加入布什的"志愿者联盟"，还公开批评布什对伊拉克采取的行动。二战结束之后，德国在外交上从未如此。2011年，德国总理安格拉·默克尔（Angela Merkel）领导的中间派联合政府和外交部长吉多·韦斯特维勒（Guido Westerwelle）决定，反对在利比亚的人道主义干涉。当时，德国是联合国安理会非常任理事国，也是西方国家中唯一未给联合国第1973号决议投赞成票而选择弃权的国家，而这一决议在美国、法国和英国看来为干涉卡扎菲政权提供了法律依据。德国也并未参与美国、法国和英国领导的军事干涉行动。在最近的一些事件如叙利亚和乌克兰危机中，德国也采取了这种谨慎的、以调停为主的冲突管理方式。

我们可以用适当性逻辑来解释这些外交或军事行动选择吗？一方面，在一定程度上，这一逻辑是合理的。多数德国人都认为不能重蹈覆辙，发动第二次世界大战和犹太人大屠杀的悲剧不能重演。但另一方面，这一逻辑难以解释为何德国参与了在南斯拉夫和阿富汗的联合军事行动。而1999年轰炸塞尔维亚的行动根本没有得到联合国的授权，德国为何参与就更难解释了。包括对军事力量进行限制的国内政治争论在解释这种变化上还有很长的路要走。

八、论辩逻辑

托马斯·里瑟（Thomas Risse）认为，除了上述两种逻辑外，还存在第三种行动逻辑，他把这种逻辑称为论辩逻辑（Risse，2000年）。里瑟借鉴了尤尔根·哈贝马斯的社会学思想，更确切地说，是他的交往行为理论。乍一看，哈贝马斯的理论框架和适当性逻辑并没有什么太大的区别。分析共享的"生活世界"（见词汇表）的重要性时，和马奇、奥尔森的研究类似，哈贝马斯重点研究的是社会背景的差异。如果再仔细分析，就会发现哈贝马斯的框架和适当性逻辑之间存在显著差别。哈贝马斯认为，若仅分析共享的生活世界，无法得出任何结论，因为它只能为个体提供一些可用来理解世界的观点库。哈贝马斯认为最重要的是，个体如何相互交往，如何从庞大的观点库中挑选特定观点，并将这些观点联系起来形成论点，又如何就某一论点最具说服力达成一致。

哈贝马斯主要研究规范理论。他用"反事实性"作为标准来批判西方民主国家中的政治沟通——这里"反事实性"是指理想的话语情境。在理想的话语情境下，人们应该可以自由交流。交流的参与者不应以自己的论证胜出为目标，而应该一起探讨哪个论证最有说服力，不管论证由谁提出。正如哈马贝斯所说，交往的目标在于发挥"更优证论的力量"（Habermas，1984：161）。

穆勒和里瑟借鉴了这一规范框架，研究出一套经验主义分析的行动逻辑。他们认为，世界政治并不总是强者向弱者发号施令，有时更有说服力的论证才能胜出——在一些外交场合，个体就是通过更优的论证来说服他人的。请注意，这个假设同理性选择之间存在矛盾。如上文中所说，理性选择建立在稳定的偏好基础之上。在决策制定过程中，偏好是固定的，是不会改变的。但里瑟认为这些偏好不是恒久不变的，个体之间的交往互动会改变他们的偏好。在交往行动中，个体可能会被说服，希望得到有别于之前的东西。专栏7-4详细阐释了如何将此方法应用于外交研究。

专栏7-4 外交与交往行为

根据哈贝马斯的理论框架，外交官参与交往行为的目标是就他们对形势的理解和首选行动方案上达成共识。外交官参与交往行为的方式是建设性地挑战那些对驱动双方行为的内在于利益、偏好和规范的根深蒂固的认识。哈贝马斯认为，任何以达到理解为目的的互动都包含三个有效性特征（Habermas, 1984: 99）。第一个是所做出假设的真实性，或者说被解读的事实与社会规则的一致性：这些论断具有主体间的真实性。比如，伊朗是否即将成为拥核国家？如果是的话，可能性有多大？第二个与这些论断所隐含规范的道德正确性有关：从现有规范来看，对话的内容是正确的。如果一个外交官谴责其他国家侵犯人权，而他自己的政府却在国内压制人权，这样正确吗？第三个与陈述者的诚信度和可信度有关：陈述者的真正意图和他表达出来的意图一致。如果另一方的观点更有说服力，外交官愿意改变自己的想法并采取新的立场吗？交往行为的逻辑广泛应用于国际合作的各个流程，并被用于处理各种问题，比如如何认识人权规则的国际化（Risse, 1999），如何实现跨文明交流（Lynch, 2000），联合国安理会的决策过程是否高效（Johnstone, 2003），为何在主要大国反对的情况下有的国际谈判还能成功（Deitelhoff，2009），或者是在国际政治中如何将武力使用合理化（Bjola，2005）。

九、苏联，1990 年

冷战的结束给研究世界政治的学者出了一道大难题。已有的国际关系理论都强调连续性（也就是对稳定的偏好）而非变化，故难以清晰解释冷战为何结束。里瑟的论辩逻辑便是在这样的背景下发展起来的。他认为，世界政治中存在论辩和偏好的转变，并列出一系列案例来支撑自己的论点，其中一例就是米哈伊尔·戈尔巴乔夫（Mikhail Gorbachev）同意统一后的德国加入北约。

里瑟表示，戈尔巴乔夫和时任苏联外交部长爱德华·谢瓦尔德纳泽（Eduard Shevardnadze）与西方大国展开了关于新的全球和欧洲安全架构的对话。在这一进程中，双方创造了共享的"生活世界"；外交接触让彼此进一步认识到了现有世界体系的缺陷和新体系需具备的核心要素。

他继续写道，戈尔巴乔夫并没有用已有的偏好态度去处理德国问题，他受到了时任美国国务卿詹姆斯·贝克（James Baker）的影响。贝克认为，德国若保持中立，则很可能最终会重蹈二战的覆辙，故重新统一的德国应加入西方的体系。他也受到了规范论辩的影响，尤其是1975年《赫尔辛基协定》对德国及联盟的规定。协议中规定，"每个国家都可以自由选择结盟"。1990年5月，作为对美国总统乔治·赫伯特·布什援引《赫尔辛基协定》对德国加入北约问题进行框定的回应，戈尔巴乔夫首次宣布一项重大决定："同意统一后的德国加入北约。"简而言之，在里瑟的描述里，戈尔巴乔夫是一个不坚定的领导人,被西方国家领导人的观点说服,最终从根本上同正统的苏联外交决裂了。

里瑟也承认,这一实证研究存在其他解读角度。他并不认为自己的理论可以解释一切,仅提供了一种重要的视角。根据哈贝马斯有关"说服"的定义可以得出,让更有力的论证胜出,这无论从何种意义上讲,都极为狭隘。毕竟,哈贝马斯的目的在于批评所谓现代多数人的民主,以及这些人缺乏适合民主政体的交往活动。而里瑟认为,在外交实践中,哈马贝斯描述的这种情况的确存在,并非毫无道理,只是非常罕见。

除了这种狭隘的定义之外,还有许多其他方式可以定义论辩和说服(Crawford,2002)。比如,一些研究主要关注规范倡导者——常常是非政府组织——如何战略性地表达信息以使听众产生共鸣(Finnemore and Sikkink,1998)。研究言辞战略的学者也有类似的观点,但他们既关注国与国之间的官方外交,也关注非政府行为体(Kornprobst,2012)。还有学者从更广阔的层面上来研究论辩,试图囊括不同的研究角度(Bjola and Kornprobst,2011:4-11)。

十、实践逻辑

与哈贝马斯对论辩研究的意义一样,皮埃尔·布迪厄是实践研究的开创者。对实践逻辑感兴趣的世界政治学者都会借鉴这位法国社会理论家的研究。布迪厄从人类学的角度对阿尔及利亚的卡布尔人进行了研究,并从中得出了他在实践上最重要的观点(Bourdieu,1977)。后来他研究了法国的教育系统,并调整了自己的理论框架(Bourdieu,1988),之后提出了一个更具普遍性的社会理论(Bourdieu,1990)。他的理论有两个核心概念,即"惯习"和"场域"。

"惯习"（habitus）指的是"实践的……创造性原理"（Bourdieu，1998：8），或者更具体地说，是"知觉、评价和行动的分类图式构成的系统"（Bourdieu，1977：83）。个体被社会化后，便具有"惯习"。"惯习"使得行为体更倾向于选择某种实践而非其他实践。而"场域"（field）则是个体社会交往的组织原则。参与交往的个体并不平等（权力），他们都认同这些交往中可能存在的风险（赌注），并默认交往的基本原则（信念）。这些组织原则是行为体之间（不平等）关系的基石，而在惯习和场域的相互作用下，就产生了心照不宣的常识。这些常识成为行动背后的逻辑。但我们从"心照不宣"可以看出，这些逻辑较为特别。施动者认为这些行动逻辑理所当然，不加思考，更无争论的必要。

换言之，没有其他行动逻辑像实践逻辑这样强调行为体交往背后的逻辑（Pouliot，2008）。比如，结果主义特别是理性选择理论，主要关注个体的反应过程。而效用最大化理论或满足决策理论则研究哪一行为体深思熟虑，权衡和考虑不同的选择。适当性逻辑主要是遵守规则，但至少在国际政治学者看来，遵守这些规则的行为体可以感受到规则的存在。学者们不断寻找遵守规则的行为体关于规则的言论，从而提供规则重要的实证依据。论辩逻辑也主要研究行为体的思考。行为体利用社会背景（生活世界）同他人争论要做什么事情。相比之下，从这个角度看，布迪厄对实践的看法则较为不同。他认为，行为体即兴决定要做什么，说到底，这种想法都是自然产生的，并不需要加以思考。

除了布迪厄之外，还有其他一些实践方面的研究值得关注。至少有三个方面：第一，实践并非完全不加思索的行动。在一些理论框架中，很多部门的实践都是思考的产物，外交部门就是其中之一（Adler，2005：2-26）。第二，受伊莱亚斯关于克制研究的启发，一些研究重点关注了限制使用武力的社会心理基础（Bjola and Kornprobst, 2007; Adler, 2008）。在一定时期内，人们建立了这种心理基础，但一段时间后，这种基础又消失了。第三，霍普夫认为，还有一种称为习惯逻辑。在以上所有逻辑中，这种逻辑最为强调结构。需要将习惯逻辑与理性、实践方放在一起加以理解。

十一、法国与非洲，20世纪60年代至今

几十年来，法国的对非政策一直让许多研究者感到捉摸不透。他们觉得法国现有负责非洲事务的机构难当重任，并且想知道为何没有更合理的安排。法国有一系列负责对非事务的机构，包括外交部、对外合作部、国防部、财政部、法国开发署以及总统府非洲事务处。法国总统在非洲事务中权力最大，但有几任总理在其中的作用也不可小觑。协调这些机构和行为体十分困难，故法国建立起了非正式网络来负责对非政策，总统及其亲密的顾问是这些网络的核心成员。

但这些网络自身也存在治理问题。从规范层面看，这些网络缺乏透明度和问责机制。网络的运作不受公众监督，在很长一段时间里，法国国会都不愿参与对非外交的讨论。说到效率，这些网络的运作也不尽如人意，法国的国家利益曾多次让位于私人利益和商业利益。更重要的是，这些网络和国家利益紧密相连。一些非洲国家首脑在网络中占据重要地位，科特迪瓦的第一任总统费利克斯·乌弗埃-博瓦尼（Félix Houphouët-Boigny）尤为突出。这样一来，外交内政混在一起，于是乌弗埃-博瓦尼将其戏称为"法非特殊关系"（françafrique）。

这一体系发轫于20世纪50年代，70年代达到黄金期。2010年，还有人评论道，"50年过去了，'法非特殊关系'依然存在"

（Boisbouvier，2010）。原因何在？施利希特（Schlichte，1998）认为，帝国主义时期的殖民理念、法国与非洲国家的友谊和法国文化的传播形成了一种"惯习"。鉴于这样的"惯习"，法国得以一以贯之地进行对非外交，而无须考虑这对制度和机构运行造成的负面影响。

　　一方面，这种解释有一定说服力。法国负责对非外交的机构并没有像理性选择学者预测的那样，安排得当而合理。实践逻辑理论中有一点非常深刻，即实践不过就是人们根据常识行事，这为我们研究理性（见词汇表）提供了一个不同且很有用的视角。其他的行动逻辑理论都关注思考过程，而忽略了行为习惯，很难观察到理性的一面。

　　另一方面，这种解释也有不足之处。如今，"法非特殊关系"的实践在多大程度上存在并不清楚。2011年法国武装干涉利比亚便是一例。与法国在非洲的大多数武装干涉有所不同，这次法国介入利比亚内战并没有同长期的盟友利比亚联合政府站在一起，而是支持新建立的利比亚国家过渡委员会（National Transitional Council）。这并非法国的单边行动，而是落实联合国安理会制裁（见专栏7-5），与其他北约成员，特别是在其中发挥了重要作用的美国、英国，共同采取的多边行动。但是，所有的决策是否都能用非反思机制来解释，还有待商榷。法国对非洲国家的干预由来已久，但这并不意味着法国人不会考虑是否及如何干预。大家应注意，行动逻辑是学术研究的产物，学术研究和现实之间仍有差距（Kornprobst，2011）。

专栏7-5　外交游戏的潜规则

　　受布迪厄的影响，许多外交学研究聚焦遍布外交领域的等级关系及其暗含的权力形式。例如，最近一些学者深入研究了联合国

(Pouliot，2016）和欧盟（Kuus，2013）内部隐秘的权力关系。研究表明，大国可以将强大的硬实力转化为特权以及在国际组织中习以为常的等级关系。但随着时间流逝，这一游戏规则也可能发生改变。从第四章可以看出，外交领域涉及的议题范围越来越广，参与的行为体越来越多。这已触及外交领域最深层次惯例的改变。例如，值得注意的是，最近非政府组织也能加入核不扩散机制了。这并不意味着所有的非国家行为体一下子就享有了与国家行为体一样的地位，也不意味着大国不再享有过去的特权。然而，这确实意味着外交领域的等级关系变得越来越复杂了（Kornprobst and Senn，2016b，2017）。

十二、小结

- 大多数学者都会将外交研究建立在理性选择假设之上，认为外交官就是"将预期效用最大化的人"，因而假设外交官在外交舞台上与其他行为体一起面对决策环境，谨慎计算如何才能得到最优结果。
- 心理学的研究方法提供了另一条路径。心理学对人类的计算能力没那么乐观，引入了"启发式捷径"（heuristic short-cuts）的概念，认为行为者正是通过这样的捷径来进行决策。它告诉行为者何时停止寻找更优方案，然后采用特定的行动方案。
- 适当性逻辑主要关注行为体所处社会环境中的各种规则，这些规则本身就是认知性的和规范性的，它们共同构成了人们理解世界的基础。行为体都会按照规则适当行事。在他们看来，所做之事都是正确的。
- 论辩逻辑主要研究施动者如何将社会背景中的论证聚合起

来，以及他们之间的交流将如何影响施动者本身。假设交流会对施动者产生巨大影响，可能会改变其偏好，那么交往活动带来的影响更为深刻，甚至可能改变施动者身份。

● 实践逻辑的主要贡献在于，它关注话语背后的因素。结果逻辑、适当性逻辑、论辩逻辑都自然而然地认为，人们是经过思考以后才做出决定的。实践逻辑则认为，很多时候人们在做事情的时候根本无须思考。

思考题

● 理性选择和心理学的分析路径对外交使威慑作用有效的能力有多大信心？

● 用适当性逻辑来解释2003年伊拉克危机发生时德国试图通过外交来解决问题而英国决意使用武力，有多大说服力？

● 能否用论辩逻辑来解释世界政治中出现的划时代变化？

● 外交在多大程度上依靠常识行事？

推荐阅读

Rathburn, Brian C., Joshua D. Kertzer, and Mark Paradis. 2017. "Homo Diplomaticus: Mixed-method Evidence of Variation in Strategic Rationality". *International Organization* 71 (S1): S33-S60.

这篇文章将理性选择和政治心理学放在一起进行研究，对施动性进行了解释。作者认为，"Homo diplomaticus"（外交人）是将这两个不同的角度联系在一起的桥梁。

Bátora, Jozef. 2005. "Does the European Union Transform the Institution of Diplomacy?" *Journal of European Public Policy* 12 (1): 44-66.

这篇文章主要研究欧盟在外交中是如何运用了适当性逻辑,以及这对整个外交领域的影响。

Bjola, Corneliu, and Markus Kornprobst. 2011. "Introduction: The Argumentative Deontology of Global Governance". In Corneliu Bjola and Markus Kornprobst (eds.). *Arguing Global Governance*. London and New York: Routledge.

这一章节主要盘点了论辩在不同学科中的不同定义,并提出了一个包容性、多元视角下的研究议程。

Bueger, Christian, and Frank Gadlinger. 2014. *International Practice Theory: New Perspectives*. Basingstoke, UK: Palgrave.

这本书对实践研究的不同路径进行了很好的概述,深入讨论了相关路径,并勾勒出进一步研究的方向。

Kornprobst, Markus. 2011. "The Agent's Logics of Action: Defining and Mapping Political Judgement". *International Theory* 3 (1): 70-104.

这篇文章试图突破行动逻辑理论,提出了政治判断这一涵盖面更广的分析工具。学术研究通常将两者分开,但其实行动逻辑与政治判断紧密相联。

第八章　建立外交关系

本章目标
- 定义不同类型的外交关系
- 探讨外交关系的建立过程
- 着重强调怎样从根本上改变外交关系

一、引言

外交帮助国家建立关系，国家间关系恶化、保持稳定或改善都离不开外交。本章将向大家介绍外交可以建立和破坏什么样的国家间关系，以及同样重要的是，它如何做到的。本章结构同上一章一样，先介绍研究方法，再通过案例来探讨这些方法的优劣。

国际关系研究常常分成三大流派：现实主义（见词汇表）、自由主义（见词汇表）和建构主义（Constructivism）。这样的分类标准存在一定问题；还有很多常用的理论并不关注这些流派的差异，而是关注其共同点（Kornprobst，2009）。尽管如此，学者们对国家间关系的建立与破裂存在不同理解，将国际关系研究分为这三大流派有助于大家认识到这一点。

首先，现实主义通常将安全考量同制衡行为联系起来，并且制衡行为解释国家之间关系的建立。美国通过外交努力劝阻朝鲜发展核武器就是经典案例。其次，自由主义认为，建立合作机制以及基于此的外交关系都是出于经济方面的考量。我们将在探讨欧盟对外政策的过程中分析这一视角的优缺点。最后，建构主义主要关注关系得以建立和再建立的机制，我们将用埃塞俄比亚-厄立特里亚双边关系（从友好到敌对）的案例进行分析。

二、制衡：从敌对到结盟（反之亦然）

汉斯·摩根索的著作《国家间政治》影响深远，书中关于外交和国家间关系建立的观点是经典现实主义论断的代表。他首先假设，国际社会处于无政府状态，换言之，世界上没有可以统治所有国家的力量（比如一个全球政府）。因此，为了生存，国家需要时刻保持警惕。摩根索认为，保持警惕和权力均衡相辅相成。只有当权力（见词汇表）在大国之间达到平衡，国家之间才不会发生冲突。所以，他认为外交的首要目标是保持平衡。如摩根索所说，外交上的平衡实现了，"通过协调实现的和平"才能达成（Morgenthau and Thompson，1985：562），他认为这是无政府状态下国际社会维持长久和平的唯一方法。

很明显，摩根索对外交均衡的论述只是规范性的，他并不认为大国外交实际情况就是这样的，但大国应该在外交中遵照此原则。他提出这一规范性的论点，并与其他不合理观点进行对比：没有永远的敌人，也不应对任何事狂热，因为这会阻碍制衡。制衡需要实用主义；除非需要拉近距离以改变目前的权力分配状况，否则国家间一直应该保持距离。在摩根索看来，冷战就没有遵循均势的原则。美苏两个超级大国尖锐对立，并且都在意识形态冲突的问题上不肯让步，均势无法实现。

亨利·基辛格也有类似的观点。他的第一本著作名为《重建的世界》(1957)，书中深入研究了19世纪的欧洲协调。基辛格认为，欧洲协调实现了均势，当时外交官不树敌，也不交友，这应归功于克莱门斯·冯·梅特涅（Klemens von Metternich），他在很长时间内都担任奥地利外交大臣和首相，人们也把他视为欧洲协调体系的构建者。大国往往采取实用主义政策，若一国有崛起的势头，其他国家就会联合起来对其制衡。基辛格在担任尼克松总统的国家安全顾问时，一直遵循这一原则（见专栏8-1）。

不少当代现实主义学者也持有类似观点，他们流派甚多，此处仅罗列三个较有影响力的流派。第一，一些学者认为，美国应该采取离岸平衡的策略，不应过多参与国际政治事务（Layne，2009；Mearsheimer and Walt，2016）。第二，一些学者采用新古典现实主义路径研究国内政治情况，探寻国家间制衡的条件（Schweller，2006）。第三，一些学者对软制衡的研究拓宽了制衡这一领域的边界。多数学者一般认为，制衡意味着结盟或者军备建设；但保罗（Paul，2005）和佩普（Pape，2005）认为，这只是制衡的一种形式，也就是硬制衡。另一种形式是软制衡，比如，为了在谈判中达成目标而建立临时联盟，或者在联合国大会等国际会议上与大国抗争。随着时间推移，软制衡也可能转化为硬制衡。

这些流派都是时代的产物。如今国际秩序不断演变，学者们正在试图理解变化的方向。众所周知，均势被广泛视为国际秩序的一个重要特点，因此，许多学者都格外关注制衡。特别值得一提的是，软制衡派的学者认为，制衡与不断变化的国际格局有直接联系。中国、印度、巴西等正在崛起的大国如何维护自身权利？而美国等守成大国又会有何种反应（Paul, 2016）？这些都是当代外交研究的核心问题。

> **专栏 8-1　基辛格、中国与美国**
>
> 基辛格不仅认为制衡原则是外交审慎的体现，他还将这一原则付诸外交实践。20世纪70年代以前，美国视台湾当局为中国的代表，因而与中华人民共和国之间并没有建立正式的外交关系。但当时，中华人民共和国已成为国际社会中重要一员。1949年中国共产党取得解放战争的胜利，毛泽东成为中华人民共和国的缔造者和最高领导人。中苏两个大国都奉行马克思列宁主义，毛泽东也做出了看似非常自然的选择，同苏联结盟。从权力制衡的角度看，中国与苏联结盟对美国来说是一次重大打击，这样，两个大国都站在了美国的对立面。因此，尼克松总统的国家安全事务助理基辛格便试图拉拢中国，让其疏远苏联。而毛泽东同斯大林的继任者——赫鲁晓夫关于如何在世界政治中进一步推广马列主义存在重大分歧，这便让基辛格有机可乘。他利用特殊的外交渠道，于1971年秘密访华，同时为尼克松总统1972年2月访华做好了准备。中美两国关系确实有所缓和，但还远没有到结盟的地步。另外，中美两国还签订了《上海公报》，其中双方对未来外交互动达成一致，影响深远，基本可以认为中美实现了和解。尽管社会主义中国和资本主义美国存在意识形态上的根本分歧，但两国不再针锋相对、剑拔弩张。至少在这个案例中，意识形态对基辛格来说并不重要，全球权力的分配才更为关键。

现实主义因为只关注均势，一般并不关注国家间的各种关系。他们认为国家间应该实现权力均衡，不应过于亲密，因此便没有必要去研究国家间的各种关系了。但根据丰富的外交经验讨论，现实主义也可以推断出不同层次的国家间关系，摩根索和基辛格的研究路径就是如此。还有两位学者的研究方法和现实主义类似，也对欧洲协调进行了深入研究，定义了从敌对到结盟之间各种不同的国家间关系。克雷格和乔治首先界定了法外（outlaw）国家。通过外交往来，同这些国家的关系可能会有所缓和，并开始走向和解，逐渐建立起友好关系，甚至最后成为盟友。他们列举了土耳其的例子。在凯末尔执政前，土耳其一直被欧洲视为法外国家，在其执政期间，土耳其加入了欧洲大家庭（Craig and George, 1983：157）。

接下来，我们将通过美朝关系的案例，探讨运用现实主义分析国家间关系和这种关系如何建立上的优缺点。

三、美朝关系，1993—2016 年[1]

在处理对朝关系上，历届美国政府试图吸取现实主义理论的教训，避免一直采取敌对政策，而是通过克雷格和乔治所说的"和解"方式劝阻朝鲜拥核。美国根本不承认朝鲜政权，所以两国间没有建立正式的外交关系，尽管如此，在 1993 年到 1994 年间，美朝谈判仍取得了重大进展。在美国前总统吉米·卡特的协助下（见专栏 8-2），美国首席谈判代表罗伯特·加卢奇（Robert Gallucci）与朝鲜谈判代表团团长姜锡柱达成一致，两国于 1994 年 10 月签署了具有里程碑意义的《朝美核框架协议》。根据协议，朝鲜承诺冻结核设施，并同意接受国际原子能机构的核查。美国则作出一系列承诺，其中最重要的是为朝鲜建立两个轻水反应堆，作为发电装置（同已有的朝鲜核反应堆相比，这些轻水反应堆更难区分民用还是军用）。双方达成共识，努力实现两国关系的正常化，并推进双边合作，向《不扩散核武器条约》规定的目标努力。

但在接下来的数年间,两国互相指责对方没有履行承诺,导致协议逐渐分崩离析。建设轻水反应堆实际推进速度非常缓慢。因为首先需要成立一个国际财团来为反应堆提供资金,所以项目在2001年前一直没有太多进展。同时,美国共和党通过选举掌握了参议院之后,表达了对该协议的不满。他们很不信任金正日政权,认为同朝鲜实现和解并不现实。1996年10月1日,美国审计总署表示,《朝美核框架协议》是"不具法律效力的政治协议",或可称为"不具法律约束力的国际协议",既非国际条约,也非法律文件。美国总统乔治·W.布什在2002年的国情咨文中称,朝鲜是"邪恶轴心"的一部分。作为还击,朝鲜立即继续推进本已冻结的核计划,并比从前更积极地研制核武器。

2003年,新一轮对话启动。对东北亚政治具有关键作用的国家都参与了六方会谈,这些国家包括日本、朝鲜、韩国,还有中国、俄罗斯和美国三个大国。其间,朝鲜始终在合作和对抗两种立场上摇摆不定。一方面,2006年和2009年朝鲜都进行了核试验,还有数次导弹试验;另一方面,朝鲜似乎又想得到燃料和粮食援助。在对话期间,朝鲜数次暂时同意对其核设施的检查,并关闭了宁边核设施。2011年12月,金正日去世,其子金正恩继位,各国都期望金正恩会作出一定改变。但事与愿违。金正恩还在继续推进核项目,在其上任的前三年里,就进行了三次核试验。

通过这一案例,我们可以看到,在复杂的国际关系中,现实主义分析方法存在局限性。二轨外交可以短暂地改善关系,甚至可以让双方关系实现突破,签订协议。篮球明星丹尼斯·罗德曼和纽约爱乐乐团的朝鲜之行都是例证。但两国关系中存在的问题不可能很快消失。参考其他案例,要彻底终结敌对关系,两国需要不断做出寻求改善关系的努力,二战后的法德关系就是如此。另外,身份叙述,也就是一国描绘两国关系的"故事",也需要彻底改变;否则,怀疑和不信任很容易就会让国家间达成的协议土崩瓦解。

国家间的敌意会对两国关系叙事产生很大影响。朝鲜奉行"金日成主义"——坚持独立自主,并与美"帝国主义"坚决划清界限,二者相辅相成。有关朝鲜战争的记忆正是形成这一认识的基础。对美国来说,同样如此。美国一直认为,"战争的起因就是朝鲜这个与世隔绝、不稳定的政权突然侵略了韩国",这对美国对朝政策造成了深远的影响。接下来,鉴于朝核问题的解决困难重重,专栏 8-2 将探讨伊朗核问题相关情况。

专栏 8-2 伊朗核协议

2013 年,在欧盟的一再努力下,美国与伊朗的核问题对话终于取得阶段性成果,伊朗、联合国安理会五个常任理事国和欧盟达成了《全面计划协议》。2015 年 4 月,各方就解决伊核问题达成了框架协议;7 月,各方又一次达成了《联合全面行动计划》。要实现该计划,须经过多阶段的努力。首先,在头 6 个月里,伊朗必须停止 13 000 多台离心机的运转,将低浓缩铀存量减至 300 千克以下,停止阿拉克重水反应堆的运行,并协助国际原子能机构复核以上事项。在头 5 年里,伊朗必须将 IR-1 型离心机的拥有量降至 5060 台,并限制对高级离心机研发的投入。协议中对头 10 年、15 年、20 年和 25 年都有特别要求。其中比较核心的条款,如伊朗不能进行乏燃料后处理,须接受国际社会对其离心机生产、铀矿和铀制造厂的监督,须接受国际原子能机构的监督,禁止使用核武器等,都没有时间限制。联合国五大常任理事国和欧盟作为回应,同意在一定时期内取消对伊朗的制裁。其中包括联合国五常等国家实施的多边制裁，也包括美国等国实施的单边制裁。

其中有一点颇为有趣。《联合全面行动计划》的前言中提到，各国要重新建立关系。各方都强调，建立互信是计划的重要目标：

"伊朗方面期盼，此行动计划将使伊朗出于科学和经济上的考虑，推动一个只用于和平目的的本国核计划，以建立信任和鼓励国际合作。"

中国、法国、德国、英国、美国和俄罗斯六国期盼，《联合全面行动计划》的执行将逐步让它们相信，伊朗的计划只用于和平目的。"

鉴于朝鲜核框架的失败，建立信任的确非常重要。否则，要推进伊朗核协议这么复杂的计划实施，根本就不可能。

四、国家利益：超越同盟的合作关系

自由主义关注的主要问题是行为体合作的原因，这无疑扩大了前文中讨论的国家间关系模式范围。现实主义者研究的国家间关系模式止步于盟友关系，然而自由主义者还研究国家间持续存在的合作关系，甚至还有通过一体化进程，民族国家将自治权和主权部分让渡给超国家行为体的情况。国家之间之所以要建立紧密的联系，而非像摩根索建议的那样保持距离、互相制衡，主要是出于国家利益的考量，尤其是经济利益。简而言之，如果得大于失的话，国家就会开启合作模式。

大多数持自由主义观点的学者的研究起点是组织机构，而非结构。自由主义者在研究中很少会直接提到外交这个概念，但由于他们研究的中心是国家的选择、谈判和制度,很多时候也会涉及传统的国家间外交官方接触以及议会间会议。新自由制度主义从全球层面入手,认为国家建立制度的目的是将其预期效用最大化;建立制度是为了解决集体行为产生的问题。最重要的是,制度的存在能有效降低国家间的交易成本,还能降低制度体系下行为体违背规则的可能性。而是否要建立制度以及以何种方式建立则由各国在谈判时决定(Martin and Simmons,1998)。

目前有许多关于欧洲一体化进程的研究成果,而它们大多采用自由主义研究方法。一方面,一些借鉴了经济学理论,比如,自由政府间主义(Moravcsik,1999)就在一定程度上借鉴了新自由制度主义的主张。主权国家政府在国内受到选民的影响,在国际上一般被视为是利己主义的。多国参与的一体化进程并非一蹴而就,而是一个渐进的过程,主权国家政府则是一体化背后的动力。无论是《单一欧洲法案》(Single European Act)、《马斯特里赫特条约》,还是《里斯本条约》,是否加入这些条约、推进欧洲一体化进程,都由主权国家的政府决定。因而,外交有了发挥作用的空间。最终欧洲一体化进程的每一步都需要外交谈判来达成。

另一方面,还有一些研究深受社会学的影响。戴维·米特兰尼(David Mitrany)的著作《有效和平体系》(*A Working Peace System*)完成于二战期间,是一体化研究中最有影响力的作品。他认为民族国家的存在是战争的根源,所以国家间要实现和平就要进行一体化。但他错误地对政治抱有太大的信心,以至于认为政治精英是一体化的重要推动者。如有功能性需要,这些人就会在特定领域内推动一体化的发展,从而进一步引发新的一体化需求(外溢效应),以此发展下去。长此以往,功能性一体化会扩展到其他领域,也会更多地跨领域展开。他甚至预测,不久以后,人们的民族主义情感会从民族国家转向功能一体化的政治实体；换言之，人们对民族国家的忠诚度也会逐渐消失。米特兰尼的研究不仅影响了不少学者，还影响了很多外交家，他们中最有影响力的一位就是让·莫内（见专栏 8-3）。

专栏 8-3　让·莫内

在法国外交部，让·莫内从来就不是那种循规蹈矩、逐步晋升的传统外交官。尽管如此，几十年来他在外交领域一直非常有影响力。巴黎和会期间，他曾是法国贸易与工业部部长埃蒂安·克莱芒特（Etienne Clementel）的亲密顾问。当时，莫内希望欧洲各国能实现和解，进行合作，但他的希望落空了。同年，他当选新成立的国际联盟副秘书长。二战期间，他曾加入总部位于阿尔及尔的法国民族解放委员会，在那里，他为构建新的欧洲秩序不懈努力。他坚信只有各国实现一体化，欧洲才能迎来和平。战争肆虐并没有让他改变想法，反而让他更加坚定。二战结束后，他开始同和他有着同样想法的外交部长罗伯特·舒曼协作，并在 1950 年参与起草了《舒曼宣言》（Schuman Declaration）。宣言中强调，"欧洲的统一不可能一蹴而就，也不可能通过某一计划得以实现。它将通过一系列具体的成果来达成。当然，第一步就是建立一个共同体"，其中"具体的成果"指的是成功的功能性一体化。宣言提到，推动一体化的力量十分强大，强大到能够"消弭法德间曾经的仇恨"，这也是实现欧洲和平的必要条件（European Union, 1950）。此后，莫内还担任了欧洲煤钢共同体高级机构的首任主席。他曾创建了欧洲合众国行动委员会，并以此促成了欧洲经济共同体的建立。

厄恩斯特·哈斯（Ernst Haas）的著作《欧洲联合》（*The Uniting of Europe*）是新功能主义的开山之作（Haas，1958）。哈斯的作品可以说是政治思想和功能主义思想的一次融合。基于对 20 世纪 50 年代欧洲一体化进程的观察，哈斯认为政治精英对功能性一体化非常重要，但功能性一体化的成功依然有赖于政治运作。新功能主义不仅关注功能性压力，还关注"政府、机构和个人参与的政治进程"（Schmitter，2004）。这些观点都和米特兰尼完全不同，为外交留下了更多空间，比如外交可以在处理主权债务危机中发挥作用。但两位学者并没有挑战功能主义的核心观点，也就是，功能性压力是推动国家间越走越近的关键力量，政治代理人被这些压力束缚着，其作用显得并不那么重要（Schmitter，2004：61）。

功能主义属于规范性的国际政治理论，故米特兰尼并没有将其应用范围局限于欧洲。但毫无疑问，实现全球一体化比某个区域一体化更加遥不可及。不过，20 世纪 90 年代和 21 世纪初期的很多国际文件和研究文献都显示，正是通过治理，国家间拥有了更加紧密的合作模式。全球治理委员会（Commission on Global Governance，1995）对"治理"做出如下界定：治理是个人和制度、公共和私营部门管理其共同事务的各种方法的综合。它是一个持续的过程，其中冲突或多元利益能够相互调适并进行合作。

有学者将传统外交官比作驾驭着越来越复杂的治理结构的驾驶员，但全球治理包含很多其他行为者。比如，彼得·哈斯（Peter Haas）认为，知识社群（epistemic communities）由国家公务员、国际组织成员、非政府组织员工、科学家和其他精英构成，他们在面对某个特定的政治事件时，例如描述和解释臭氧层空洞的主导性科学范式上，观点一致。这些知识社群掌握了成员的专业知识资源，同时进一步掌握了某种特定的话语权，于是，在专业领域也就占据了主导地位

(Adler and Haas，1992）。詹姆斯·罗西瑙（Rosenau，2002：81）从更为抽象的理论角度将全球治理划分为六个种类，其中四类都涉及了传统外交官与新一代外交官的交流，比如网络治理（官方代表同国际组织、非政府组织代表会面）和市场治理（官方代表、国际组织代表、商界精英、市场、社会大众、跨国公司）。

近年来，自由主义者的研究领域比过去更加宽泛。他们不再像21世纪初那样，仅关注制度建设和如何改善国家间关系，也开始关注制度的崩溃和国家间关系的恶化，这反映出学界对国际和地区形势的关注。众多迹象表明，我们正处在变革的时代，国家间合作的增多和关系的改善不再是理所当然的了（Ikenberry，2014；Schimmelfennig，2015）。

五、1957—2016年间的欧盟外交政策

如果从自由主义的角度理解国家关系的发展方向，欧盟的发展历程就是一个很好的研究案例。许多欧洲一体化的推动者都十分推崇米特兰尼的思想，并用其来研究欧洲，莫内就是其中一员。因此，社会自由主义对欧洲一体化有很强的解释力就不难理解了。自由政府间主义也在欧洲一体化中发挥了重要作用，要理解欧盟制度建设的政治过程，此理论也必不可少。

自由主义主要关注欧盟成员国之间的合作和一体化，对欧盟与其他国家间建立的制度关注有限。不过这个话题很有意思，因为回答它不仅能让我们了解欧盟成员国立场是否一致，还能让我们认识到各国如何界定并重新界定他们与外部世界的关系。接下来，我们首先从三个领域描述欧盟的制度化安排：经济、周边关系和安全，并探讨用自由主义理论来研究这些制度安排的优缺点。

欧盟在经济领域的外交政策制定有较久的传统,可以追溯到欧洲一体化早期。1957年欧洲各国签订了《罗马条约》,其中包含的一些重要条款标志着共同贸易政策(CCP)的发轫。《罗马条约》创立的共同市场,为欧盟成为一个国际行为体奠定了基础。为保证共同市场正常运转,成员国须同意在这一区域内免征关税,否则,共同市场就形同虚设。我们可以用功能主义理论来理解:同意建立共同市场使得成员国需要在对外关系上采取冒险政策,但也仅限于在一些无足轻重的问题领域。

从这些领域开始,欧盟对外经济政策的涉及面逐渐扩大,开始向其他领域拓展。从功能主义视角来看,我们可以称之为"外溢现象"。随着一体化程度日益加深,欧盟越来越需要在外交上成为一个更加完整的经济体。所以自然而然地,在关税及贸易总协定和世界贸易组织框架下的多边贸易谈判中,欧盟都表现得充满自信。之后,欧盟又涉足了除经贸合作以外的其他领域,要用功能主义来解释这一点则相对困难。比如,从欧洲一体化早期开始,欧洲国家就开始在国际发展领域用一个声音说话。各国先后与域外国家签订了《雅温得协定》(1963年)、《洛美协定》(1975年)及《科托努协定》(2000年),这些都与功能性压力无关。成员国政治决策的重要性在其中起到了关键作用,将欧洲向政府间主义的方向推进了一步。由于这些合作都涉及法国早期殖民地,故法国是合作的主要推动力。

官僚机构(主要是欧盟委员会)在欧盟对外经济关系中扮演着重要角色,当然,成员国不同部门的代表也同样重要,这样便逐渐形成了网络化治理架构。比如,国际环境条约谈判的相关事宜就由委员会和各个成员国共同决定。在国际谈判期间,欧盟内部也在进行着一系列预谈判和正式谈判,但在国际谈判桌上,欧盟各国对外始终都保持一致立场(悬挂的也是欧盟盟旗,而非各成员国国旗)。但有时，欧盟的网络化治理方式也会变得很复杂。与加拿大签订《全面经济贸易协定》本就很艰难，欧盟成员国必须达成一致，而这只能在欧盟代表跟比利时政府、比利时弗拉芒区代表完成最后关头的艰难谈判后实现。条约的批准还需要各国议会通过，这更是难上加难。单用自由主义理论很难解释这一点，需要突破功能主义理论和政府间逻辑，从国内政治和公众舆论的角度来思考这个问题。

欧盟与邻国的关系充满起伏，在东扩问题上体现得尤为明显。从一体化之初，东扩问题就始终存在。《罗马条约》签订不久，是否接纳新成员就成为成员国讨论的焦点。丹麦、爱尔兰和英国都希望加入一体化进程，并且递交了申请。整个20世纪60年代，成员国都在就准入问题进行谈判，直到1973年，三国都被正式接纳为成员国。此后，接纳新成员被纳入一体化议程，年复一年地接纳新成员也成为欧盟东扩的例行规程。1993年，在欧洲理事会哥本哈根会议上，欧盟成员国通过了扩员的哥本哈根标准，强调民主、法治、人权、少数民族权利以及市场经济制度为衡量一个国家是否有资格加入欧盟的标准。之后越来越多的国家达到标准，加入了欧盟。到目前为止，最新入盟的是克罗地亚。2013年，它成为第28个成员国。

欧盟与邻国的关系远比准入问题复杂。欧盟各国于2007年签署的《里斯本条约》便十分重视地区政治。条约明确规定，欧盟要同周边国家建立"以合作为基础的紧密友好的特殊关系"。然而，最近欧盟在与南部邻国打交道时却遭遇挫折。比如，欧盟试图在北非和中东地区维护人权、推广民主（Sedelmeier, 2006：118-135），向这些国家输出欧盟的规则制度（Panebianco, 2006：136），并为此提出了建立"地中海联盟"的构想。不过，欧盟的这些政策效果迄今为止并不理想。"阿拉伯之春"来势汹汹，推翻了多国领导人，而欧盟很长时间以来一直认为，这些领导人对欧盟推广的理念接受度很高。另外，欧盟与东部邻国俄罗斯之间的分歧也越来越严重，在乌克兰问题上体现得尤为突出。

功能主义理论很难解释欧盟东扩和邻国政策。功能主义旨在解释一体化不断加深的原因，而非成员国不断扩大带来的地理边界延展。政府间主义认为成员国的投入十分重要。但是，仅从成员国之间的会议外交的角度来解释欧盟的不断东扩，未免过于简单。综合超国家主义和政府间主义进行的分析则更为可靠，这样我们就又回到了治理和网络化的分析视角。我们可以试着分析1993年哥本哈根会议上欧盟东扩的决定和哥本哈根标准。冷战结束不久，欧盟委员会便致力于拉近东西欧之间的关系，诸如联合议会和"欧洲协定"的多项提议都得到了欧洲理事会的认可，设立欧盟对外事务部更是如此。

早在1992年之前，欧盟委员会就已经初步拟定了哥本哈根标准。1992年欧洲理事会在里斯本召开会议，成员国仍对欧盟东扩存有疑虑。1993年，列昂·布列坦（Leon Brittan）和汉斯·范·登·布鲁克（Hans van den Broek）分别就任欧盟贸易专员和外交事务专员，从这时起，对欧盟东扩的支持不断增强。他们先后得到了欧洲理事会轮值主席英国和丹麦以及德国政府的支持，达到了通过动议的门槛。欧洲理事会在哥本哈根召开会议之前，许多成员国都对此提议存有一定疑虑，但都有妥协的可能性。支持者作出一定让步表示，欧盟的扩大不会损害欧洲一体化进程（Sedelmeier, 2005; Kornprobst, 2015）。

与经济事务不同，欧盟成员国将安全事务的主导权牢牢掌控在自己手中。最初欧盟欲组建负责国际安全事务的专门机构，这一目标经过很长时间方才实现，并且从本质上讲，该机构仍属政府间主义的范畴。1969年，欧洲政治合作（European Political Cooperation, EPC）启动，旨在通过召开成员国首脑级、外长级会议，制定一致的外交政策。欧洲政治合作和欧洲共同体分别践行政府间主义和超国家主义的理念，二者平行运作，前者一直努力避免相关外交政策讨论受到后者影响。1992年《马斯特里赫特条约》的签订，各国同意建立共同外交与安全政策（Common Foreign and Security Policy，CFSP），规定欧盟保证在国际事务上用一个声音说话，这一情况才得以改变。

为实现这一野心勃勃的目标，共同外交与安全政策成为欧盟不可或缺的一大支柱。1997年《阿姆斯特丹条约》的签署则为如今的共同安全与防务政策（Common Security and Defense Policy，CSDP）打下了基础。从2003年开始，共同安全与防务政策设定了34个领域的目标。虽然2007年签订的《里斯本条约》到2009年才正式生效，但该条约进一步巩固了共同外交与安全政策和共同安全与防务政策。特别值得注意的是，该条约力图融合两大机制，同时进一步整合政策领域。《里斯本条约》将欧盟负责外交和安全政策的高级代表和欧盟委员会负责外交的委员这两个职务合并，设立欧盟外交与安全政策高级代表一职，全面负责欧盟对外政策。新的高级代表还兼任欧盟委员会的副主席，现由凯瑟琳·阿什顿（Catherine Ashton）担任。* 之前，欧洲政治合作与欧共体一直相互独立，同那时相比，这一进展确实非常重要。

在外交政策制定方面，欧盟内的政府间主义理念和超国家主义理念正在慢慢靠拢，进展可观。欧盟对外事务部的建立就是有力的证明。对外事务部成员来自欧盟委员会、欧洲理事会和欧盟各成员国外交部，主要负责处理欧盟的经济和财政事务、外交政策和安全事务。对外事务部由欧盟外交与安全政策高级代表领导，成为欧盟

---

* 2023年（本书中译本出版时）的欧盟委员会副主席、欧盟外交与安全政策高级代表为西班牙前外交大臣何塞普·博雷利（Josep Borrell）。——译者

内部唯一负责对外政策的机构。这样一方面简化了欧盟内部决策，另一方面也向外界清晰表明谁才可以代表欧盟出现在外交舞台。而外界也能清晰知晓欧盟负责外交事务的部门。

安全政策属于欧盟外交政策三大领域之一，但使用自由主义一体化理论很难解释这一领域的情况，而功能主义理论则对为何这一领域还没有统一的政策提供了很有信服力的解释。安全相关领域的发展并没有或很少使欧盟成员国产生对安全一体化的功能需求，故功能主义者认为，没有必要成立相关机构，成员国必须对此进行整体的外交设计。自由政府间主义认为，国内行为体对经济利益的需求是推动国家间一体化的动力。正是因为安全领域的一体化不会直接带来任何经济利益，所以一体化较难实现。但在过去几十年间，欧盟在这方面也取得了一些制度建设的成就，而上述理论对此则难以解释。

不过，我们可以从治理的角度来分析，比如基希纳就曾写过欧盟的"安全治理"（Kirchner and Sperling, 2007）。但是对安全治理动力的详细说明还有很多工作要做。安全治理涉及哪些行为体？他们之间通过什么渠道进行沟通？如何利用这些沟通渠道，沟通效果又如何？革命性事件或是像南斯拉夫轰然解体这样的一系列事件，会对治理的重新塑造产生何种影响？

六、国家身份：从敌对到结盟

"身份"（见词汇表）是建构主义国际政治理论的核心概念。"身份"常被定义成"个体对自我的认知"。自我认知具有很强的关系性要素，自我需要通过他者来实现对自己的认知，会对他人中的一些产生认同感，对另一些则不然（当然程度也不一样）。

关系的维度非常广，亚历山大·温特（Wendt，1999）曾研究过三种类型的关系：敌人关系、竞争关系和朋友关系（见第十章）。敌人关系是由自我和他者之间明确的界线构成，朋友关系则是自我对他者的强烈正向认同感。竞争关系介于二者之间。温特想要构建系统性的国际政治理论，并没有着重研究外交，但他的关系理论对于研究国家间外交关系很有启发。上文中谈到的美朝关系就是一种敌对关系，虽然双方的激烈对抗偶尔会在两国努力下有所降低，但双边关系的本质不会改变。汤普森认为，大国之间常常处于稳定的竞争关系，不一定会引发战争，比如19世纪的英法关系（Thompson，1999）。而盎格鲁世界（Anglo-sphere）则建立在澳大利亚、英国、加拿大、新西兰和美国共同维持的朋友关系之上（Vucetic，2011）。

国家间关系的维度还可以继续发展和延伸。最极端的敌对状态是"人性灭绝"，即将敌人贬低为毫无人性，不配继续生存下去。希特勒任内的第一位驻英大使和后来的外交部长约阿希姆·冯·里宾特洛甫（Joachim von Ribbentrop）使德国外交为战争和屠杀服务。在他任内，德国外交部主要负责对外宣传，将大屠杀模糊化，为纳粹发动的战争正名，同时还负责为纳粹党卫军（SS）提供行政支持，帮助驱逐纳粹占领区（比如法国）的犹太人。他曾参与发动侵略战争，身犯破坏和平罪、反人类罪，在纽伦堡审判（见词汇表）中被判处绞刑，并于1946年10月16日执行（Seabury，1954）。冯·里宾特洛甫的案例说明，外交并不一定总是与暴力背道而驰，也可能为暴力服务。

另一方面，朋友关系发展到极致就会出现"自我合并"的情况，即自我和其他个体都不复存在，降为次级认同，形成新的个体。历史上，欧洲国家就是通过这种合并的方式出现的，常见的模式是征服（意大利和德国的北部地区征服了南部就属于这种情况），之后，再通过政治手段让单一国家的形象得以持续。有些地区进行一体化，目的是建立共同身份。但这种情况并非适用于每个地区。

其中最有意思的一个案例要属非洲联盟了，它的前身是非洲统一组织（Organization of African Union，OAU）。20 世纪 50 年代末 60 年代初，殖民者从非洲撤离，非洲领导人当时有两条路可选：一是"卡萨布兰卡集团"（Casablanca group）支持的泛非主义。这一集团领导人包括：加纳总统克瓦米·恩克鲁玛、几内亚总统塞库·图雷、利比亚总理穆罕默德·奥斯曼·赛义德和贾迈勒·阿希杜勒-纳赛尔，他们都反对在非洲实行单一民族国家制，建议推行统一的政治体系。而"蒙罗维亚集团"（Monrovia group）不太关注泛非主义，建议实行单一民族国家制，这一集团包括利比里亚、埃塞俄比亚和其他一些前法国殖民地。最后，两方达成妥协。《非洲统一组织章程》中直接提到了泛非主义，但非洲采纳了单一民族国家制。还有一些安排对非洲造成了更深远的影响。《非洲联盟宪章》向泛非主义和一体化迈进了一大步。有意思的是，一些在非洲统一组织谈判时期就努力推进超国家主义的国家在非洲联盟谈判期间也坚持了自己之前的立场，加纳和利比亚都是如此。由此可见，认同从本质上讲是存在争议的。

同时，个人认同会受到超国家行为体的影响，比如，国际公务员就需要接受国际认同。专栏 8-4 举了联合国的例子来阐述这一点。

专栏 8-4　达格·哈马舍尔德对国际公务员的看法

1961 年，联合国秘书长达格·哈马舍尔德（Dag Hammarskjöld）在牛津大学举办讲座时提到，他反对联合国秘书处成为一个政府间机构，呼吁让其成为真正的国际机构。对哈马舍尔德来说，这两者有天壤之别。前者意味着秘书处的工作人员都将由联合国成员国派遣，这相当于"接受民族主义，同时放弃朝国际主义方向的努力，国际公务员的身份也名存实亡"（Hammarskjöld，1961）。而后者则意味着秘书处由国际公务员组成，他们将联合国的各种原则，特别是《联合国宪章》放在第一位，国家立场次之。将这种观点和现在的身份理论联系起来，哈马舍尔德是说，他领导的公务员队伍应该具有国际身份，更确切地说是联合国的身份。在领导联合国秘书处时，他将培养这种身份置于工作优先地位。

"关系性"有助于描述某个时间点国家间关系的情况以及一段时间内这种关系的变化，但无法解释外交官是如何建立和重建关系的。针对这个问题，主要存在两种解释。打个比方，第一种解释认为国际行为体中的"老师"将不同的身份教给不同的行为体。"老师"会让"学生"以新的方式理解世界，并教给他们相应的行事规则。"老师"通常是用社会影响、说服或有时同时使用两种方式来达到这一目的。发挥社会影响就是给予"学生"社会奖励或惩罚，比如奖励"学生"加入自己想要进入的一个集体；或惩罚"学生"，把其排斥在该集体之外。说服则是"老师"劝说"学生"，让其改变自己的身份，向"老师"的身份靠拢（Johnston，2001）。这种一致性通常意味着"学生"要接受一套新的规则。

要实现这一目标，"老师"需要有一种特定的身份。一些时候，在其他行为体看来，"老师"天然就有"老师"身份，无须为之努力；但有时，"老师"则需要为之付出努力。外交文献中将这种努力称作公共外交。本书中的公共外交是指为了给社会化者（socialiser）构建一种形象，从而具备影响被社会化者的微妙能力（Zhang，2006）。国家间关系通过社会影响或说服的方式塑造。在欧洲的外交文献中，这种说法随处可见。许多欧盟研究者认为，欧盟同周边国家的外交在很大程度上就是社会化的过程——欧盟是"老师"，而申请加入欧盟的国家和其他周边国家或多或少地成为愿"受教导"的"学生"（Schimmelfennig, 2003）。

第二种解释认为，行为体在平等的互动中共同构建了相互之间的关系。这一理论来源于乔治·赫伯特·米德（Mead and Morris, 1962）。例如，温特认为，行为体的互动推动关系的发展（Wendt, 1999）。学者们对互动的定义不同，其中有三种（并不相互排斥）定义比较重要。第一种认为，即使交流中不含有说服的成分，这种交流也能让外交官之间建立关系。珍妮弗·米兹则认为，各国通过定期沟通，形成集体意向性，这反过来又使欧洲协调这样的可持续合作成为可能（Mitzen, 2011）。研究言辞战略的一些学者者也持类似的观点（Krebs and Jackson, 2007; Kornprobst, 2012）。他们认为，外交官选择进攻型或是防御型策略决定了他们之间的关系。

第二种是，说服型沟通能在一定程度上改变行为体的观念，甚至可以改变其世界观。研究对话的学者也持同样观点。我们在第五章中已经讨论过"对话"这个词在不同语境下的含义，在外交领域，这个词和学术界的"老师—学生"社会化观点含义相同。让他者更像自己，由此来改善他者和自己的关系，这就是"对话"。1992年至1997年间，欧盟与伊朗之间的重要对话就是一个恰当的例子。但在学界，"对话"与"老师—学生"观点完全相反。对话双方是平等的，进行对话是为了更深入理解彼此的观点，而不是让一方说服另一方。目前，学者们在探讨文明间交流时常使用这个术语。尽管沟通可能会失败，但有时对话能增进相互理解，甚至可能让双方达成一致。这些都有助于改善关系。对话双方不一定能形成共同身份，但只要他们不再视对方为敌，并进一步理解彼此，他们的关系就已经在改善了（Homeira，2011）。

第三种认为，行为体可以通过实践来加深或削弱彼此之间的关系。阿德勒和波略特这样定义实践：实践是具有社会意义的行为模式，在其被或多或少出色执行时，同步体现、表现、具象化物质世界的背景知识和语境（Adler and Pouliot, 2011：4）。该定义内化了一种解释性逻辑。行为体通过交互实践来学习背景知识，通过不断的重复，得以充分理解并将其内化。可以说，前文提到的实践和言辞战略是互补的。核不扩散制度中的"和风细雨的会谈"（softening talk）正是从实践中演变而来，并在实践中被广泛运用。话语和实践之间的这种紧密联系也是社会学理论研究的重点。德·塞尔托便十分重视这种关联（De Certeau, 1988）。

让我们继续谈谈德·塞尔托，他还把智慧（metis）这个有趣的概念引入了社会学理论。艾弗·纽曼在十多年前就将这个概念介绍到了外交学界（Neumann, 2002），但它如今仍未得到重视。智慧是改变关系的媒介性力量。具有智慧的人知道如何利用有利的环境。"智慧"是后天习得的经验，能帮助人们创造机会或抓住机会来改变现状。当行为体处在某种对世界的解读非常不确定的社会形态中，每日例行公事的危机就可能出现。在这种情况下［理论术语称为"空洞"（kairos）］，行为体可以改变环境结构。在很大程度上，这些改变的机会并非自身努力得来的。不确定性主要是由外部环境导致的，例如外部带来的冲击。但行为体可以采取一些措施，努力放大这些机会，由此化解特定情况下的危机。最重要的是，智慧可以让行为体抓住这些机会窗口。当所处的集体无法根据环境的变化正确解读世界时，具备智慧的行为体不会迷失方向。相反，他们会将世界当前的不确定性当作改变世界的机会（Detienne and Vernant, 1974：295-

296; De Certeau, 1984)。

欧洲统一进程的推动者就都具备这种素质,舒曼、莫内、阿登纳和哈尔斯坦的身影很快浮现,他们都曾致力于化解法德两国间的宿怨。20世纪40年代末和50年代初期,二战和大屠杀带来的外部冲击,让他们有机会掀开欧洲历史的新篇章。在此过程中,欧洲人必须要和这段灾难彻底告别(Wæver, 1996)。[2]

在接下来的一部分中,我们将简要讨论厄立特里亚与埃塞俄比亚的关系,看看两国如何从解放运动期间建立起来的友谊转变为两国政府间的敌对关系。通过这个案例,我们可以看到用建构主义理论分析国家间关系时的优缺点。

七、从敌人到朋友再到敌人:厄立特里亚和埃塞俄比亚

厄立特里亚人为争取从埃塞俄比亚独立奋斗了三十年。从1961年到1974年,埃塞俄比亚多次发动反对皇帝海尔·塞拉西一世的独立运动;1974年埃塞俄比亚革命后,厄立特里亚解放运动开始继续同军政府展开斗争;20世纪80年代,厄立特里亚人民解放阵线(EPLF)开始领导这场反抗运动。厄立特里亚人民解放阵线认为,他们(还有厄立特里亚人民)完全独立于埃塞俄比亚,这就给后期两国关系恶化埋下了伏笔。

在同埃塞俄比亚临时军政府(简称德格)的战斗中,厄立特里亚人民解放阵线开始与提格雷人民解放阵线(TPLF)并肩作战。但两个组织的目的不同,前者是为了独立,后者则是为了让德格下台。不过,面对共同的敌人,两个组织的关系愈发密切,并于1988年达成协议。根据协议,如果提格雷人民解放阵线在埃塞俄比亚掌权,其将支持厄立特里亚就独立问题进行全民公投。1991年,两大组织

共同击败了德格。提格雷人民解放阵线遵守诺言，对公投表示支持。1993年，在联合国的监督下，厄立特里亚就独立问题进行了全民公投，就此独立。厄立特里亚人民解放阵线将自己改名为人民民主和正义阵线（PFDJ），试图从名称上将自己变成一个政党，并开始着手为厄立特里亚建立更有力的国家身份。厄立特里亚总统伊萨亚斯·阿费沃基（Isaias Afewerki）对此非常清楚。在独立斗争中，他曾多次经历独立运动组织因种族、宗教和语言问题而最终分裂。新独立的国家大都会努力建立一个更具认同感的国家身份，这对伊萨亚斯来说非常重要。共同进行的解放斗争是其国家身份的主要来源，可以将所有厄立特里亚人团结在一起。显然，埃塞俄比亚在这种叙事中很重要，被描述成为一个帝国主义和扩张主义国家（Gilkes and Plaut，1999）。

若在国内建立起强大的身份认同，国家在国际上也能信心十足。最初，厄立特里亚与新成立的埃塞俄比亚政府合作，向苏丹国内反政府运动提供经济支持，以其人之道还治其人之身，反击苏丹对两国反政府运动提供支持以破坏两国稳定的图谋。不过，当时厄埃部分边界尚未划清，厄立特里亚总统伊萨亚斯认为埃塞俄比亚在巴德梅（Badme）附近的边境地区侵占了部分本国领土，并坚决要将其收回。

厄埃两国由朋友变成了仇敌。同时，因为厄立特里亚在建立国家认同的过程中，对历史进行了片面的选择性解读，这给两国关系火上浇油。研究厄立特里亚边界争端的专家们认为，"埃塞俄比亚还跟从前孟尼利克二世在位时一样，无比重视海洋"（Dahli，2000：1）。厄立特里亚外交官十分赞同这一观点，他们称"埃塞俄比亚政府采用了与过去一样的外交政策"（Tekle，2000：1），甚至"妄想奴役我们的人民，抢掠我们的国家"（Asghedom，1999：1）。总之，历史成为两国关系的绊脚石。厄立特里亚从过去被殖民和征服的视角来解读埃塞俄比亚的行为，厄立特里亚人民认为必须在历史遗留的边界问题上进行坚决斗争，维护主权（Kornprobst，2002a）。

1998年至2000年间的厄立特里亚—埃塞俄比亚战争造成数十万人丧生，约三分之一的厄立特里亚人流离失所。如果没有美国、非洲统一组织和欧盟强硬的外交干预，战争不可能在2000年结束（Prendergast，7 September 2001）。自此，厄立特里亚愈发成为一个"单打独斗"的国家。2010年厄立特里亚总统在接受半岛电视台采访时，有一名记者反复追问厄立特里亚与邻国的敌对关系，于是厄总统指责美国、埃塞俄比亚、非盟、联合国和新闻记者严重歪曲历史，愤怒地驳斥该记者，称其"不尊重正义和历史""扭曲历史"（Al Jezeera，2010）。这并不令人意外。伊萨亚斯总统认为自己对厄立特里亚历史的认识是厄立特里亚国家身份正常的和不可否认的基础。鉴此，埃塞俄比亚和厄立特里亚之间的敌对状态不太可能很快结束（埃塞俄比亚也没有努力改善关系）。这种状况若能维持而不恶化已是最佳结果，在边界地区更是如此。

从这个案例可以得出什么结论？在一定程度上，社会影响和说服对改变国家行为至关重要。2000年，调停方就是通过这些方式，促使厄立特里亚和埃塞俄比亚签署了和平协议，结束战争。在调停方的推动下，仅仅是互相交流，就可能会产生米瑟文章中提到的积极的论坛效应。但是，从战争变成摩擦不断，这种变化还没达到关系范式转变的程度，厄立特里亚与埃塞俄比亚仍处在敌对关系中。若想解释厄立特里亚如何影响了两国关系的重构，应该结合言辞和实践展开研究。国家新身份的构建离不开政治言辞。比如，伊萨亚斯总统通过与他同代人在长达数十年的从埃塞俄比亚独立的战争中内化的实践，帮助厄立特里亚人建立了国家身份。

这一案例也表明，国家间关系的建立和破裂与外交、国际关系密不可分。敌对关系会让边界冲突火上浇油，而在敌人关系的情况下，这些冲突也无法彻底平息。厄立特里亚和埃塞俄比亚是这样，亚美尼亚和阿塞拜疆也是这样，印度和巴基斯坦、韩国和朝鲜、俄罗斯和乌克兰都是如此。

八、小结

- 外交学和国际政治学在国家间关系和国家间关系建立的一些关键问题上存在很大的认知差异。其中三个问题尤为重要：(a) 什么样的关系是恰当的？（规范性问题）(b) 如何定义不同的关系？（描述性问题）(c) 外交如何塑造国家间关系？（解释性问题）

- 在现实主义理论中，只有古典现实主义深入研究了什么样的关系是恰当的这一规范性问题。摩根索和基辛格给出的答案是，保持距离。对于现实主义者来说，国家间关系的维度可以限定为一端是互不承认，另一端是盟友。国家间关系如何演变与结构性压力密切相关，即在无政府状态下保障国家安全的压力。

- 有的自由主义学者明确地、有的则隐含地假设，各国为维护和平与福祉，需要维持更为亲密的关系。例如，功能主义坚定地支持通过一体化来获取和平。在这些规范性观念的指导下，自由主义进一步拓宽了国家间关系的种类范畴。国家间关系不止步于结盟，在某些情况下还会建立一些共同机制。自由主义在解释合作和一体化上众说纷纭，但大家都倾向于支持政府间主义（例如新自由制度主义和自由政府间主义）或功能主义的解释。

- 建构主义不太会明确表示认可何种关系，但是从研究中很容易看出，建构主义认为超越民族国家边界的共同体能够维持国际关系的稳定，推动全球治理的发展。建构主义探索的国家间关系维度非常广,从敌人到朋友,甚至比这更广。他们用"老师—学生"理论和交互理论来解释国家间关系的建立。

思考题

- 从互不承认到结成盟友,美国、俄罗斯和中国之间的关系属于哪一种?这些大国的外交体现了制衡的什么要素?
- 在过去的几十年中,区域一体化在全球各地不断发展。通过外交追求国家利益的观点多大程度上能解释这一现象?又在多大程度上能解释各国已经达到和想要达到的不同程度的一体化呢?
- 如何将敌人关系转变为朋友关系?
- 外交对国家间关系的建立有哪些贡献,其中哪些是有目的性的,哪些是无目的性的?

推荐阅读

Morgenthau, Hans J., and Kenneth W. Thompson. 1985. *Politics among Nations: The Struggle for Power and Peace*. New York: Knopf.

从这本经典的有关外交的现实主义著作可以看到,摩根索支持国际政治的实用主义路径。他认为,国家间关系不可过于密切,也不可过于敌对,这样才有平衡运作的空间。

Doyle, Michael. 1986. "Liberalism and World Politics". *American Political Science Review* 80 (4): 1151-1169.

在这篇文章中,多伊尔提醒我们康德有许多关于国际政治的观点。作者认为其中很重要的一点是,通过外交互动,民主国家的关系变得更为紧密。这属于自由主义的观点。

Adler-Nissen, Rebecca. 2015. "Just Greasing the Wheels? Mediating Difference or the Evasion of Power and Responsibility in Diplomacy". *The Hague Journal of Diplomacy* 10 (1): 22-28.

作者认为,通过外交互动,国家间关系可以变得更加紧密,但有时也会事与愿违。广义的实践是国家间关系发展的核心动力。这属于建构主义的观点。

注释

[1] 本部分参考科恩普罗斯特和索瑞努的相关文献(Kornprobst and Soreanu, 2009)。

[2] 我们要感谢拉卢卡·索瑞努(Raluca Soreanu),是她让大家注意到了 *metis* 这个概念。

第九章 构建世界秩序

本章目标

- 系统梳理地缘政治对于外交思想形成和国际秩序塑造的影响
- 帮助读者理解为什么国际秩序由不同的无政府文化构成,这正是外交官积极构建和努力再现的
- 为读者提供分析框架:通过观察外交关系中所有行为体的功能和贡献,分析外交关系如何建立起来

一、引言

1814年11月1日,欧洲大国在维也纳举行会议,商议拿破仑战争后的国际秩序新规则。1919年1月18日,来自30多个国家的外交官参加了巴黎和会,商讨第一次世界大战的停战协议。1945年4月25日,来自50个国家的外交代表在旧金山共同起草了《联合国宪章》。在上述三个例子中,外交官都通过谈判制定了一系列基本原则,规定了谁有权以何种方式建立国际秩序,维护国际秩序的责任应该如何在相关方之间分配;换言之,他们参与了世界秩序的构建。但这究竟意味着什么?一方面,世界的构建包含创造条件,让人际关系和活动进入稳定而规律的模式。这就是我们通常所说的"秩序即事实",与此相对的是无序、混乱、动荡和不确定性(Hurrell,2007:2)。

"秩序即事实"（见词汇表）主要通过建立能有效预防冲突的规则和制度来实现。例如，马丁·怀特认为外交官的主要任务是"规避战争，尽量延长和平的时间；如果把国家比作一辆汽车，那就是驾驶着这辆车在路上行驶，避开迎面而来的车辆，平稳驶过反复出现的险境"（Wight et al., 1978: 137）。例如，外交官们起草《联合国宪章》，是为了建立一个集体安全体系，抵御德国、意大利和日本在20世纪30年代进行的外交和军事侵略。怀特笔下的外交官都是捍卫世界和平的英雄，但现实往往并非如此。外交曾经历很长的一段"至暗时期"，那时国家借此寻找战争盟友（比如拿破仑的扩张主义外交），破坏国际合作的规范和制度（如20世纪30年代，德国和意大利在外交上蔑视国际联盟的行为），或是维持帝国对殖民地的控制（比如19世纪的英国外交）。

这就是为何世界的构建还存在以规范为导向的维度，也就是"秩序即价值"（见词汇表）。我们可以把"秩序即事实"与"秩序即价值"看作世界构建的两个不同层面。在更深的层面，我们可以发现框定外交行为的准则、原则和共有观念。在政策层面，外交行为和机制的模式正是在践行这些价值观的实践中产生的。比如，帝国主义世界秩序的形成以及维持就是因为人们认为这种类型的政治实体有存在的政治意义和规范意义。以国际制度为基础的世界秩序需要由国际法来规范国家行为这一重要原则作为支撑。换句话说，"秩序即价值"为"秩序即事实"创造了可能性，即建立起这一类型的国际社会。

那么，外交官如何定义"秩序即价值"，如何将它转化为"秩序即事实"，又会在构建世界秩序时遇到何种挑战？以下将从三个不同的角度阐述这些问题。第一部分分析地缘政治（见词汇表）中对领土和资源的争夺如何塑造世界秩序。地缘政治表面反对"秩序即价值"的理念，实际上，过度依赖结合了国际关系社会达尔文主义视角以及国际秩序等级概念的规范性假设。近期俄罗斯对乌克兰的政策便提供了很好的经验主义解释。第二部分借鉴亚历山大·温特的理论解释世界秩序是如何在外交互动中建构起来。其核心论点是，"秩序即价值"在很大程度上由外交官之间的互动方式所塑造。通过发展国与国之间友好、竞争和敌对关系，外交官利用国际社会的无政府状态来实现"秩序即事实"。然后，我们将会讨论第三帝国的外交，探讨在何种条件下，无政府文化（见词汇表）会在外交上逐渐失去影响力。第三部分运用了约翰·R. 塞尔的义务论，分析外交官们是如何将不同的义务分派给不同的行为体，由此构建世界秩序的。这一视角强调集体意向在建立"秩序即价值"时的作用，也强调国际条约、外交先例和软法对于"秩序即事实"确立的重要性。最后，我们会分析气候变化谈判的案例，从实证研究的角度理解这一过程。

二、外交官：地缘政治大厦的构建者

地缘政治（geopolitics）一词来源于希腊语（geo 指土地或大地，politika 指政治），但这个概念最早由瑞典政治学家鲁道夫·契伦（Rudolf Kjellen）于 1899 年提出，此后得到广泛使用。这个概念的发展可区分为古典时期、殖民时期和现代三个阶段（Dodd，2007：18）。

虽然在古希腊之前，各城邦就开始将地缘政治纳入考量范围，但到了 20 世纪，地缘政治研究才因为国际争端不断恶化而得以进一步发展。我们将这一时期的研究称为古典地缘政治学，契伦、拉策尔、马汉和麦金德是代表人物。他们提出了以国家为中心的地缘政治观，并强调地缘政治的决定性作用。古典地缘政治学认为，国家的政治与实力主要由其地理条件决定（Flint，2006：35），这一观点有三个前提：（1）国家是一个有机体；（2）一种社会达尔文主义的观念，即国家间关系就是为了争夺生存空间（Lebensraum）；（3）空间自然决定因素不包含政治因素（Teschke，2006：327）。

  契伦强化了这些理念，发展出地缘政治的概念，并建立起单独的研究领域。契伦的老师拉策尔（Friedrich Ratzel）是一名德国地理学家。受其老师的影响，契伦从领土和资源的维度来定义国家，认为"国家是根植于自然环境中的地缘政治实体，并由自然环境所塑造"（Dodd，2007：24）。他借用达尔文的"适者生存"来解释国家与其周边地理环境之间的关系（Dittmer and Sharp，2014：3）。契伦的理论将国家描绘为有机体，其能否存续在很大程度上有赖于周边的地理环境。由此可以进一步推出，"如何在一个充满激烈竞争、国家贪婪成性的环境中维护国家利益"（Dodd，2007：27）。为了满足基本需要及发展需求，国家必须拥有足够的生存空间和资源，因而要不断与其他国家展开地缘竞争。

  拉策尔认为，一个强大的国家不会满足于维持现状，而是会不断寻求扩张。这种对领土的主动索取"其实是最基本而亘古不变的地缘政治法则"，疆域不断扩展就是国家繁荣昌盛的标志，反之，不断收缩就是意味着衰落（Dodd，2007：25）。国家一般要么拓展陆地空间，要么拓展海洋空间。拉策尔（Ratzel，1900）在著作中强调，"海上实力是国家生存的关键"（Schulten，2001：80）。马汉同意这种观点，认为海军力量是一国地缘政治力量和最终命运的唯一决定性因素。在《海权对历史的影响（1660—1783）》（*The Influence of Seapower on History，1660-1783*）一书中，马汉研究了欧洲120年历史上陆地国家和海洋国家的发展（Flint，2006：20）。基于此，他认为，一国的经济和军事成就都由其强大的海军造就，而海军力量强大与否又取决于一系列的地理条件和政治状况。地理条件包括海岸线的长度、优质港口的数量以及气候类型等，而政治状况则包括政治体制、经济体制、金融体系的发达程度、海洋资源和海洋基础设施建设、政治决策能力等（Dittmer and Sharp, 2014: 14; Iliopoulos, 2009: 5）。

和马汉一样，莫德尔斯基也认同海上实力在获取地缘政治权力中的重要性和潜在影响。他认为，权力是"向全球拓展的一种功能"（Modelski and Thompson, 1988），是影响国际事件、全球发展进程的能力（Flint, 2006: 35; Iliopoulos, 2009: 5），历史上，各国主要通过控制海洋来实现这些目标。因此，建设和保持强大的远洋能力非常重要。麦金德（Mackinder, 1904）同样认为，相较于陆权国家，海洋国家有着天然的优势（Flint, 2006: 35）。不过，铁路的出现改变了这一情况。随着铁路网逐渐发达，国家的基础设施建设得以完善，偏远之地与外界有了交流，国际来往更加便利，各国运送物资和劳动力的能力得到大幅提升。工业革命改变了过去的状况，国家开始可以通过陆地施展影响力。伴随着1914年第一次世界大战的爆发，地缘政治活动的第三个空间出现了。一战中，飞机第一次得到大量使用，从此，各国开始通过空中力量展现权力。

在英国国内关于帝国主义的讨论中，麦金德的研究是争论的主要焦点，这些讨论预示着殖民主义地缘政治的诞生。争论的一个关键点涉及对"秩序即价值"从道德上冷冰冰的考量，并涉及对两种帝国主义的思考：一种是基于"绝对空间"理念的帝国主义，即对他国实现领土上的殖民统治；另一种则是"相对空间"的，即为了寻求经济效率上的利益而对其他国家进行间接统治（Kearns, 2009: 30）。第一种后来发展成为以卡尔·豪斯霍费尔（Karl Haushofer）为代表的德国地缘政治学派的核心观点，也是纳粹政权对外政策的理论依据。

在二战前数十年间,德国多次遭遇地缘政治上的挫败。直到19世纪80年代,德国才加入"殖民地竞赛"中,但在一战爆发之前已失去了对一些殖民地的控制。一战结束后,德国失去了更多领土,而且需要赔偿战争期间各国遭受的损失,承担重建费用,并被强制裁军。结果,德国的纳粹精英迫切想要重获地缘政治优势,强势支持扩展"生存空间"来推动德国的经济增长、国家发展和繁荣。"生存空间"的原则与纳粹德国反犹太主义政策以及推崇雅利安人种是最优越种族这一不人道的观念不谋而合。

为消除殖民主义和纳粹地缘政治的遗毒,也为避免与二者产生任何联系,现代地缘政治学重建理论体系,主要研究权力关系,并常常被归为政治地理学的分支。现代地缘政治学研究特定的表达和陈述,研究它们对上至国际社会下至普通百姓的影响,研究它们如何影响人们对世界的看法以及各国的政策走向(Flint,2006:16)。这种研究将地缘政治看作"观察世界"、俯瞰国际政治全局的方法和手段。部分人认为,地缘政治仍是各国争抢领土和资源的行为;另一部分人则认为,地缘政治不仅关乎国家间关系,如今个人、非政府组织、私有企业、抗议活动、恐怖分子也有控制领土的需求,并在地缘政治中以特殊的方式存在。

20世纪末,地缘政治开始逐渐向另外两个领域拓展:首先是通过卫星(情报收集、GPS和通信服务)拓展到外太空,其次是网络空间。对一些行为体而言,控制网络、网格、计算机具有重要的地缘政治意义。同时,应对网络入侵也成为一大外交难题。若是国际法中有明确规定,事件、嫌犯、行为动机都清晰,那么做出外交回应就相对容易。但对于网络行动而言,事件性质、嫌犯身份都难以确定,使用哪种法律框架来处理并不明晰,这种情况便很棘手。对此,国家并无先例可循，只能考量现有方案的可行性，以及考虑将要采取的应对措施是否恰当（Coward and Bjola，2016：202）。

地缘政治架构

在地缘政治学中，"地缘政治架构一词一般用来描述国家和非国家行为体进入、管理和规范彼此领土及领海的交叉区域，并以此构建内部/外部、公民/外国人、国内/国际之间的边界"（Dodd，2007：50）。常见的地缘政治架构包括遏制战略、文明冲突战略和地缘经济战略。

遏制战略，即通过渐进式的、精心策划的胁迫，限制和削弱对手国际权威的地缘政治策略。虽然强制方强大的军事力量在这一过程中具有很大影响力，但需要避免直接动用武力。强制方常会在政治辞令中提到自己的军事实力，有时还可以通过海外"代理人战争"直接遏制对方。冷战中美国的对苏政策就是经典案例。鉴于苏联在欧洲和亚洲势力范围不断扩张，为遏止共产主义和苏联势力的全球扩张，美国规划并采取了长期的军事、政治和经济遏制政策（Gaddis，1982）。结果，美国成功遏止了苏联的领土扩张，同时让苏联内外政策和指导思想陷入尴尬境地。这样做主要是为了以相对较小的国内代价确立美国的霸权地位，同时削弱苏联的威胁，除了要承受长期维持高额军费开支带来的经济压力。

第二种地缘政治战略是文明的冲突。这种战略是指围绕特定价值观和文化规则建立起文明身份。塞缪尔·亨廷顿（Samuel Huntington）在其著作《文明的冲突与世界秩序的重建》中提出，在后冷战时期，国际冲突主要是由文化差异引起的。尽管主权国家将继续成为国际事务中最主要的行为体，但大多数国际冲突将发生在由不同文化身份的国家构成的地区之间。"9·11"事件之后，人们越来越多地将文明的冲突放在乔治·W. 布什"反恐战争"和特朗普"西方衰落论"的背景中进行讨论（Trump，2017）。从地缘政治角度来看，文明的冲突是一把双刃剑。一方面，通过这一战略，志趣相投的国家会增强对彼此的支持，甚至一些敌对的国家也能因此重建联盟关系；另一方面，这会让某些地区出现政治方面的新问题，或者加深过去不太明显的政治裂痕。

各国通过经济政策来实现地缘政治利益，这对国际关系产生了越来越大的影响。因此，第三种地缘政治战略应运而生，这就是地缘经济。

> 经济制裁取代了军事打击，国家不再建立军事联盟，而是进行贸易竞争，货币战争比侵占领土更加普遍。对资源价格如油价的操控，要比传统的军备竞赛更为重要。
>
> （World Economic Forum，2015：4）

因此，地缘经济学就是从空间、文化和战略角度研究资源，从而取得可持续的竞争优势。这其实是地缘政治逻辑的延伸，但不同点在于地缘经济学重点关注在全球化时代如何通过经济手段获取和维持国家竞争优势（Solberg Soilen，2012：8，22）。

尽管如今各国都对国际经济合作依赖颇深，但地缘经济中主要的行为体并非主权国家，而是跨国公司。跨国公司通常拥有庞大的跨国网络，年收入甚至比很多国家的国内生产总值（GDP）还要高，对所在国的经济发展贡献巨大。因此，它们在这些国家都有极强的话语权，能与政府讨价还价，获得特殊待遇。比如，苹果公司在爱尔兰设立子公司，就是为了享受当地的低税率，不过后来，欧盟却责令苹果补缴130亿欧元的巨额税款（Bowers，2016）。正因如此，有些跨国公司在政治和经济上的影响力比一些国家行为体还要大。

三、案例研究：乌克兰危机

2013年末，乌克兰危机爆发，俄罗斯与西方国家之间过去的龃龉也随之暴露在世人面前。尽管有人认为，普京总统一贯的强势作风和他的克格勃背景在一定程度上导致俄罗斯采取激进策略，试图归并乌克兰，但一些学者从地缘政治的角度进行分析，认为这与国家领导人的个人风格无关。戈茨的研究主要关注三个因素：乌克兰的地理位置、乌克兰政府亲西方的外交政策和欧盟对东欧影响力的增强。三个因素一同使得俄罗斯具有很强的动机对乌克兰采取激进政策（Götz，2015：3）。俄罗斯的主要目标在于扭转乌克兰的外交政策方向，或者至少在乌克兰东部地区建立起亲俄地带（Götz，2015：3）。

俄罗斯激进政策的背后有多重原因。一是乌克兰在地理上临近俄罗斯，具有重大的战略意义。两国边界线长约2200公里，从乌克兰边境到莫斯科只有480公里。乌克兰距俄罗斯的伏尔加地区也很近（伏尔加地区是俄罗斯的政治和工业核心区）。因此，乌克兰的军事和外交政策都会直接对俄罗斯的利益产生重大影响。俄罗斯的首要目标便是防止乌克兰加入任何地缘政治集团以及军事联盟（Götz，2015：4）。但这反而促使乌克兰采取了亲西方的外交政策。

在2013年危机发生前，时任乌克兰总统维克多·亚努科维奇（Victor Yanukovych）正在与欧盟进行谈判。他希望与欧盟签订联系国协定，促进双方经贸和政治往来。俄罗斯对此非常关注，因为这一方面威胁到了当时的俄乌关系，另一方面会让西方势力渗透到原苏联的领土。乌克兰是俄罗斯重要的出口贸易伙伴国，一旦乌克兰与欧盟签订协定，由于许多俄罗斯商品达不到欧盟标准，俄乌贸易便会大受影响。另外，这一协定还可能影响到俄乌之间已有的军事、航空航天产业方面的合作（Götz，2015：4）。

这一协定还会将乌克兰纳入欧盟的共同安全防御政策保护之下，这同样引起了俄罗斯的不安。欧盟对于俄罗斯来说，是一个正在崛起的超级"大国"，正在一步步地将经济和外交影响力拓展到东欧。很多俄罗斯政治精英将欧盟视为北约扩大的"特洛伊木马"——下一步可能就是让乌克兰加入北约或在乌克兰驻扎北约军队。尽管这样的猜测还缺乏实证，但欧盟成员国成为北约成员国的情况在历史上比比皆是，罗马尼亚、保加利亚、克罗地亚和波罗的海三国都属于这种情况。俄罗斯急于阻止西方势力的拓展，便在乌克兰东部制造了骚乱，这样一来，乌克兰不符合北约成员国标准，因而也无法入约（Götz，2015：7）。俄罗斯这么做，最主要是想在自己和西方国家之间建立安全区。可见，俄罗斯的行动主要是出于理性的地缘政治考量，而不是被领导人个人的不安全感所主导。

但俄罗斯在乌克兰的地缘政治博弈也暴露出地缘政治论的缺陷。俄罗斯的军事行动并没有达到预期目标，反而让北约加强了在该区域的存在感，同时也让之前保持中立的芬兰和瑞典开始向北约靠拢。此外，从2015年开始，俄罗斯遭到了欧盟和美国严厉的经济制裁，损失惨重。

四、外交官：无政府文化的缔造者

在马丁·怀特和英国学派的理论基础上，亚历山大·温特完成了他极富开创性的著作《国际政治的社会理论》，对肯尼斯·沃尔兹（Waltz，1979a）等新现实主义者推崇的无政府状态的单一逻辑提出质疑。他认为，无政府状态至少可以建立在三种宏观结构之上，即霍布斯文化、洛克文化和康德文化；而具体呈现哪种无政府文化取决于特定时期内国际体系中主要的关系类型，即各国之间是敌人、竞争对手还是朋友（Wendt，1999：247）。温特的核心观念是，"单纯"的物质因素（如坦克、飞机、导弹）难以发挥作用，所以不加批判地分析国际体系的物质力量分布毫无意义。真正重要的是更广泛的社会结构（如规范、规则和惯例），这是各国实力存在的基础，也是各国权力的来源。换言之，观念的分配而非物质力量的分配决定了行为体在世界政治中的互动。这解释了外交是如何构建世界的，即通过塑造国家之间的朋友、竞争和敌人关系来实现。这些关系反过来又强化了体系中相互竞争的无政府状态逻辑，即由于国际政治中缺乏中央权威，国家只能采取不同的战略和行为模式。

在第八章中，我们讨论了外交官如何代表政治实体建立关系，在本章中我们将更进一步，探讨这种关系在用外交手段构建世界的过程中扮演何种角色。例如，若他者作为行为体否认自我的存在，并不断施加暴力，这便构成了敌人关系。这也符合霍布斯无政府逻辑，即国家间始终处在战争状态，不断进行零和博弈，国家都倾向于建立帝国。安全困境（国家努力让自己更安全，反而会让别国感到自身安全受威胁）之所以比比皆是，不是因为武器的性质，而是由于对其他国家的负面意图。相比之下，朋友关系是另一种关系结构，在该结构下，各国同意不使用战争或战争威胁的方法解决争端，共同抵御来自第三方的攻击。这样无政府状态的逻辑就演变成了康德文化。在康德文化中，国家之间会建立安全共同体和集体安全机制。国家之间的冲突仍然可能发生，但即使发动战争或威胁使用武力的成本很低，国家也会通过谈判和仲裁的方式来解决问题。竞争状态则处于上述两者之间。与敌对关系不同，存在竞争关系的国家相互承认主权。但与朋友关系不同，竞争者之间的认同并不能约束彼此不以武力解决争端。这便是洛克无政府文化的逻辑，即战争是正常和合法的，但是必须在一定限度内。弱国不会因适者生存的规则而被吞并；强国会保持克制，避免侵犯他国领土主权。

温特的无政府逻辑的分类能够有效帮助人们分析、理解世界政治中合作与冲突的结构性条件，但并未明确说明外交官们究竟如何塑造了这三种文化。我们可以用米德的符号互动论来分析这一问题（见专栏9-1）。其实朋友关系、竞争关系和敌人关系都是外交官互动的结果，这被称为"反映评价"（reflective appraisals）或"镜式反映"（mirroring）原则，即行为体对自己的看法是对他们认为的他者对自己的看法或评价的反映，是以他者为镜再现自我（Wendt, 1999: 327）。例如，当外交官开始把另一位外交官当成潜在的敌人时，后者可能会将这种评价内化，并据此作出回应，这可能会进一步加强和固化双方身份和利益的对抗结构。

专栏9-1 符号互动论

米德认为，个体通过"向一般化的他人学习"来塑造（自己应该展现的）规范的行为，也就是说，通过观察他人所属的社会群体来规范自己的行为。然而，这个包含规范、角色和他人对我们的期望的"社会自我"只代表我们人格的一个组成部分，即"客我"。另一个组成部分为"主我"，即我们对他人态度的反应。"客我"构成了社区对其成员社会（行为）的控制机制，因此"客我"十分重要，而"主我"是我们下意识地对他人期望所表现出的顺从或反对（Mead, 1934）。例如，外交官被期望不要干涉驻在国内政（"客我"），但在某些条件下，他可能会违反这一准则（"主我"）。

那么，对外交官来说，以朋友相待是否就能成为朋友？答案显然是否定的，因为权力在关系发展中起决定性作用。为了让外交官将他们之间的关系从敌人重新调整为竞争或朋友关系，双方都需要就共同面对的问题和解决方案达成共识。权力通过奖励支持共识者、惩罚反对者，为发展这种共同理解提供了基础。然而，权力作为强制手段，效果难以持久。要进一步内化共同理解，须让行为体认识到建立新的关系有利于自身利益，比如双方建立互惠的贸易安排，或者新的利益能够建构其身份的合法性，或拥有相似的文化和政治价值观。建立关系就是外交官构建世界的过程，积极、良好的关系可能造成洛克或康德的无政府状态，而消极关系可能会使世界进入霍布斯的无政府状态。

这一理论的问题在于，为塑造不同的无政府文化，外交官所需要的权力并不对等。国际体系中缺少中央权威，安全困境使得行为体之间彼此不信任，对外交官来说，将无政府状态转变为自助型比协作型更容易（见下文案例研究）。换言之，对外交官来说，适应消极而非积极的国际行动要更简单且持久。外交官特别是大国外交官之间敌对的程度越深，就越可能被其他外交官模仿，长此以往，国际社会的无政府状态越可能向非合作的方向发展，国家之间相互敌视的情绪会愈加高涨。这样看来，前文中讨论的从霍布斯到洛克再到康德文化的发展方向可能太过乐观：虽然近代史（尽管其中偶有反弹）似乎能证明这一发展趋势，但为何无政府状态一定能从对抗转变为合作而非反方向发展呢？

温特认为，个体对承认的渴望可以解答这一困惑。新现实主义认为，无政府状态主要由国家对安全的渴望驱动，但温特认为，个体希望得到承认，即相对于自我来说，他者拥有合法的权利和社会地位，这是世界政治的主要推动力。之所以会这样，是因为如果个体没有得到承认，就难以获得社会保护，也就意味着该个体随时可能会被消灭或侵犯。安全问题很重要，是个体渴望得到承认的理由之一，但远不止于此。世界政治中行为体的动力不单单是由安全、财富等物质因素决定的，还依赖于作为道德主体所处的社会矩阵。换言之，生存和安全是行为体存在的基本前提，但受到平等对待和尊重等更广泛方面的承认，推动政治实体建立国际秩序，并逐渐满足其对承认的渴求（Wendt，2003：517）。

外交官在驻在国争取外交承认（见词汇表）的过程中非常关键。首先，这体现了主权国家得到了体系内其他国家的认可。更重要的是，国际政治中有关外交承认的基础原则也是通过外交官的界定、谈判和应用确立起来的。在传统欧洲国际关系体系中，身份承认被视作利用外交等级和优先次序显示权力的象征性手段（另见第一章）。1555年签订的《奥格斯堡和约》（Peace of Augsburg）建立了教随国定（cuius regio, eius religio）的原则，并将其作为王朝得到主权实体承认的基础。1648年签订的《威斯特伐利亚和约》开始承认世俗的领土构想，并将此作为确立各国及其领地之间主权平等的合法性原则。二战结束和殖民地独立浪潮之后，民族自决成了法律上承认国家地位的重要组成部分。近年来，外交官利用"保护的责任"（见词汇表）原则成功将国际承认与人权、国家司法和最低限度的民主条件结合在一起。

上述关于承认的理论不仅强有力地解释了外交官为何是参与构建世界的关键角色，也指出外交官可能将世界带向何方。正如温特颇具争议的观点指出的，只有建立世界国家，才能对个体产生约束，无须诉诸暴力即可满足相互承认的愿望（Wendt，2003：517-528）。如果温特的观点正确，那么外交可能参与到四次关于国际秩序变革的谈判之中。第一次以1648年《威斯特伐利亚和约》的签署为标志。和约中，国际承认成为领土主权原则的一部分，从而结束了霍布斯描述的"所有人反对所有人的战争"状态，并为个人提供了最低限度的保护，让其免受身体和思想上的统治。我们目前处在洛克的"国家社会"阶段，国家相互承认法律意义上的主权，彼此独立而非从属。但这给国际社会埋下了不稳定的隐患，一方面是国家之间仍可能爆发战争，另一方面是国家没有得到充分的保护以免受其他国家的侵扰。

第二次旨在推动建立一个世界社会或普遍多元化的安全共同体（见词汇表）。这一体系与当今北大西洋共同体类似，将限制成员国通过暴力来解决争端，并将法律保护延伸至普通民众。但是，若没有集体安全机制来阻止通过国内革命上台的"流氓"政权发动侵略，同时没有形成非暴力的规则，那么该体系仍然不稳定。因此，有必要进行第三次国际秩序变革，让成员们根据集体安全原则（"我为人人，人人为我"）抵御安全威胁。这种康德式的"太平洋联邦"为国家获得国际承认提供了可靠的解决方案，但由于大国和小国在执行相互承认这一准则时并不对称，各国可能还需经历第四次变革。为弥补之前方案的缺陷，最终可能会出现世界国家，这种制度安排更为稳定。

温特关于国家承认的理论首先假设制度会逐步演进，从霍布斯到洛克再到康德无政府状态，但这个过程存在很大的不确定性。外交官为建立一个更加稳定而和平的国际社会不断努力，但国内革命、国家制度崩溃或自然灾害都可能让这些努力付诸东流。不过，我们可以从温特的理论中得出一个重要结论：尽管会有挫折和反复，但总有国家在努力争取国际承认，这赋予了外交官现实和道义上的义务，让他们始终如一地继续努力。

五、案例研究：第三帝国的"坏苹果"外交

德意志第三帝国的外交可以很好地帮助我们理解，在洛克无政

府文化还不稳定时，就外交层面而言，世界有可能再次回到霍布斯式的无政府状态。第一次世界大战结束时，德意志帝国的崩溃给德国外交官带来了巨大压力。根据1919年《凡尔赛和约》的规定，德国需要支付巨额战争赔款（1320亿金马克），承担发起战争的责任（例如著名的第231条"战争罪责条款"），并大规模裁军（军队规模削减至10万人，禁止发展空军，缩小海军规模）。一战导致各国损失惨重，在协约国看来，《凡尔赛和约》的内容合情合理，但在德国国内，和约却遭到强烈抵制。因此，德国外交的首要目标便是修订和约。在魏玛共和国时期（1919—1933），外交官们诉诸和平谈判，随后纳粹政权则采取了愈加激进的手段来实现该目标。

魏玛共和国时期，德国认为，实现英德和解是修约最有效的方法，之后的情况在一定程度上证明了其正确性。当时，英国想要缓和与西欧大国的关系，于是便支持德国通过1925年签署的《洛迦诺公约》（Locarno Treaty）恢复其对外交事务的部分控制权。公约确定了战后德国的西部边界，但未对东部边界做出规定。英国还同美国一起，帮助德国争取了较好的战争赔款条件。

1933年1月，德意志民族社会主义工人党（纳粹党）掌权执政，这彻底改变了德国的外交动向。许多职业外交官认为，纳粹德国的外交离不开他们的指导。但他们很快发现，事实并非如此。新总理阿道夫·希特勒（Adolph Hitler）上台不久便给德国外交部下达指示，公开谴责《凡尔赛和约》，退出国联，利用外交上的掩护吞并一些欧洲国家领土，推翻其政权。一些职业外交官对希特勒的外交政策提出不满甚至抗议，但纳粹化的德国外交政策并未发生任何变化，1938年，忠实的纳粹拥趸里宾特洛甫被任命为外交部长（Craig, 1994）。

1938年，德国外交迎来了转折点。可以说，在1938年以前，德国与其他国家的外交关系还处于洛克无政府文化的合理范畴。尽管德国对自己与其他欧洲列强的相对地位愈发不满，但仍接受并承认其他国家的领土主权。1938年后，德国外交发生转向，其目标不再只是改变《凡尔赛和约》中的不公正安排，而是开始致力于颠覆1648年《威斯特伐利亚和约》签署以来现代国际秩序的基本原则。德国的目标本来只是在以国家主权原则为基础的现有体系中获得更高地位，但此时目标变成了建立起由少数帝国主导、用武力统治的新国际秩序。换言之，1938年后，德国的外交目标变成了推行霍布斯无政府文化：野心勃勃欲建立帝国，战争无休无止，各国迫切需要自助。

1938年夏天，苏台德危机的爆发标志着德国外交由洛克文化转变为霍布斯文化。第一次世界大战导致许多德意志人居住区都不再属于德国领土。在新成立的捷克斯洛伐克，23%的人口都是德意志人，他们聚居在靠近德国边境的苏台德地区。1938年8月，希特勒命令德国军方制订计划，强行吞并苏台德地区。为争取更多时间加强军备抵抗德国，1938年9月29日至30日，英法两国领导人在慕尼黑与德国、意大利领导人会面，同意德国吞并苏台德地区，换取希特勒不发动战争的承诺。在德国外交的支持下，其他邻国也开始侵占捷克斯洛伐克的领土。1938年秋，匈牙利吞并了斯洛伐克南部领土，波兰强占了捷克西里西亚的特辛区。最后，1939年3月15日，纳粹德国公然违反《慕尼黑协定》，侵占了捷克最后的领土——波希米亚和摩拉维亚。

慕尼黑只是德国外交猛攻的开始，1940年9月27日，德意日签署了《德意日三国同盟条约》后，德国的外交攻势变得愈加猛烈。条约的实际目的是允许德意日三国中的任一缔约国在受到目前未参与欧战或中日冲突的一国攻击时，应"以一切政治、经济和军事手段相援助"，这其实指的就是美国和苏联（Yale Law School，1940）。但三国外交上的合作还有更深远的目标，即建立帝国控制和军事统治之下的新的世界秩序。日本驻德国大使大岛浩（Hiroshi Ōshima）对此的评价非常准确，他说："轴心国的政策基础非常坚实，我们把有着历史、经济和文化联系的人们团结在一起，这样是再自然不过的了。"（转引自 Boyd, 1980：130）二战后期，德意日三国战败，于是这些计划宣告失败，而洛克无政府主义文化得以存续。

二战中，纳粹德国的外交非常轻易、迅速地威胁到了现代国际关系体系的根基，这为外交官和学者们提供了重要的教训。首先，一场大战在外交上以何种方式结束，决定了未来国际秩序能否稳定延续。战后，必须惩罚那些发动战争、违反国际法规则的领导人，但惩罚政策也必须给战败国留有战后恢复的空间，允许它们在外交上重新融入国家社会。其次，如有国家，尤其是大国，违反了国际关系基本原则，国际社会有责任尽早与这些国家的领导人进行沟通、谈判，坚决捍卫这些原则，不能妥协。最后，大国有时会变成"坏苹果"，进而给国际秩序造成严重损害。如果不采取军事行动，其他国家减轻"坏苹果"外交负面影响的唯一途径就是从两个层面进行外交遏制：战略上，阻止其他国家加入这一大国建立的同盟（由此凸显了建立反同盟阵营的重要性）；规范上，削弱支撑起对抗性无政府文化的共同理解所具有的巨大吸引力（由此可见国际法的重要性）。

六、外交官：国际道义的设计者

约翰·塞尔在他影响深远的著作《社会实在的建构》（*Construction of Social Reality*）中提出了一个惊人的论点：我们都生活在一个看不见的社会事实海洋（包括社会规范、规则、行为准则等）中，我们把这一切视作理所当然，很少提出质疑。但最重要的是，这些被他称作"道义"的制度性事实之所以能够存在，唯一的原因是我们认为它们存在（见专栏9-2）。若我们停止赋予它们意义，道义就不再有能力将世界呈现给我们，也不再约束人类的行为（Searle，1998：105-106）。换言之，塞尔想要告诉我们，社会世界无法离开我们单独存在。温特的无政府文化只有当人们将其付诸实践时才存在。如果外交官不再实践无政府文化，那它将不复存在。这一论点对外交关系产生了重大影响，值得仔细研究。

专栏9-2 道义论

在文献中，学者们对"道义"有两种不同的理解。一方面，"道义"通常与康德的道德义务联系在一起，尤其是他的绝对命令原则："除非愿意自己的准则变为普遍规律，否则你不应该行动。"（Kant，2004）约翰·塞尔对道义的理解更加广泛，涵盖与某特定机构相关的权利、义务、授权、许可、赋权、要求和证明（Searle，2005：10）。比如，外交官在道义上有义务代表本国政府，有权代表政府进行谈判，并在驻在国享有法律上的豁免权。

比如，2003年美国发动伊拉克战争后，关于跨大西洋安全共同体内部外交关系的不断恶化引发了广泛讨论。一些人认为这损失巨大，又一次体现出美国及其盟友政治分歧的日益扩大（Kagan，2003）。更多乐观的声音认为大西洋共同体还远未到衰亡的阶段，"圣战恐怖主义"的威胁可能会让西方更加团结，而美国军事力量和欧洲民事力量的协调互补不仅使得跨大西洋关系能够存续，而且可以推动其向更好的方向转型（Moravcsik，2004）。塞尔则认为，伊拉克战争或其他外部威胁都不是外交危机的根源,也无法为解决危机提供思路。相反,共同体成员国的领导人和外交官是否准备好继续成为这个安全共同体的成员,是否准备继续履行道义责任、彼此尊重、真诚相待,是否对未来共同体内各国的关系充满信心,则是更为重要的问题(Bjola,2010:202-206)。

塞尔引入了三个重要概念来支撑其社会实在建构的道义论,这三个概念是:集体意向(见词汇表)、功能性分配和道义性权力。集体意向(collective intentionality)是指不同个体在从事同一事业过程中所拥有的共同信仰、愿望和意向。一支演奏一场音乐会的管弦乐队,一支共同与敌作战的队伍,一支通过共同的策略来赢得比赛的足球队,或一群共同努力化解一场国际危机的外交官,都拥有集体而非个人意向。如塞尔所说,"集体意向的关键在于共同做(需要、相信)某件事情的意义,而每个人具有的个体意向都来源于他们共同具有的集体意向"(Searle,1995:25)。比如在上述案例中,外交官的个人意向可能是改变谈判重点,但集体意向是避免外交危机升级成军事冲突,在这里,前者从属于后者。

集体意向赋予物体和个体意义,这对理解外交建构的世界至关重要。比如,一张纸在被赋予交易媒介功能之前,只是一张纸,没有任何价值。一块布在被赋予国旗功能和意义前,也只是一块系在木杆上的布,没有固定价值。在人们赋予签署的文件以国际协议的功能前,它们也只是几张纸而已。被派驻到各国的代表,在受到集体认可成为外交官之前,还是要受到当地法律的管辖。上述这些人或物(纸币、旗帜、国际协议和外交官)之所以有特殊的地位(充当交易的媒介;在国际会议上使用;产生法律约束力;在驻在国免受起诉),不是因为他们的物理特性,而是因为集体对这种地位的安排或认可。

塞尔将这种关系称为地位功能（见词汇表），因为个人或物体正是被集体认可了其拥有某种地位，才具备了相应的功能（Searle, 2008: 32-33）。如上例所述，地位功能通过表现存在来创造社会实在，此过程可以用以下公式来表达：假设在 C 中，X 代表物品、个人或国家，人们给 X 赋予了 Y 身份，那么在情境 C 中，X 便可以算作 Y。以下是几个例子：

- 由欧洲中央银行发行的货币（X）是欧洲经济货币联盟成员国内（C）流通的货币（Y）。
- 在欧盟排放交易体系中（C），一定量的碳减排量（X）是可交易的商品（Y）。
- 如果签字方正式批准（C），包含贸易条款的文件（X）就成为具有约束力的国际条约（Y）。
- 如果持有外交护照（C），在国外居住的某人（X）享有当地诉讼豁免权（Y）。

地位功能对于理解社会实在的构建至关重要，因为地位功能是社会中的权力中介。它规定了施动者与他人互动时可以做什么，不可以做什么。塞尔认为，所有地位功能都无一例外地包含了道义性权力（见词汇表），即权利、责任、义务、要求、许可和赋权。这其中既有积极的，也有消极的。积极的权力是赋予个人去做某事的权力，这是他之前并不拥有的，比如，赋予外交官参与谈判和缔结国际条约的权力。消极的道义性权力则规定个人需要遵守的义务，这些义务之前并不存在。比如根据《维也纳外交关系公约》第 41 条第 1 款，外交官不能干涉驻在国内政。最后，语言是实现地位功能不可或缺的桥梁。塞尔特别强调，社会可以没有金钱，没有房屋，没有政府或婚姻，但不能没有语言（Searle, 2010: 109）。简言之，若没有语言，没有地位功能，没有道义，就相当于社会实在并不存在！

构成"秩序即事实"的关系模式在三种主要身份功能的影响下不断演变：安全、再分配和承认。安全是"社会生活主要和普遍的目标"（Bull，1995：4）。传统上，保证国家安全是国际秩序的关键功能，包括应对危及国家军事、政治、经济、环境或社会性质的各种威胁。而到底何为安全，则须更进一步，这取决于某些次要地位功能的集体认同。比如，在很长一段时期里，各国都公认均势是有利于维护国际安全的外交手段。一战后，各国转而认为集体安全是保证国际安全更好的机制，因为它能够促成宪政秩序的形成。在此秩序中，法律规则、权利、保护机制和政治承诺共同约束了国家动用武力的可能性。近来，各国都对民主价值观和规范大为推崇，因其能够推动形成防止通过武力解决国际争端的国内约束。这些解决方案不像我们在自然界发现黄金或石油那样，而是与观察者相关的，换言之，它们通常由带有特定目的的集体意向创造和实行，这些目的包括：与他国结盟以对抗被视为霸权的国家，参与建立国际制度，支持驻在国进行民主化改革。

对参与全球经济体系带来的经济负担和收益进行重新分配成为国际秩序的第二项基本身份功能。越来越多的人认识到，金融危机对国际社会的稳定和发展构成威胁（Strange，1986）。如果不承认这种系统秩序身份，各国就很难对经济外交产生兴趣，因为它们缺少对何为值得拥有的财富来源的共识。与安全相似，经济再分配的外交策略也涉及不断发展的从属性地位功能。重商主义曾在现代世界体系的构建中发挥了重要作用（Wallerstein，1980），改良后的重商主义也成为东亚经济崛起的动力（Johnson，1982）。尽管带有明显的霸权色彩，二战后的经济秩序使得经济再分配的外交手段开始转向自由主义（Ruggie，1982）。最新的治理模式强调参与规范、责任、问责制和透明度在维护经济秩序规则中的作用，即提供可信度高、有利于可持续发展和平衡发展的机会，促进经济增长（Held and Koenig-Archibugi，2005）。因此，经济外交的目的不是追求更多的物质财富，而是追求某种道义性权力，以此分配、强化或改进那些在特定国际程序中相当于财富的价值。

国际秩序第三个重要的身份功能是承认。通过主体间的相互承认，国家可以成为国际社会中受尊重的成员（Honneth，1995）。拒绝给予国家平等的待遇，忽视对道德操守和尊严的法律保护，会让国家感到屈辱、愤怒，而这也往往成为国际矛盾与冲突的主要来源之一（Lebow，2008；Wolf，2011）。历史上，国家合法外交地位的确立离不开它在世界政治中的一系列正当行为的从属性地位功能（见第二章）。成为国际社会中合法一员可以拥有强大的道义性权力。如避免遭受国际制裁，获取国际金融工具，加入国际组织并影响国际机制的决策。

外交官依托三种机制来履行或是修改国际道义，分别是国际条约、外交先例和软法。毫无疑问，国际条约和协议成为改变地位功能和道义性权力最常见的外交工具。二战后的《联合国宪章》、布雷顿森林体系和《国际人权公约》成为外交行为强有力的指导方针，尽管偶尔也有例外的情况出现：武力只能用于自卫或保卫集体安全（地位功能 A），商业和金融往来必须遵守国际货币基金组织和世界银行设立的重新分配规则（地位功能 B），而国内对于民主和人权规范的遵守情况越来越成为国际承认的基本考量（地位功能 C）。

运用外交先例（见词汇表）体现出另一种缓解道义争议的重要途径。例如，北约 1999 年介入科索沃危机、2011 介入利比亚危机推动"保护的责任"作为新的实现集体安全和身份认可的外交道义。两场危机中，联合国安理会决议确认并强调政府不仅有义务禁止向本国民众动用武力（道义性权力 A），更重要的是，国际社会有责任保护平民免受本国政府对人权的严重践踏（道义性权力 B）(UN Security Council, 1999, 2011)。通过外交先例成功建立新的外交道义，在很大程度上依靠的是重要行为体的支持。例如，"保护的责任"能否成功实施取决于阿拉伯国家联盟、非洲联盟或南美洲国家联盟等地区组织的支持。

要实现"秩序即事实"，还可以通过"软法"（见词汇表），如会议宣言、执行声明、决议、行为准则或政策建议等。与国际条约或外交先例不同，软法对国际行为体的约束有限，这主要因为它们缺乏条约的约束力，也缺乏先例的影响力。但软法可以通过三种不同的方式塑造这些正在发展的外交道义的权威性：第一，让对立的外交立场合法性难以为继（削弱对方地位功能的道义权威）；第二，对产生新的国际习惯法（建立新的道义性权力）的法律确信或国家实践形成初步影响；第三，甚至影响具有约束力的国际条约的制定和实施过程（Boyle, 2006: 142）。这三方面的影响力都很强，如围绕全球反地雷运动开展的"软外交"就取得了成功。20 世纪 80 年代初期，该运动由民间发起，国际影响力并不大；但最终在 1997 年，120 多个国家签署了相关的国际条约，对使用、买卖和生产地雷做出了新规定。一系列新的道义性权力由此产生（Cameron et al., 1998）。

七、案例研究：与气候变化外交相关的道义

气候变化谈判通常围绕三个问题展开：为大幅降低温室气体排放所需的多边机制（如具约束力或自愿的减排目标），为最有可能受到气候变化影响的国家和地区努力适应这一变化承诺提供财政支持，以及设计最能提高参与度、效率和约束力的制度框架。《联合国气

候变化框架公约》及 1997 年签署的《京都议定书》共同构成了气候变化方面的制度框架，目标是从 2008 年到 2012 年间，通过包括清洁发展机制和联合履行机制在内的基于市场的弹性机制将温室气体排放降至比 1990 年低 6% 的水平。

2009 年签署的《哥本哈根协议》取消了具有法律约束力的减排目标，改用发达国家和发展中国家自愿承诺的方式。发达国家同意单独或共同执行经济领域的碳排放目标，而发展中国家同意通过实施"国家适当减缓行动"（Nationally Appropriate Mitigation Actions，NAMA），进一步努力减少温室气体排放。2011 年 12 月，《联合国气候变化框架公约》第 17 次缔约方会议通过决定建立"德班增强行动平台"（Durban Platform for Enhanced Action），确定了谈判路线图，最终目标是强制要求美国、中国和印度等温室气体排放大国在 2020 年后继续进行减排。

图 9-1 展示了《京都议定书》及类似的具有约束力的国际协议构成的气候变化道义性网络。若各国谈判后决定签署与《哥本哈根协议》类似的自愿承诺协议，那么除了 B 项与 F 项，道义性权力的布局将基本保持不变，而 G 项和 K 项则由约束力更低的相似项替代。A 道义是《京都议定书》缔约方会议授予清洁发展机制执行委员会的道义性权力。委员会负责监督《京都议定书》的清洁发展机制，也是清洁发展机制项目参与者注册项目（E）和颁发核证减排量（D）的最终交点。各国政府有义务定期向缔约方会议提交年度排放清单和定期报告（C），若承诺期结束时未能兑现承诺，则要接受惩罚（B）。可以从其他国家购买碳排放配额，以此减少或抵消惩罚（F）。同时，政府还要对本国企业的碳排放量进行限制（G），想要达到目标，这些企业可以提升内部能耗效率标准或在碳排放市场上购买排放配额及核证减排量（I）。

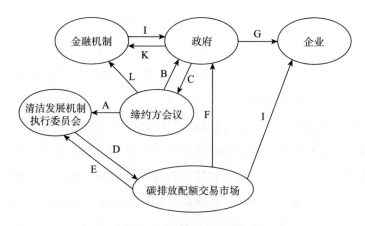

图 9-1　气候治理的道义

金融机制则包括全球环境基金和三个特别基金,即气候变化特别基金、最不发达国家基金和适应基金。机制旨在向气候最脆弱国家适应气候变化提供支持(J),资金来源于发达国家的捐款以及缔约方会议监督下的碳交易收益(K),这决定了气候变化政策、项目优先事项和资助标准制定(L)。上述道义性权力结构(注册和颁发核证减排量的权力、分配减排许可证的权力、特定种类的碳排放交易许可、达到减排目标的义务、为适应基金捐款的要求等)都由气候治理的三个重要地位功能决定,这也是各国谈判的焦点:

(1)温室气体减排战略(X)可通过全球碳排放权交易市场(C)创造巨大经济财富(Y)。

(2)发达国家(X)应在温室气体减排上承担主要责任(Y),原因是它们对气候变化负有历史责任(C)。

(3)如果不采取措施大幅减排,实现过渡时期目标(比如到 2020 年减排 25%—40%)和长期目标(比如到 2050 年减排 80%—95%)(C),国际社会(X)将遭受到不可逆转的毁灭性破坏(Y)。

这些地位功能有一个重要特点，即只有得到行为体共同承认，并体现在实践中，它们才是存在的。各国就这些制度安排不断进行谈判，最终目的是产生图9-1描述的道义性权力。气候谈判举步维艰，原因是新的地位功能面对着与少数根深蒂固的外交地位功能形成的道义权威之间的艰难斗争。比如，如果有国家认为，国际交流会影响主权国家的政治独立，这便会成为"安全威胁"（地位功能A）；在可预见的未来，以碳为基础的资源仍然是社会财富的主要来源（地位功能B）；只要国际正义具有合理程度的公平性，就具有合法性（地位功能C）。气候谈判若想成功，必须弥合新旧地位功能之间的鸿沟。

第二项地位功能颇具争议，因为它试图通过道义性权力B、F、G、J和K（见图9-1）促进各国更新全球经济再分配机制和地位承认机制。第一项地位功能虽然带来了重要的新财富来源（"绿色"商品、资本和服务），但是第二项功能通过充满争议的国际责任分配，避免各国回到传统的财富生产方式（以碳排放为基础的生产）。人们需要将发达国家的历史责任与发展中国家对善治的要求结合起来，重新开展气候谈判。第四项气候地位功能尚未得到各国承认，原因是大多数国家都未认识到气候变化对国际秩序造成的威胁，而这些威胁未曾出现过，并在未来才会发生（第三项发展中的地位功能）。欧盟或其他国际组织把气候变化当作一项集体安全问题来处理将成为外交先例，极大加强这种道义功能的地位权威。

八、小结

- 通过外交手段构建世界有两个层面："秩序即价值"和"秩序即事实"。前者指框定外交行动的固有准则、原则和共识。后者是指在实践中运用"秩序即价值"后产生的全球活动和制度的稳定模式。"秩序即价值"为"秩序即事实"的构建创造了条件,即提供了相应类型的国际社会。

- 地缘政治理论认为,通过领土的扩张和对资源的控制可以最大程度加强国家实力。经过古典时期、殖民时期和现代三个阶段,地缘政治对于塑造国际秩序产生了深远影响。地缘政治反对"秩序即价值",基本假设是社会达尔文主义的国家关系理论和国际秩序的等级制概念。

- 从符号互动者的角度来看,外交官通过对待彼此的方式来塑造"秩序即价值"。通过在国家间建立朋友、竞争和敌人关系,外交官运用相互竞争的霍布斯、洛克和康德无政府文化来建立"秩序即事实"。这三种无政府文化的不同之处在于能否接受战争是解决外交分歧的合法手段。在努力获取国际承认的过程中,各国达成了一系列重要的外交协议,最终建立起世界国家。

- 从道义角度来看,世界的外交建构通过赋予客体和存在以不同功能来实现。这一过程主要由集体意向促成,也就是不同个体在从事同一事业过程中所拥有的共同信仰、愿望和意向。构成"秩序即事实"的关系模式在三种主要身份功能的影响下不断演变:安全、再分配和承认。作为国际道义的缔造者,外交官通过国际条约、外交先例和软法,创造和改变"秩序即事实"。

思考题

- "秩序即现实"与"秩序即价值"之间有什么区别?
- 地缘政治架构的含义是什么?这对外交有何影响?
- 温特认为,为了让国家获得国际承认,外交官会努力推动世界国家的形成,此观点是否正确?

- 外交官如何从道义的角度来塑造"秩序即价值"？在这一过程中，他们会面临哪些挑战？

推荐阅读

Hurrell, Andrew. 2007. *On Global Order: Power, Values, and the Constitution of International Society*. Oxford and New York: Oxford University Press.

这本书从国际法、国际关系和全球治理的角度分析了全球政治秩序，视角宏大，逻辑清晰。作者介绍了国际政治中治理和制度化范式的变化，分析了当前世界面临的最严峻挑战，以及未来的出路何在。

Dittmer, J., and J. Sharp. 2014. *Geopolitics: An Introductory Reader*. New York: Routledge.

作者阅读了大量学术和政府材料，向读者介绍了最初的地缘政治概念和近期的再概念化。作者通过四个章节对地缘政治概念进行了系统介绍：帝国主义时期的地缘政治、冷战时期的地缘政治、冷战后的地缘政治、地缘政治的再概念化。

Wendt, Alexander. 1999. *Social Theory of International Politics*. Cambridge: Cambridge University Press.

在哲学和社会学理论的基础上，这本书发展出来的理论认为国际体系是社会建构的结果。温特阐明了建构主义的核心观点。与建立在个人主义、物质主义基础之上的主流国际关系理论不同，他提出了结构性和理想主义的世界观，并建立了一种国际政治的文化理论。温特认为各国将其他国家视为敌人、竞争对手还是朋友成为国际关系的决定性因素。

Searle, John R. 2010. *Making the Social World: The Structure of Human Civilization.* Oxford and New York: Oxford University Press.

这本书不仅探讨了一些外交议题，还为国际道义理论提供了坚实的哲学基础。塞尔在书中解释了语言如何创造并维持着人类社会制度精心设计的结构。这些制度是各种权力关系的基石，无处不在但又看不见摸不着。这些权力关系是人类行为的动力来源，也是人类文明的黏合剂。

第五部分　规范的路径

第十章　重塑外交官身份

本章目标

- 帮助读者理解传统外交代表权在超国家和次国家层面遭遇的挑战
- 了解外交影响力的主要来源（硬实力、软实力和巧实力）及现实案例，讨论这些来源的优缺点
- 与读者一起探究何种招录和培训模式更能让外交官适应21世纪的外交
- 探讨数字外交给外交部门带来的机遇与挑战

一、引言

当今国际社会的变化是否重塑了外交方式？如果是，外交应如何适应新的形势？从超国家角度来看，外交官是仅代表本国的利益，还是也应该考虑这对国际秩序产生的影响？类似问题层出不穷。随着次国家政府影响力不断上升，外交官不再像过去四百年间垄断着外交代表权。还有其他一些问题与外交参与的路径（外交官在工作中如何运用权力以及要达到何种目标？）或外交培训的方法（21世纪外交官所需技能、招考模式和知识储备要求）相关。

换言之，针对不同议题应该遵循何种原则成为外交代表的核心问题。谁是外交官？外交官之间应建立怎样的关系？何种招录方式

和培训能帮助他们有效应对工作中的挑战？本章将分三步回答这些问题。第一部分将探讨为何超国家和次国家层面对外交的挑战越来越大，并讨论应对措施。第二部分将讨论外交影响力的主要来源（硬实力、软实力和巧实力），分析实例并探讨各自优势和局限。第三部分将探讨目前的外交培训模式，以及为了赋予外交官21世纪的工作技能，外交培训课程需要做何调整。

二、外交代表

（一）体系利益

由于处于不同团体、社会和机构之间的独特地位，外交官往往要从所代表的主体出发，用不同角度看待世界，界定优先事项。那么，外交官是否仅代表本国利益，还是同时也应将国际社会的利益考量在内？例如，1989年11月，柏林墙倒塌后，英国首相撒切尔夫人（Margaret Thatcher）便难以理解英国驻联邦德国大使克里斯托弗·马拉比爵士（Sir Christopher Mallaby）竟会发回电报表明自己对德国统一的支持，因此断定他已被联邦德国"同化了"（Cameron，2009）。同样，美国外交官切斯特·鲍尔斯（Chester Bowles）、约翰·肯尼恩·加尔布雷思（John Kenneth Galbraith）和丹尼尔·莫伊尼汉（Daniel P. Moynihan）一直带着被印度"同化"的恶名，印度外交官纳热西·乾德拉（Naresh Chandra）和纳尼·帕伊瓦拉（Nani Palkhivala）也因与美国走得太近而饱受批评。其实，他们只是想让饱受冷战影响的美印关系有所改善（Rajghatta，2007）。

"被同化"（见词汇表）就是更支持驻在国，而非派遣国。这对外交官而言是最可怕的罪名，意味着其代表本国的能力受到了影响。为了防止这种情况出现，各国外派期限一般为4—5年，实行轮换制，避免本国外交官过多受到当地政治环境的影响，但这能否防止"被同化"仍有待商榷。实际上，外交官有"被同化"的倾向并非出于他们想出卖本国利益而为驻在国利益服务。尽管有时外交官会因为物质诱惑、意识形态认知或个人因素出卖自己的国家，但这种情况实际上很罕见，且若是出现这种情况，实行外派轮换制也无济于事。

"被同化"现象之所以出现，主要是因为外交代表制度本身存在矛盾，即外交官只应代表本国政府的利益，还是应同时考虑对国际/地区稳定可能带来的影响（见专栏10-1）。这两种彼此矛盾的考虑相互作用，让外交官进退维谷，对大国外交官来说尤为如此。一方面，如果他们同意体系利益（见词汇表）优先，可能会损害本国主权和独立，也会损害自己的代表权。另外，体系利益优先要求大国认同一套共同的规范、规则和制度，愿意承担高额的代价，即使损害自身利益也在所不惜。但另一方面，如果他们追求国家利益至上，为此不择手段，他国外交官也会不愿遵守共同的国际规则和制度，国际体系可能会因此分崩瓦解。

专栏10-1 体系利益

这个概念最早由亚当·沃森（Adam Watson）提出，他的描述是这样的："通过外交来最终构建由独立国家组成的国际社会"（Watson, 1984: 203）。他对信奉"国家理由"带来的好处（不择手段追求国家利益）表示怀疑，认为国际社会的所有成员不仅有利益，而且有道德义务维护国际体系，并保证国际体系顺利运转。大国从国际体系中的获益远比其他国家多，所以更要承担道德责任，"确保国际体系的结构得以维护，并延续下去"（Watson, 1984: 208）。

诚然，没有办法可以完美平衡国家和国际社会的所有利益，而且，体系利益至上有时会为不平等的国际秩序提供掩饰，比如 19 世纪的殖民制度（见第二章专栏 2-7）。外交官通常通过其丰富的经验来维持二者之间的平衡，用华丽的辞藻保持一致的态度，并遵循外交原则行事（Sharp，2009：22）。外交官完成这一微妙的任务需要具备审慎（见词汇表：外交审慎）的品德或者实践上的智慧，也就是有能力对特殊情况下的外交行动做出判断，特别是在结果具有高度不确定性的条件下。

那么，当外交官意识到，自己代表的国家利益与国际秩序之间存在潜在冲突时，如何才能保持审慎呢？有一种方式是与他国外交官建立共识。2009 年，诺贝尔奖委员会在美国总统奥巴马的颁奖词中提到，外交必须"建立在这一观念之上：想要领导世界的国家必须按照世界上多数国家共同的价值和看法来领导世界"（Norwegian Nobel Committee，2009）。换言之，外交共识可以过滤掉不必要的冲突，促进国际秩序变革性倡议获得更广泛支持，从而协调国家利益和体系利益。

但若无法达成共识该怎么办？如果其他外交官都不支持，还应继续坚持可能对本国和国际社会都有利的方案吗？外交审慎的另一种情况便是充分考虑行动后果并承担相应的责任，尤其是当大多数国家都反对的时候。在入侵伊拉克前，美国国务卿鲍威尔便用其著名的"陶瓷仓规则"（pottery barn rule）警告总统布什："你将骄傲地拥有 2500 万民众……但同时，你也得承担他们所有的希望、期许和烦恼，你得承担所有这一切"（Woodward，2004：150）。鲍威尔的话语重心长，在一些情况下，或许值得一意孤行，但应明白需要为自己的行动所承担的责任，并提前准备应对方案。

最后，外交审慎还取决于一定程度的合理性，即能够帮助对方，对其观点保持开放态度，寻求有利于国际秩序的共同解决方案。古罗马著名的斯多葛派哲学家塞涅卡在《论闲暇》(*De Otio*) 中指出，谈判不是为了让自己受益，而是要惠及他人：

> 人们当然希望能够造福别人，越多越好；倘若不行，那么就造福几个人；倘若还不行，就造福自己身边的人；若这也不行，至少得让自己幸福。当他考虑如何成为对他人有用的人，他就参与到了谈判当中。
>
> （转引自 Constantinou, 2006: 356）

可以说，很少有外交官严格遵循塞涅卡的忠告，但其关于合理性的观点从另一个视角来看具有实用价值，构成外交审慎的重要因素。合理性原则鼓励外交官从他人的角度看待问题，可以帮助他们走出误解和欺骗迷雾，有利于建立长期合作关系，成为体系利益至上的观念的典型表现。

（二）平行外交

体系利益的观念挑战了以国家利益为中心的外交代表制度（外交官应代表何种利益？），而平行外交（见词汇表）则挑战了拥有外交代表权的机构（哪些机构拥有外交代表权？）。20世纪七八十年代，"新联邦制"兴起，在对外政策上，联邦制国家中央和地方之间的政治关系有所变化，在此背景下，学术界掀起了关于平行外交的讨论热潮（Aguirre, 1999: 187）。平行外交与传统外交最大的不同在于非中央政府机构的外交代表权。平行外交的定义是：

> 非中央政府与其他国家政府或非政府实体建立长期或临时的联系，以此参与国际关系，促进经济社会、文化及其他对外关系的发展。
>
> （Cornago, 1999: 40）

加拿大的魁北克省、西班牙的加泰罗尼亚和巴斯克地区、美国的加利福尼亚还有伦敦、东京、纽约等大都市都是典型案例。比如，从2006年起，魁北克就和加拿大代表团一起参加联合国教科文组织的各种活动。在1989年，西班牙的巴斯克自治区便与法国阿基坦地区签署协定，在各个政策领域交流信息，促进巴斯克文化和语言的传播，并共同设立基金，为一些巴斯克项目筹资。加州也与加拿大和墨西哥的一些地区合作，发起了一项排污交易计划，推动北美地区温室气体减排。而在伦敦的发动下，包括多伦多、东京、纽约、圣保罗、香港和柏林在内的全球40多个城市加入气候变化领导小组（Climate Leadership Group），力图在减排方面发挥领导作用，激励政府和个人采取行动。

从最广义的角度来看，我们可以把平行外交分成三个层次。第一层关于经济议题。这方面，地方政府的目标是吸引外资和跨国公司，开辟新的出口市场，在国际上体现存在感。典型的代表是美国、澳大利亚和加拿大国内各州或各省，它们的国际活动主要是追求经济利益。第二层与（文化、教育、技术等领域）合作相关。除了加入一些跨境协会（如与瑞士日内瓦州、瓦莱州和沃州建立联系），法国的罗纳-阿尔卑斯大区还与一些次国家行为体建立起双边联系，关系网遍布非洲（如马里、塞内加尔和突尼斯）、亚洲（如越南）和中欧（如波兰）。第三层涉及政治考量。地方政府意图建立国际联系，以凸显其文化独特性、政治自治权和民族特性。魁北克、法兰德斯、加泰罗尼亚和巴斯克地区都是如此（Lecours，2008：2-3）。

尽管平行外交在全球政治中越来越重要，但它将如何与传统的外交形式互动，将产生何种影响，这些都有待进一步研究。一种可能的发展方向是，平行外交将努力在与他国的接触和联系中寻求现实主义的权力斗争和人文主义的需求之间的中间道路（Duran，

2016)。这一发展趋势的优点在于传统外交官和平行外交行为体可以在保持自身身份和目标的同时,分享关键资源。但是在一些管辖权重叠的议题上谁更有权威发声这一合法性问题渐渐浮现,这也是传统外交官普遍不愿与平行外交行为体建立制度化联系的原因。

平行外交涉及新的行为主体、新的议题和新的方法,和民族国家为主要行为体、以国家为中心的传统外交形式大相径庭,因此,一些学者把非中央政府的国际参与称为"后外交"(Aguirre,1999:205)(另见第十三章城市外交的例子)。虽然非中央政府与传统外交官的国际活动在某种程度上是平行的,两者都希望以一定方式参与国际网络,但它们提供的公共产品以及获取公共产品的方式各不相同。平行外交不具备传统外交实践重要的政治意义。就传统外交而言,外交官必须为主权国家服务,同时推动国际社会向有利于主权国家生存的方向发展。从这个角度来看,平行外交可以被看作全球化进程的另一面相,用技术专家治理的模式创造管理性规范与跨国强制执行之间的融合(Kuznetsov,2014)。

有人可能认为,平行外交其实是一场政治博弈,在挑战了传统外交权威的同时,也强化了传统外交。毫无疑问,非中央政府行为主体正与外交部门开展划分管辖权限范围的争夺,但这样做可能同时既增强又削弱由主权国家构成的国际社会。一方面,平行外交能够帮助非中央政府行为主体涉足外交。一些重要的政治行为体因此掌握了部分话语权,这样,触及传统主权边界的一些讨论也会被提上日程。另一方面,这种外交多元化有助于推动关于如何应对全球治理面临的挑战方面的主流观点的合法化,虽然这可能导致现代国家在组织结构上取得的结果(一些是正面的,一些是负面的)面临被剥夺的危险。

三、外交与权力

目前的外交理论对权力的研究仍显不够。夏普指出,外交让人们用一种自相矛盾的方式接触权力:大多数外交官在生活和工作中接近权力(如制定外交政策的政治领导人),但他们很少直接行使权力(Sharp,2009:58)。纽曼的观点则更进一步,他认为,外交官过去或许能直接行使权力,但如今他们主要在不同的官僚体制之间斡旋,外交体制要求他们遵守规章制度,在政治上保持低调,并不强调政策创新、思辨能力和外交领导力(Neumann,2005)。波乔拉的观点乐观一些,他认为外交官实际拥有的权力比外界想象的要大。他们行使权力建立关系;这种权力不那么明显,因为在行为体产生互动之前不会出现,但通过外交接触得以产生。换言之,外交官并不在彼此之间直接行使权力,而是通过敌对/友好关系的建立来行使权力(Bjola,2013)。

外交官是否拥有权力,取决于他们所拥有的资源以及使用资源时所受的限制。学者和外交官都认为,外交是施展国家权力的二级工具,主要用来传达威胁和表明承诺,以此支持一级政策工具,尤其是发挥军事和经济上的作用。在"国家利益至上"的传统下,外交影响力大小的决定因素一直是国家的物质能力状况(如人口、领土、自然资源、军事力量、经济规模或政治稳定性),即一国的硬实力。所以,外交战略能否成功,主要取决于外交官能否正确分析国际体系内各国的实力对比状况,并对此加以利用。摩根索提出的外交的四项任务有力概括了这一信条:外交官必须评估其他国家的实力和目标,与本国进行比较,分析两国友好相处的条件,最后采取适当的手段(Morgenthau and Thompson,1993:361-362)。

强制外交（见词汇表）或"强制说服"（forceful persuasion）（George, 1991：4）是硬实力的重要实现方式之一，通常是指通过切实有效的经济制裁或威胁使用武力，改变目标国或目标群体的敌对行为，换言之，强制外交的核心是展现出超越其他国家的硬实力（见专栏10-2）。然而，在实践中，强制外交能否成功颇具争议。比如，对美国在冷战后强制外交的研究表明，这种策略有三次勉强达成了目标（1994年对海地、1995年对波斯尼亚和2003年对利比亚），曾四次彻底失败（1991年对伊拉克、1999年对科索沃、2001年对阿富汗和2003年对伊拉克），而另外四次的结果还尚不清楚（1996年台海危机、1992—1993年对索马里、1994年对朝鲜和2006年至今对伊朗）（Art and Cronin, 2003）。而且，最具争议的是强制外交手段的合法性问题。《联合国宪章》明确禁止以动用武力来威胁他国（第2章第4条），另外，人们严重关切强制外交究竟阻止了战争，还是为战争铺平了道路。

专栏10-2 决定强制外交能否成功的关键因素

- 威胁的可信度：威胁的轻重应与需求迫切程度成正比，且要有充足的资源支持。强制国必须有良好的信誉，可以将威胁进行到底。
- 要求的合法性：强制的目标必须在强制国的公众舆论看来是合法的。
- 双方的动机：强制国需要向对方表达，对于达成目标，自己比对方更志在必得。
- 提供正面的激励：必须给予目标国足够的"胡萝卜"，避免使其在国内外蒙受耻辱、颜面尽失（George, 1991；Sauer, 2007）。

一方面,强制外交的支持方指出,正是通过强制外交,美国在1962年古巴导弹危机期间成功避免了美苏之间爆发核战争,也让利比亚在2003年放弃研制大规模杀伤性武器。从这个角度看,即使是对最顽固的国家,强制外交也会奏效。此外,对于一贯无视国际法的国家,推动其政权更迭的代价高昂、风险极高,相比之下,强制外交是不错的选择。利比亚事件表明,"流氓国家"(见词汇表)只需要知道,强制国不接受无实质意义的方案,但也绝不会为达目的不择手段。另一方面,就像军事干预和经济制裁往往无法精准打击对象国政府,而不波及该国民众,强制外交也可能导致两国外交关系长时间紧张,甚至与此相关的领导人和外交官卸任后仍然如此。

2010年前,人们对于使用硬实力的有效性和合法性的担忧促使"软实力"的概念作为外交接触的替代工具越来越受到关注。软实力强调的是"吸引的力量",而非强制或诱导的力量。具体来说,就是凭借国家文化、政治价值观或外交政策的吸引力促使其他国家追随该国的力量(Nye,2004:11)。从六个维度衡量公众对各国软实力看法的全球调查显示(见专栏10-3),在最近一次软实力排名中,西方国家的软实力优势明显,法国、英国、美国、德国、加拿大名列前茅,而包括中国、巴西和印度在内的新兴大国的软实力正在逐步提升(McClory,2017:15)。

专栏10-3 软实力来源

- 政府:国家政治制度、意识形态的吸引力由个人自由程度、政治开放程度、政府效率高低决定。
- 文化:国家推广能让其他国家很快认同的共同价值的能力,可通过国家每年接待游客数量、音乐产业在全球的成功程度甚至国际体育实力来衡量。

- 全球参与：这一点旨在评估国家的外交资源、与其他国家的互动以及对国际社会作出的贡献。可以通过遍布海外的大使馆或高级专员公署的数量、加入多边组织的数量和海外发展援助来进行衡量。
- 教育：国家吸引外国学生或促进交流的能力，可以通过留学生数量、大学的相对水平和发表的学术出版物来衡量。
- 企业：国家经济模式在竞争力、创新力、商业发展环境方面的相对吸引力。
- 数字化：国家对科技的态度，与数字世界的关联是否紧密，以及通过社交媒体平台来推进数字外交的能力（McClory，2017：11-12）。

但是，外交官们对软实力的看法就不那么清晰了。毕竟，美国可以通过价值观的吸引力、政治体制的模式、大量跨国企业在海外建立的分公司和流行文化的输出等以一种模糊的方式在一定程度上让外国民众对美国产生认同感，但要真正把软实力作为外交手段，试图以此完成特定的政策目标另当别论（Ford，2012：93）。公共外交（见词汇表）的概念是指创造软实力，将其效用最大化并转化成为具有外交影响力的工具。公共外交的目的是通过与他国公众之间的直接联系，增进本国利益、传播本国价值观（Sharp，2005：106）。在实践中，公共外交涉及三个部分：日常沟通，主要是为了向他国解释本国内外政策决策的背景；策略性沟通，通过一系列简单主题沟通来支持某项政策提议；以及与关键人物建立联系，主要是通过多年的奖学金项目、交流、培训、研讨会、会议和媒体宣传来实现（Nye，2008：102）。

公共外交兴起的时间不长，但已成为外交政策的关键工具，不过，职业外交官因此陷入了两难境地：究竟应不惜一切代价为国家政策服务（甚至在宣传中歪曲事实），还是应当致力于同外国民众交流沟通，最终促进双方的相互理解？公共外交中的"强硬派"认为，应最大限度影响外国民众对本国的态度；在说服他人时，客观和实事求是都很重要，但这并不值得推崇。"温和派"则认为，公共外交的主要目标应该是构建一种相互理解的氛围。因此，实事求是至关重要，而不应仅被当作一种沟通策略（Snow，2009：9）。然而，在实践中公共外交的目标并非像上述两种观点那样泾渭分明（见专栏10-4）。

专栏10-4　美国在阿拉伯国家的公共外交

2001年"9·11"事件发生后，美国政府设立了萨瓦电台和自由之声电视台，这两个项目属于大规模公共外交计划的组成部分，旨在改善美国在中东的形象，赢得阿拉伯人民的支持。其目标受众是阿拉伯年轻人，他们将是阿拉伯地区未来的决策者。虽然电台和电视台的节目都很"写实"，但对目标受众的影响却相当有限。如今很多阿拉伯人似乎很清楚美国想要改善形象、获取民心的意图，因此不愿相信这些电台和电视台播出的新闻（el-Nawawy，2006：183-2006）。

外交影响力的第三个潜在来源是"巧实力"，也就是"战略性地同时运用胁迫和共同选择（co-option）"（Cross，2011：698），将硬实力和软实力结合起来。巧实力的逻辑是让软硬实力取长补短。要实现这一点，必须确保外交战略中的硬实力元素（军事干预、法律制裁、经济限制）和软实力元素（援助、公共外交、教育交流等）相互补益，而非相互削弱。例如，康多莉扎·赖斯（Condoleezza Rice）在担任美国国务卿期间，推动国务院实行"转型外交"，希望改造旧的外

交机制来服务新的外交目标,从而让国务院更加"灵巧"。她提出,

> 转型外交根植于伙伴关系,而非家长式作风。要和外国民众共同做事,而不是替他们做。我们要用美国的外交力量帮助他们改善生活,发展国家,改变未来。
>
> (转引自 Wilson,2008:117)

对另一些人来说,巧实力并不仅仅是在那些具有战略利益的地区推动外交转型,更是通过对全球公共产品的制造和供给进行投资,建立起务实的同盟关系(见专栏10-5)。正如奈和阿米蒂奇在关于巧实力的报告中所说的,"在今天的环境下,无论是国家还是非国家行为体,提高吸引盟友的能力都会为自己带来竞争优势,而疏远潜在的盟友则会面临更大风险"(Armitage et al.,2007:10)。他们的结论是,与软实力类似,巧实力需要更长时间才能看到成效;但与硬实力一样,它需要大量的物质资源支持来创造、提供和维持全球公共产品。

专栏10-5 美国巧实力在五种全球公共产品中的体现

- 联盟、伙伴关系和制度——重建制度根基,应对全球性挑战。
- 全球发展——从公共卫生领域开始,制定统一的方案。
- 公共外交——让人们更容易获取国际知识和进行学习。
- 经济一体化——让所有人从贸易中获得更多收益。
- 技术和创新——应对气候变化,增强能源安全(Armitage et al., 2007:5)。

最后,还有一种观点认为,与其说巧实力是在硬实力和软实力之间找到抽象平衡,不如说它在实际中将二者区分开来。比如各国

都在努力提升本国外交官对政治事件的快速反应能力,同时注重创新力、敏捷度、适应性和自主性的培养。科普兰以这些特点为基准,引入了"游击外交"(见词汇表)的概念。游击外交是一种全新的国际交往形式,是对于传统外交官在交流、谈判、协商等各方面逐步被边缘化的回应,也是当今科技驱动的全球化时代的产物。这种游击队员式外交官"消息灵通、目标明确、带着特种部队那样的敏感性",以实现更广泛的外交目标,尽可能依靠自身能力,同时尽量减少对设备、基础设施和后勤支持上的日常投资(Copeland,2009:209)。换言之,如想保持影响力,外交官们就必须暂时放弃国家间交往的正式渠道,直接接触他们希望建立长期联系的民众。

一些美国高级外交官也支持这个想法,建议美国国务院设立新型的"远征外交官",一经通知马上奔赴最艰苦的国家,利用对当地的了解、文化敏感性和技术专长推进战后重建和稳定(Seib,2012:106)。这种想法同时包含硬实力和软实力因素,旨在让外交官更加灵活、更具创新思维,同时对文化更加敏锐,在当前全球化外交的视域下广受欢迎。强制外交作为促进国际合作的手段难免过于生硬,公共外交又很容易沦为宣传工具(Cull,1995,2008),巧实力外交至少在原则上坚持把外国民众需要的关键公共产品作为核心,尽量避免上述问题出现,但能否实现目标还有待观察。2015年欧洲难民危机和"阿拉伯之春"都说明,外交上再次接触的机会可能转瞬即逝,抓住这些机会对巧实力外交至关重要。

四、外交官的招聘与培训

一名年轻的应届毕业生要怎样才能成为外交官?简单梳理各国外交官招聘、晋升和培训方式,我们就能了解外交官应具备何种技能。一战之前，得到聘用和晋升的外交官都是上流社会的男士，如今英国外交部则以公开竞争的方式选拔外交官。想要进入"快速晋升通道"，申请者还需拥有大学学位（至少达到二等荣誉学历）。申请者要通过一系列选拔方可成为外交官：首先，每年都会举行知识及逻辑能力测试，通过这一考试的候选人将被纳入公务员考选委员会考察范围，参加为期两天的单独面试、集体面试和笔试等。这一阶段，考官不再根据是否具备特定的知识来选人，而是主要根据候选人的推理能力和解决问题能力来决定是否录用。

每组有五名候选人，由三名评委考察，其中包括一位主席，通常由已退休的高级官员担任；一位"观察员"，通常是一名年轻的中层官员，负责考察候选人的智力水平；还有一名专业的心理学家。终面时，最终选任委员会由五位成员组成，包括一名或多名学者、商界人士，甚至还有工会成员，他们会对候选人进行45分钟的面试；是否录用则将在综合考虑候选人所有表现后决定。进入外交部后，外交官的职业发展就都由晋升委员会负责，根据年度员工评估系统中个人的详细信息来决定晋升相关事宜。另外，如果是高级别职位的人选，通常由部长们做最后的决定。此外，英国外交部还组织并参加了一些项目，如"伙伴大学就业计划"或"暑期发展计划"，通过多种渠道招募外交官。

印度外交部则根据公务员综合考试成绩录取聘用外交官。该考试是由印度国家公共服务委员会举办的全国性选拔考试，是公认世界上最难的考试之一，每年约有50万考生参加，通过率仅为0.3%。考试分三个步骤进行：初试是每年印度公务员申请者都须参加的资格考试，第一部分考察考生对时事和常识的了解，第二部分以多选题形式考察考生的综合推理能力。通过考试，这些准外交官就将进入位于新德里的外交学院，接受重点培训。培训主要是让其具备强烈的历史责任感，掌握外交、国际关系的基本知识，同时了解一些政治、经济常识。

之后的考试主要包括撰写九篇论文，其中两篇用于考察候选人的英语和印地语的熟练程度，另外七篇则旨在选拔优秀人才。最后是性格测试，观察员们会组成一个委员会，对候选人进行面试，评估其是否适合成为外交官。整个考试大约需要一年半时间。通过考试后，新入职的外交官便以三等秘书的身份外派至印度驻他国使馆。在此期间，他们需要进一步提升自己的语言能力，一旦其工作得到认可，便可被提拔为二等秘书。其后的晋升以资历为基础，并在监管机构和部门晋升委员会的监督下进行。印度外交官可以晋升到一等秘书、参赞、公使或大使/高级专员/常驻代表的级别，驻外领事官员可以晋升至副领事、领事或总领事。

国际组织也采取类似的招聘方法，例如联合国。候选人主要有三种路径可以进入联合国。硕士生有机会参加为期两个月的实习，通过这个渠道，不同专业背景的学生可以进入联合国各办公室或部门。但参加实习并不意味着自动获得联合国系统的正式职位。毕业生还可以通过国家竞争征聘考试或协理专家方案进入联合国，协理专家方案主要是为工作经验有限的年轻人提供参与联合国各部门发展项目或区域项目的机会。最后，有经验的专业人员可以去应聘某个暂时空缺的职位。初级和高级专业人员通过国家竞争征聘考试应聘。若国家在联合国秘书处的工作人员数量不多、代表性不足，则会非常重视征聘考试。

从流程上看，国家竞争征聘考试包括笔试和面试两个环节。笔试分为两个部分：第一部分测试候选人的分析能力、写作能力和掌握的国际知识；第二部分是撰写一篇专业论文，对候选人在申请领域所具备技能的实际情况进行评估。根据笔试结果，一些候选人可以得到考官委员会的面试邀请。面试将以秘书处的两种工作语言进行，即英语或法语。联合国招聘会覆盖尽可能广的地域范围，以尽力实现成员国在代表性上的平等。另外，维和行动部也要通过计算机在具有候选人资格的名单中进行筛选，确定参加维和行动的文职人员。

根据2007年的《里斯本条约》，欧盟外交与安全政策的高级代表（欧盟的外交部长）领导欧盟对外行动署。该部门与欧盟各成员国外交部门协作，由理事会和委员会总秘书处有关部门的官员以及从成员国外交部借调的工作人员组成。欧盟理事会随后作出一项决定，在2013年7月1日之前，对外行动署只征聘理事会和委员会总秘书处的官员以及来自各成员国外交部门的工作人员；2013年7月13日后，欧盟（特别是欧洲议会）所有官员和其他公务员都能申请对外行动署的空缺职位。理事会还决定，在充分确保地域和性别公平的同时，对外行动署的招聘要择优录取。对外行动署的工作人员应包括来自所有成员国的代表。

一般来说，欧盟层面的外交官培训分为两类：第一，欧洲委员会为一些参加对外行动的总司及代表团工作人员提供了一系列技能培训；第二，面向欧盟官员和各国外交官的欧洲外交计划（EDP），这不仅是为了工作需要，更是为了在对外行动中培养共同的外交文化、建立欧盟利益至上的共同意识。

欧洲外交计划每年举办四期，每期两天，都是不同的模块会议，以实践型学习为基础，重点是案例研究，参与者还要参加模拟和实际的多边谈判。例如，2017—2018年的主题为"欧盟的全球战略：从构想到行动"。通过三个方面（专题、地理和欧盟及其成员国的视角），该计划希望参加者可以对欧盟的基本架构以及如何在不同领域发展同最重要的成员国之间的关系拥有更好的和全面的认识。

大多数外交培训都注重提高外交官技能。显然，职业培训能够很好地帮助外交官掌握工作必备的实践技能（如准备谈判参考材料、担任委员会主席、应对外交突发事件等）。世界政治议题领域和行为体数量的不断增多，迫使外交官们必须不断更新"技能包"，在文化适应力、信息整合及分析能力、提出倡议和领导能力等方面尤为如此（U. S. State Department, 2012）。若外交官（尤其是初级外交官）不具备上述外交能力，可能会严重影响国家的外交实践。

然而，在不断变化的全球环境下，外交官需要进一步了解学界对全球议程的不同看法，国际规则冲突背后的规范和战略差异，还有促进国内、地区和国际论坛之间连接的相关法律和制度工具。因此，技能培训还应该辅以全面且与外交实践切实相关的学术指导。用外交手段管理国际危机的课程可以让准外交官们结合理论和实践，既了解传统方法（强制外交、峰会、秘密谈判），也学习最先进的方法（如数字外交和网络战）对危机管理的影响。运用国际法的方式将有助于他们了解体系利益的重要性，明晰平行外交的局限性；而国际伦理理论可以让有抱负的外交官了解强制外交或公共外交战略可能带来的影响。

人们越来越意识到，有抱负的外交官需要不断参加培训，这似乎推动了为那些有志于投身外交事业的学生提供培训的课程数量及学术机构在数量上的扩张。比如：

- 维也纳外交学院：开设的课程包括"国际组织""多边外交""多边谈判""公共外交""涉外礼仪"，这些都是高级国际研究硕士课程。
- 牛津大学：开设的课程包括"国际外交""外交和国际法"

"国际危机的外交管理""数字外交",这些都属于全球治理和外交硕士课程。

- 约翰斯·霍普金斯大学保罗·尼采高级国际研究学院:开设的课程包括"国际谈判""国际公共关系与公共外交""战争法与战争罪",这些都属于国际关系硕士和博士课程。
- 塔夫茨大学弗莱彻法律与外交学院:开设的课程包括"外交历史、理论与实践""美国公共外交""国际调停""国际条约行为""治国的艺术与科学""国际谈判""国际政治中武力的作用",这些都是法律和外交硕士课程。
- 普林斯顿大学伍德罗·威尔逊公共与国际事务学院:开设的课程有"外交学""发展与冲突""谈判学:理论与实践""美国外交与中东""东北亚外交与安全""全球环境治理",这些都是公共事务硕士课程。
- 莱顿大学和荷兰国际关系研究所:开设的课程包括"今日外交:理论与实践""亚洲外交""国际谈判""联合国安理会的制裁实践",这些都是国际关系和外交硕士课程。

五、数字外交

数字外交(见词汇表),顾名思义,就是使用数字手段来实现外交目标。如今,数字外交不再是一个迫使专家们在先进社交媒体技术带来的挑战和困扰中找寻平衡的新兴领域(Bjola and Holmes,2015)。对各国外交部门来说,过去的目标是为数字外交建设基础设施,现在变成了更抽象的"正确开展数字外交"(见专栏10-6)。这一点很有必要,不仅因为外交部门面临压力,需要"体现数字外交的实效",还因为网络上竞争激烈,外交部门需要采用更多有效的方法来吸引目标群体。这也说明,数字外交无法在传统外交部门的官僚体系中发展起来,它需要一个宽松、鼓励创新和开放性思维的环境,简言之,需要的是苹果公司软件工程师团队的工作氛围,而非西装革履去参加国际谈判的律师团队。

专栏 10-6　让数字外交行之有效的五个原则

● 倾听——密切关注网络讨论的内容对数字外交的成功至关重要。定量指标可以用于追踪当下的流行趋势和大家都在谈论的话题;定性研究则可以找到有助于达成目标的渠道。积极跟随潮流趋势和关键人物本身不是"倾听"的目的,这样做只是为了能顺利达成目标。

● 设定优先顺序——数字战略的成功必须明确长期和短期目标。但如之前所述,数字外交的环境在很大程度上决定了应该追求的目标。若目标群体人数众多、背景多样,同时数字行动本身比较复杂、时间跨度大,那么可以采用渐进的、以结果为导向的方式;而直接设立宏大的、野心勃勃的长期目标,即使可以落实也困难重重。

● 混合式——虽然数字外交具体操作方法与传统外交不同,但二者的运作渠道有一定共通之处。线上的"台前"和线下的"幕后"需要紧密配合,才能高效地实现目标。这也意味着,数字外交想要达成的目标不能与传统外交设定的目标存在太大分歧或完全相反。

● 接触——数字外交的关键优势在于可以直接实时与受众沟通。接触既包括单方面简单地传播信息,也包括复杂的外交支持。定量指标可以了解外交接触的短期影响,定性分析则可以发现建立长期数字联系、关系和网络的方法。

● 适应——数字外交官不是在真空里工作,其行为会受到其他数字外交行为体的影响和限制。因此,定量和定性指标分析方法要在设计上预留一定空间,这样才能准确把握同目标群体或目标群体内部的不断变化的互动模式（Bjola, 2016b：353）。

这也说明,外交需要增加一些技能类培训,包括熟悉数字平台使用方法和精通大数据分析,从而让外交官适应数字时代。正如波乔拉（Bjola, 2017）所说,技术革新给外交部门带来了巨大压力,外交部门必须理解信息技术的强大潜力,并据此调整外交政策,利用数字技术来实现长期和短期的政策目标。如果外交部门无法适应数字时代,则很难在国际舞台上保持拥有重要政策影响力的能力。随着数字技术深入生活的方方面面,外交部门需要注意以下三个方面：

● 从以制度为基础到以生态系统为基础。技术创新能否成功在很大程度上取决于支撑其发展的整体生态系统的质量。同样,外交部门也需要更好地理解如今的数字时代,明确需要追赶的数字潮流。比如,3G技术推动了社交媒体的发展和传播,而5G技术的出现可能会带来一个全新的时代,一些数字工具将随之出现,并对外交产生巨大影响。比如将来或许可以在公共外交中使用增强现实（AR）技术,或者运用人工智能（AI）让领事服务变得更加便捷。

● 从事后反应到主动作为。要引领数字大潮,就要从被动追赶潮流转为预测甚至引领新趋势。社交媒体兴起初期,各国外交部门抓住契机,成功通过社交媒体提高了处理公共外交、危机沟通、移民参与等问题的能力。但若国家能预测新科技发展趋势,就可以率先设定数字实践的规则和标准,从而在竞争愈发激烈的数字环境中抢占先机。国家也应推动新趋势的形成,依靠"先发"优势在数字化方面得到更多的认可和更大的影响力,从而提升他们作为外交领导者和创新者的"软实力"。

- 从中心化到网络化。在数字化程度很高的环境中，科技创新无处不在，创新和实验越来越受到欢迎，森严的等级制和流程化运作不再适用。因此，为了更有效地适应科技带来的挑战，外交部门需要放松制度中心化的限制，鼓励适用于特定外交网络的数字化互动方法和模式。比如，派驻国际组织的外交使团可以从探索、试验数字技术潜力的多边合作中获益。同样，面临冲突风险的使领馆也可以分享他们利用数字技术进行危机管理的经验和最佳实践。

不过，第二个大趋势在一定程度上会阻碍数字技术的扩展。有时，外交部门担心错过技术革新带来的潜在机会，这就需要衡量"数字化"的成本与收益。自相矛盾的是，数字化的成功反而会阻碍外交部门进一步整合数字技术并将其机制化。其中情绪传染、算法决定和政策碎片最易导致这种情况发生：

- 从基于事实的理性分析到情绪传染：两国间要有最基本的共识和互相开放的态度，才能实现外交接触。一旦网上言论带来的情绪压倒性地框定和主导了话语，导致事实滑向从属和边缘地位，国家间的接触就可能无果而终。在此情况下，外交部就只能自费口舌，影响那些富有同情心的追随者，而根本无法触及追随者之外的其他网民。

- 从关系建立到算法宣传：外交部之所以对数字工具感兴趣，是因为可以借此直接联系到在网络上具有影响力的人物，还能建立灵活的沟通网络，接触不同人群。但随着人们越来越多地使用算法来监管网络聊天、设置互联网议程、传播信息，上述优点都会大打折扣。最近的研究显示，15%的推特账户其实是机器人账户，这一数字在未来还会继续上升。一旦机器人"网民"的数量超过了人类，外交部通过互联网与公众建立有效联系的可能性就会大大降低。

- 从数字融合到政策碎片：我们需要时刻提醒自己，数字外交并不是外交的最终目的，它只是达成外交政策目标的手段之一。但是，技术革新本身的特性会使数字外交出现与外交政策脱节的情况，至少在最初阶段如此。在还未明确应如何使用数字化工具来支持特定外交政策时就急于使用数字化工具，可能导致政策的协调和推动出现问题。因此，在没有明确战略方向指导的情况下，外交部可能为了数量庞大但规模很小的数字化活动消耗重要的资源，这便是其可能面对的巨大风险。

未来，数字外交的发展取决于外交部门能否发掘技术革新带来的机遇，能否不被前期的成功冲昏头脑。如果这种技术革新能帮助外交适应当前的数字时代，那么数字外交将有望渗透进外交基因的深核之中。但若外交部无法规避情绪传染、算法决定和政策碎片的影响，那么数字技术的应用将会放缓。

六、小结

- 从超国家的角度来看，外交官面临着一个难题：他们应该只代表本国政府的利益，还是要同时考虑可能对国际秩序产生的影响。要在国家利益至上和体系利益至上之间达成平衡，外交官必须运用在实践中积累的智慧，同时保持审慎的态度。

- 从次国家的角度来看，外交代表权正在受到非中央政府外交机构的挑战。平行外交和传统外交之间的关系仍不清晰。这可能会让职业外交官从纯粹的现实主义权力斗争和人文主义对彼此沟通接触的需求之间走出一条中间路线；或者它也可能让外交突破以国家为中心的代表形式，还可能会让传统外交官和"新型"外交官之间展开政治上的论争。

- 外交官有三种可供支配的权力来源。传统上，外交官主要依靠与国家物质能力相关的硬实力来施展外交影响力；软实力主要是靠本国的文化、政治价值观和外交政策来吸引他人主动追随；巧实力则是通过将硬实力和软实力相结合，同时战略性地使用强制和合作来实现外交目标。

- 世界政治的议题领域不断增加，国际行为体不断增多，这迫使外交官必须不断更新工作技能，在文化适应力、信息整合及分析能力、提出倡议和领导能力等方面尤为如此。

- 如果外交部将技术加速发展当作一次机会，从整个外交生态系统的基础上，精心考量、主动作为、适应面向网络的变革，数字外交可能会渗透到外交基因的深核之中。但如果没有跳出情绪传染、算法决定、政策碎片的陷阱，外交部门可能会放缓在外交工作中运用数字技术的速度。

思考题

- 体系利益至上的概念是什么？这会让外交官在发挥外交代表职能时面对何种挑战？
- 平行外交对传统外交官的工作产生了哪些束缚和补充？
- 硬实力和软实力是完全不同的展现外交影响力的工具吗？
- 巧实力的哪些要素使其作为外交工具时具有更大优势？巧实力的主要局限是什么？
- 如今的学术培训方式能否成功筛选出适应21世纪外交实践的外交官？
- 要遵循何种原则才能让数字外交的影响力最大化？

推荐阅读

Art, Robert J, and Patrick M. Cronin. 2003. *The United States and Coercive Diplomacy*. Washington, DC: United States Institute of Peace Press.

这本书介绍了八个冷战后强制外交的案例。从朝鲜到塞尔维亚再到塔利班，从军阀到恐怖分子再到地区超级大国，作者剖析了强制外交在这些案例中的不同表现，并解释了为何强制外交有时有效，但大多数情况下以失败告终。

Bjola, Corneliu, and Marcus Holmes (eds.). 2015. *Digital Diplomacy: Theory and Practice*. London and New York: Routledge.

这本书梳理了著名学者和政策制定者对数字外交的定义，评估了数字外交与传统外交的关系，分析了其中隐藏的权力状况，以及在何种情况下数字外交会影响、控制或限制外交政策。全书内容围绕国际变化展开，涵盖理论、实证、政策等方方面面，并把数字外交作为国际体系中一种变革管理方式。

Organski, A. F. K., and Jacek Kugler. 1980. *The War Ledger*. Chicago, IL: University of Chicago Press.

这本书对硬实力在世界政治中的作用进行了极富洞见的分析。作者指出，权力转移理论建立在对经济、社会、政治发展的研究基础之上，比起权力平衡、集体安全理论更能准确解释国际冲突的原因。作者发现，体系中最强大的两个国家即主导国和挑战国的发展速度不同，导致国际局势不稳定，并引发世界大战。

Nye, Joseph S. 2004. *Soft Power: The Means to Success in World Politics*. New York: Public Affairs.

这是"软实力"这一概念的开山之作。书中介绍了软实力在世界政治中的运用。作者从美国的角度出发,解释了软实力的构成、软实力的运作方式,以及软实力如何助力美国外交。

第十一章　国内制度改革

本章目标

- 吸引读者的注意力转向重建国内制度的外交实践
- 梳理建设和平（见词汇表）实践的演进及争论，探讨不同阶段之间的联系
- 讨论干预的合法性问题
- 探讨实现和平的方式

一、引言

本章名为"国内制度改革"，在这本以外交为主题的书中似乎显得有些格格不入。人们都认为，外交主要涉及国家间事件的决策，而非国内决策。比如，《联合国宪章》中明确规定了对国家主权的维护，以及为此构建的集体安全机制。但对国内制度改革却没有明确规定。如果有的话，那就是认为主权维护与国内制度改革似乎存在尖锐矛盾。

但如今，有一种双重趋势使外交在推动国内制度改革方面发挥着越来越重要的作用。首先，随着外交逐渐涉足非传统领域（比如发展和环境），其影响逐渐超越了国家边界。比如，联合国可持续发展目标要求"全球南方"国家修改国内制度，以进一步推动达成可持续发展的目标。希腊与其他欧盟国家的关系也同样受到外交影响，由于希腊依赖这些国家的财政援助，多年来一直被迫进行经济体制

和经济政策改革。

其次，在建设和平方面，外交变得比过去更加积极主动。在一定程度上，外交官们别无选择。二战后发生的内战远比国家间战争频繁，国家之间的战争也比过去造成的损失更大。所以，外交需要找到解决这些问题的办法。不过外交是否总是能够充分发挥作用就是另一个问题了。

联合国外交常常成为完成这些工作的主要途径，很多事情都是摸着石头过河（见专栏11-1）。20世纪80年代末以来，联合国发起多次行动，旨在推动和平的实现。在柬埔寨，联合国在其过渡时期承担了临时政府的职能，在莫桑比克和纳米比亚也是如此，联合国和平支持代表团中有不少平民。现如今，联合国在世界各地都部署了一系列代表团，他们或多或少肩负着维和的责任，部署地点包括中非共和国、刚果、海地、科索沃、利比里亚、马里和南苏丹。

专栏11-1 联合国刚果行动，摸着石头过河

20世纪60年代，联合国卷入了刚果冲突，联合国秘书处和成员国运用了当时新出现的维持和平概念来应对这次冲突。冲突管理主要是在冲突各方之间部署中间力量，最初是为了应对国家间冲突，联合国却将其用于解决刚果国内冲突。很快，大家发现，中间力量的方法不适合解决国内冲突。由于该国已经"无法维和"，由安理会第143号决议（1960年）授权成立的联合国刚果行动开始努力缔造和平（见词汇表）。因为刚果中央政府不复存在，人们的日常需求无法得到满足，维和行动还承担了平民管理职责。对联合国来说，这一次行动代价高昂，人员伤亡惨重［包括在飞机失事中丧生的秘书长达格·哈马舍尔德（Dag Hammerskjöd）］。事后看来，这次行动也

并不十分成功。刚果的可持续和平依然遥遥无期。在比利时（曾殖民刚果）和美国的财政支持下，蒙博托·塞塞·塞科（Mobuto Sese Seko）于20世纪60年代后期上台执政开始的独裁统治直到1997年才结束。联合国以刚果维和行动的遭遇为前车之鉴，直到几十年后，国际环境发生了巨变，联合国才重新开始涉足国内冲突的维和任务。但数百万人已经在冲突中失去生命。虽然联合国、非盟和欧盟也在21世纪初试图重新在刚果开始行动，而且这些行动已初见成效，但到目前为止，还未能结束刚果国内冲突。

本章将通过谈论在建设和平时外交应该和不应该涉足之处，探讨国家制度改革的问题。本章包含四个部分：第一，考察建设和平的外交维度；第二，讨论建设和平是不是经过授权的外交行为；第三，讨论建设和平的总体目标；最后，我们将仔细研究建设和平的路径。

二、外交与建设和平

外交为建设和平设定了标准，包括建设和平的概念和一些相关制度。通过这些制度框架，外交官们才能决定具体建设和平代表团的组建及其成员构成。

建设和平的概念最初由联合国秘书处引入全球外交。1992年，时任联合国秘书长布特罗斯·布特罗斯-加利在其《和平纲领》中首次提出了"建设和平"一词，他将其定义为"在冲突后……采取行动，目的是确定和支持相应体系，加强和巩固和平，避免再次发生冲突"（Boutros-Ghali, 1992: para. 21）。1995年，他又在《和平纲领补编》中将这一定义的范围扩大，把建设和平与冲突预防、管理和冲突后重建联系起来（Boutros-Ghali, 1995: paras. 47-56）。在联合国秘书长签署的一系列文件中，这一定义或多或少仍然存在，但也做了一些修改。比如，颇具影响力的秘书长政策委员会（UN，2007）认为建设和平就是降低"发生冲突和再次发生冲突的风险"，并进一步强调联合国将为国家提供帮助，"通过全面提升国家能力风险管理"来实现国家自助，坚定追求"可持续"的和平。大多数联合国会员国都支持该理念，特别是通过参与冲突预防和维和（见词汇表）来定位其在国际事务中作用的国家，如加拿大。

但这并不意味着建设和平这一概念存在各国普遍接受的定义。如今许多国际机构和国家都在建立建设和平的相关制度，建设和平这一概念的定义越来越多。有研究者对建设和平的不同定义进行了系统的研究，他们发现了至少存在24种不同的定义。他们也指出，这绝不仅仅是一个学术问题。如果世界银行、美国国务院和联合国维和行动部都使用这个概念，但定义完全不同，这样就会有大问题。这些概念问题会阻碍协调工作，而正是这些协调工作决定了建设和平的成败（Barnett et al., 2007）。建设和平归根结底是一种治理体系，许多行为体都参与其中，而这些行为体层级不同：既有国际、地区层面的，又有国家和地方层面的。这些行为体能否成功合作，在很大程度上取决于他们对建设和平的理解是否相同（Hänggi, 2005）。

外交界普遍承认存在协调问题。为了克服这些问题，自21世纪第一个十年末期，制度化进程便开始加快。2005年，联合国建设和平委员会（UNPBC）正式成立（见专栏11-2）。这是一个讨论特定国家建设和平具体任务的论坛。联合国秘书长科菲·安南（Kofi Annan）亲自推动了委员会的建立。他认为，缺少建设和平的战略，将来一定会出现很多问题（Annan, 2005）。联合国还建立了若干建设和平办事处，负责协调中非共和国、几内亚比绍、利比里亚、塞拉利昂和塔吉克斯坦等国在建设和平方面的工作。

> **专栏 11-2　联合国建设和平委员会**
>
> 2003 年，联合国秘书长安南成立了威胁、挑战和改革问题高级别小组，主要负责探讨 21 世纪的重大安全问题。高级别小组由 16 名成员组成，包括一些国家的前总理或首相，比如挪威前首相格罗·哈莱姆·布伦特兰（Gro Harlem Brundtland），还有一些国家的外交部长，如澳大利亚外长加雷恩·埃文斯（Gareth Evans）。泰国前总理阿南·班雅拉春（Anand Panyarachun）任高级别小组主席。2004 年，高级别小组提交了题为《一个更安全的世界：我们共同的责任》的报告。报告称，建设和平缺乏制度基础，实在让人扼腕，并建议成立建设和平委员会来解决这一问题（UN，2004）。于是，2005 年，安理会和联合国大会共同成立了联合国建设和平委员会。该委员会是一个"政府间咨询机构"，负责协调相关各方的建设和平行动，最关键的任务是在目标国建立相关制度（也就是国家"改革"）。该委员会共有 31 名成员，其中 7 名成员由安理会选出，7 名成员由大会选出，7 名由经济与社会理事会（简称经社理事会）选出。对联合国预算贡献最大、派出军人和警察参与联合国行动最多的五个国家也有代表参加。成员选举要遵循一系列指导方针，其中一项是：委员会成员能够代表世界所有地区。这 31 名成员都是主权国家。委员会还通过非政府组织的非正式发布会与各国民间组织进行互动，鼓励他们与建设和平委员会分享交流。另外，建设和平支助办公室（PBSO）也给委员会提供行政方面的支持。

在一定程度上，区域性建设和平也在向制度化方向发展。例如，2004 年，非盟成立了和平与安全理事会（AU PSC），负责缔造和平、维持和平和建设和平相关事宜（Murithi，2007）；其他机构也参与其中，包括非盟委员会、非洲国家元首和政府首脑会议以及智者小组中的高级政治家。欧盟也成立了一些机构，负责建设和平。其中，欧盟政治与安全委员会（EU PSC）负责指导欧盟外交和安全政策决策，而欧盟军事委员会（EUMC）、欧盟军事参谋部（EUMS）和民事规划与执行能力（CPCC）等则负责政策执行。在国家层面也可发现这一制度化趋势。比如美国的国际开发署便设有冲突管理和缓解办公室，美国国务院也设立了重建与稳定协调员办公室（Ricigliano，2012：13）。此外，智库和非政府组织也在此方面有所建树。比如，日内瓦高级国际关系与发展学院的冲突、发展与建设和平中心，日内瓦安全政策中心，日内瓦国际和平组织（Interpeace），贵格会联合国办事处，这些机构都设立在日内瓦，并共同成立了日内瓦建设和平平台（Geneva Peacebuilding Platform）。

如今，建设和平仍然是国家、国际组织办事处（如联合国建设和平支助办公室、维持和平行动部和开发计划署）、非政府组织、研究所和智库高度关注的领域。接下来，本章将探讨三个关键问题：（1）国际社会应在何时进行干预以建设和平？（2）干预的最终目标是什么？（3）以何种手段干预？

三、最根本的问题：干预还是不干预？

在建设和平相关文献中，许多作者都非常支持为建设和平提供外部帮助。他们认为，若国际社会参与到建设和平中，有助于增强权威（Adibe，1998）。同时，这样的外部帮助也是国家成功实现和平转型成功的必要条件（Regan and Aydin，2006）。并且，国际法正在发展成和平法，因此也越来越支持对建设和平提供外部帮助（Bell，2006）。但也有一些批评的声音。有人认为，建设和平的外部帮助是一种帝国主义行径，本质上是发达国家想重塑欠发达国家的秩序

(Chandler，2006)，或者可以说，这是"胜利者的和平"(von der Schulenburg，2017)。另一种观点则与知识和等级关系相关。彼得森认为，西方自诩国家的再造者，却对它们想改变的这些国家和社会知之甚少："西方的干预策略其实是将一系列'理性的'行为和规范传授给这些'次等人'，这种策略意味着西方人高高在上，更加权威，不过是变相的'胡萝卜加大棒'政策。"(Petersen，2011：15)在美国的带领下，西方国家曾参与干预阿富汗和伊拉克，人们有时会将此纳入建设和平的探讨范围，因此招致了更多批评。

这是一场重要的辩论。相关讨论归根结底围绕着外交是否应该为了建设和平而授权干预行为；如果应该授权，又应该为何种干预措施授权。乍一看，这些问题似乎很简单。如果目标国政府同意接受外部干预，那就合法。一般而言，冲突后和预防性建设和平就属于这种情况。第二种情况是，目标国同意接受干预，可能会向联合国、非盟或欧盟表达这一意愿。如果安理会确定目标国的和平与安全正在遭受威胁，并据《联合国宪章》第7章（强制措施）来采取相关行动，决定通过一些和平建设手段来缔造和平，这样的外部干预也是合法的。但后一种情况常常不太顺利，因为许多时候，开始进行建设和平就意味着国家环境已经糟糕到不再有必要缔造和平了。

再仔细分析，一国"同意"在现实中其实非常复杂，其中涉及法律、政治哲学等多个方面。第一，在一些情况下，某国政府可能并未得到国际社会承认（或者政府并未实际掌权）。在西亚德·巴雷(Siad Barre)下台后，索马里就是如此。在获得索马里反对派许可后，联合国批准并派驻维和行动组进入索马里。但与反对派达成的协议很快失效，联合国不得不采取强制措施。

第二，一旦目标国同意建设和平等一系列干预措施，干预国可能会对干预措施进行调整，比如派遣更多人员或延长任务期。在没有目标国明确同意的情况下，干预国的干预可以加大到什么程度，各国尚未达成一致，目前是法律上的灰色地带。

第三，一旦外部非政府行为体介入干预，许可合法性问题就更加复杂。非政府组织尤其擅长地方层面的调解，因此在建设和平中发挥着重要作用。但对于它们来说，联合国的合法途径只是一种间接途径。当目标国同意在联合国框架内接受建设和平相关的外部援助时，非政府组织往往会迅速开展行动。在一定程度上，目标国可以自行选择与非政府组织合作，例如在国际援助团队进入前为非政府组织提供签证，并在非政府组织进入后提供支持（或不提供支持）。由于建设和平的国家中非政府组织数量庞大，许多目标国政权不稳，上述管理手段可能难以实现。

第四，这还涉及一个政治哲学问题，即外部干预能在多大程度上帮助一个社会实现和平。迈克尔·沃尔泽认为，只有在特殊情况下（如种族灭绝），对国家进行军事干预才是正当的。他得出此论断的原因很有意思：国家只有靠自己才能实现自由（Walzer, 1977），这其实就是"国家具有诉诸战争的权利"这一观点在哲学上的阐释。最近，他还对"国家有在他国战争结束后协助其度过过渡期的权利"进行了思考，他认为（Walzer, 2012）应允许更大程度的外部干预。原则上，建设和平的外部援助是必要的。但他也提出了两个前提：首先，针对乔治·W. 布什对政权更迭的论断，他认为，建设和平的参与国进行干预的目标是帮助目标国实现从战争到和平的过渡，而不是推动政权更迭，不是推进世界政治的民主化进程。其次，他重申了之前对自由的看法。他认为，一个国家应该如何管理以及要如何持续下去，都应该由本国来决定。这一点和前文中彼得森的看法一致。外部的建设和平参与国需要对目标国国内冲突局势有所了解，以及知道如何推进问题的解决，这就足够了。目标国国内力量必须参与到建设和平的过程中,以免外部协助方不顾实际情况,生搬硬套以往的经验和模式。

上述政治哲学的讨论可能看上去很抽象,但人们在讨论中所持的立场会直接影响建设和平的各个方面。和解与转型期司法就是很好的例子。是否可能从外部推进和解与司法解决?目标国情况千差万别(比如刚果和科索沃),国际社会能否设计一套通用和解与司法机制,直接用来处理这两国的国内冲突?有人就很支持这样的机制。但在卢旺达大屠杀审判过程中,由于针对大屠杀参与者的法庭诉讼数量巨大,常规法庭和当地的"冈卡卡法庭"(gacaca courts)应接不暇(Sarkin, 2001)。卢旺达问题国际刑事法庭便分担了一些压力。当时很多人反对国际社会的干预,认为卢旺达国内自行处理可以更好地让一些大屠杀参与者融入社会(Park, 2010)。不过,在国际干预和国内处理之间有着很大空间,人们完全可以找到一条中间道路。人们一般认为,真相与和解委员会(Truth and Reconciliation Commission)完全代表国际社会,但其实际工作要根据具体国家情况而定。并且,委员会和目标国本地法院可以分工合作(Fiadjoe, 2004)。不管这样的中间道路是否可行,重要的是,尝试恢复秩序的目标国应该掌握一切的决定权。世界上不存在适用于所有国家的和解方案(Crocker, 1999)。

关于外部干预问题的答案越来越倾向于包容性,建设和平相关文献的出现让大家开始关注这一点(Autesserre, 2010; Leonardsson and Rudd, 2015)。学者们过去关注的焦点是让国际社会消除以更迭政权为目的的干预势力,如今学者们想让国际社会关注到目标国国内不同群体,更重要的是,保障他们的权利,让他们能够参与与之密切相关的建设和平进程。联合国最近的两阶段建设和平审议报告中就强调了这两点。2015 年,建设和平评审专家小组强调,需要建设"具有包容性的国家主权"（A/69/968-S/2015/490：4）。2016年，各国政府达成一致，重申"国家主权和领导权的重要性，维持和平的责任由国家政府和其他利益相关方共同承担"（/S/RES/2282（2016））。

伴随着外交授权外部干预来进行国内的建设和平，外交官们面对的问题变得更加抽象。下一节将讨论建设和平的目标和方法。

四、应当为建设和平设立何种目标？

这个问题的答案似乎显而易见，建设和平的目标当然是和平，但和平的内涵似乎并不清晰。这也是一个哲学问题，并对具体如何建设和平具有重要影响。我们如何界定和平，就决定了外交应该支持哪些建设和平行动，又应该反对哪些行动。

学界一般把和平定义为"无战争状态"，并选择了一系列明确的指标来定义何为"无战争状态"。最常用的指标是一年中有1000例因战争导致的人员死亡。若一国的伤亡人数低于这一数量，则可以认为该国处于和平状态；如果达到或超过这一阈值，则认为该国国内发生了战争（Sambanis，2004）。有人认为，这一阈值定得太高，所以也有学者使用一年25例死亡的标准（Call，2012：9）。

然而，这些概念性、实践性定义存在一些主要问题。严格来讲，把和平定义为"无战争状态"，这几乎没有起到任何解释作用。这个概念只定义了和平的反面，但并没有告诉我们和平本身到底是什么。其衡量指标也同样存在问题，明确的战争死亡阈值设定根本说不通。为何1000例死亡代表着战争状态，而999例死亡代表着和平状态，对此学术上也没有令人信服的解释。

相反，建设和平的实践者更愿意重新思考"和平"的含义。一般来说，不同的官僚机构通过运用独特的专业知识和经验，试图让和平超越前文的定义。例如,世界银行和国际货币基金组织非常依赖经济指标,由此来确定哪些因素有利于战后重建,哪些不利于战后重建。此外,尽管建设和平有许多不同的定义,和平建设者们正在努力推动"和平"往"可持续和平"的方向发展。前文中提到的联合国建设和平审议报告便多次提到了"可持续和平"这一概念。

联合国采纳了约翰·加尔通(Johan Galtung)对和平建设的定义,对可持续和平的理解也与这位颇具影响力的和平研究者相近。加尔通对"积极和平"和"消极和平"进行了区分,影响颇为深远。他认为,若不存在直接的、结构性的和文化方面的暴力,就是消极和平。直接暴力包括言语伤害和身体伤害,结构性暴力是指边缘化或者剥削某群体,文化暴力则是通过观念资源(其来源可以是宗教或者意识形态)使直接暴力和结构性暴力合法化。积极和平则类似于和谐,加尔通认为建设和平就是要建设"积极和平"。积极和平意味着社会中没有暴力,只有善意,甚至是爱;没有结构性暴力,只有沟通和团结;暴力(包括文化暴力)不合法,只有和平才合法(Galtung,1996:31-33)。

以死亡人数来判定和平状况的方法,将建设和平中的"和平"含义缩小到官僚机构在日常工作中使用的指标(不管这与建设和平是否相关),或者创造一个没什么意义的"可持续和平"(和平要有意义,就必须是可持续的),这些都是加尔通所反对的。加尔通确实提醒了我们,不要将概念过于简单化,不过,他提出的"积极和平"和"消极和平"的概念也无法直接应用到建设和平中。加尔通对于"消极和平"的定义的优势在于它更全面地讨论暴力,并没有局限于战争死亡甚至人身伤害。但这种对和平"消极"的界定方式依然存在问题。加尔通的定义告诉我们暴力是什么,对和平的对立面讨论得更多,但并没有直接告诉我们和平究竟是什么。加尔通试图通过积极和平的概念来说明何为和平，但是，他描述的那种和谐与爱是一种乌托邦式的理想，我们无法期望和平建设能让国家实现这样的状态。

加尔通是和平与冲突领域的一位杰出学者，阿纳托·拉普伯特（Anatol Rapoport）在该领域也很出色。他尤为擅长将冲突概念化，提出了冲突有三种模式：战斗、竞争和辩论。在战斗中，对手就是要消灭的敌人；在竞争中，对手与自己一起参赛，需要通过发挥才智来取胜；在辩论中，对方与自己信仰不同，目的是说服对方。在一些冲突中，三种模式同时并存，但在不同的冲突情况下，主导的模式会有所差异（Rapoport，1960）。拉普伯特谈得更多的是冲突而非和平，但理解这三种冲突模式是研究建设和平中的"和平"的基础。

从这三种模式中可以看出：当克制、妥协和对话（见词汇表）成为冲突管理的实践[1]，这就是和平。这个定义的关键词包括冲突管理、实践、克制、妥协和对话。冲突管理与冲突解决不同；在管理冲突中，冲突可能继续存在，但并没有进行战争。如前面章节中提到的那样，一种做法就是一种习惯、一种习性，人们在采取这种做法时，完全无需思考这么做的原因及具体要做什么，仅凭着直觉去做了。"克制"也就是埃利亚斯等学者所说的"文明的进程"，在这种情况下，通过暴力来解决问题是难以想象的（Elias et al., 2000）。"妥协"指的是，当不同社会群体的政治立场对立时，采用一个折中的方案（Bellamy et al., 2012）。最后，"对话"则指各方试图理解彼此不同的立场，甚至努力达成共识。最后这种路径对一个试图进行建设和平的社会来说非常难以实现；但为了实现和平，必须试图进行某种程度的对话，比如，各方必须在国家对外叙事上达成一致，包括如何解释对不同社会群体之间曾发生的冲突。

五、应采取何种方法达成此目标？

如何建设和平？在讨论是否派遣建设和平特派团时，外交官们往往以自由主义的眼光看待建设和平问题。从本质上讲，建设和平的概念有一个前提假设，即市场自由化和民主化是实现可持续和平的途径。托马斯·比尔斯特克（Thomas Biersteker）对这一视角和途径做了一个很好的概述：

> 虽然没有明确指出，但建设和平委员会的理论基础完全是自由主义。支持尊重人权，推进法治建设，通过定期选举来构建代表机构，创建鼓励大众参政的论坛，鼓励成立具有活力的自由媒体，这些都是建设和平的组成部分，不过同时也是构建自由社会的必要措施。
>
> （Biersteker，2007：39）

塞维琳·奥泰瑟瑞（Séverine Austesserre）则详述了这个视角的意义。她认为，这个视角能够让我们看到现实的某些方面，但也容易忽视其他方面。她谈到了刚果的建设和平努力，认为自由主义的视角：

> 决定了国际行为体会认真考虑的内容（通常不包括持续的地方冲突），决定了他们认为什么是可能的（不包括解决地方冲突），还决定了在特定情况下，他们认为"很自然"的行为模式（国家行为和国际行动，尤其是组织选举）。这一视角支持并授权特定的政策和实践，但也同时排除了其他选项，尤其是在基层建设和平。
>
> （Autesserre，2010：11）

多数学者同意，自由主义范式——或者更准确地说，在过去十年里占主导地位的那种自由主义范式——有其不足之处，但他们对这些不足之处的负面影响有不同看法。有一些学者完全反对现有的自由主义范式。他们想要揭示"建设和平语境"的预设其实是自相矛盾的（Heathershaw，2008），并认为自由主义的建设和平其实指向的是西方更大的霸权主义蓝图（Chandler，2006）。不过，大多数学者都避免做出这种彻底否定的评论。他们承认这一范式存在一些大问题，但主张调整和改变现有范式，而非完全舍弃它。

相关学术文献中提出了五方面主要调整的内容。第一，基于罗兰德·帕里斯（Roland Pairs）对自由主义范式审慎的批评，几位学者为认真对待国家建设提供了充分的理由。帕里斯认为，从原则上讲，通过将社会体制改造成为市场经济体制来建设和平的路径在逻辑上讲得通，但绝不能仓促为之。简言之，他的论点就是机制第一，自由化第二。因此，重建国家就是和平建设的基础（Paris，2004）。不少学者支持这一观点。若没有强有力的国家制度，不愿合作的冲突各方轻而易举就能瓦解和平进程，自由选举期间及选举刚结束时尤为如此（Caplan，2005）。

第二，在很多研究者看来，权力分享是建设和平成功的关键这一观点已是老生常谈。哈策尔和霍迪（Hartzell and Hoddie，2003）认为，权力分享包括几个层面，可能其中最基本的是政治层面。与赢家通吃的选举完全不同，政治权力分享意味着所有冲突方都要在政府中拥有一席之地。经济权力分享则表明，任何一方都无法掌控所有经济资源和决策进程。领土权力分享则与单一制国家不同：各政党在全国不同地区履行不同的管理职能。比如，哈策尔和霍迪就支持地区自治。综上所述，这个理念可能会被贴上"国内权力制衡"的标签，换言之，任何一方都无法通过法律约束另一方。许多研究都对此进行了详述，其中既有对建设和平进程的整体研究（Roeder and Rothchild, 2005），也有对其中某一方面的研究，例如军事和警察力量的重组（Call, 2002）。

第三，一些学者进一步发展了权力分享的理念，提倡更广泛的政治包容性。迈克尔·巴内特（Michael Barnett）认为，代表权、公众审议和宪政是建设和平成功的关键因素。代表权会让人想起学者们关于政治权力分享的争论。来自不同党派的精英都应该在关键的政治决策中拥有话语权。审议则超越了权力分享，它强调了公众进行审议的重要性。这样，精英和公民社会各阶层都参与到审议中，会在冲突各方之间培养出一种归属感和认同感。另外，还要建立宪政，制定一些不能轻易改变的规则，并确保新建立的包容性实体具有切实的制度基础，不可被随意废除（Barnett, 2006）。考尔强调包容性的重要作用，并将此与"聚焦合法性的建设和平"（Call, 2012: 6）联系在一起。包容性制度的合法性只要得到承认，就能延续下去。因此，建设和平参与方应当优先努力建设大家都认为是正确的制度。一旦想到这些制度，人们就会认为很有效（实用合法性）或很公正（道德合法性），或者会自然地接受这些制度（认知合法性），丝毫不用反思它们的合理性。

第四，地方层面的行为体也要参与这一过程，这方面的呼声越来越高。奥泰瑟瑞曾是一名非政府组织活动家，后来转型成为一名学者，她的一项有关刚果的实证研究得到了不少支持（Autesserre, 2010）。主流的正统观念认为，要与冲突各方，一般是冲突双方的决策精英进行对话和谈判。这种观念的问题在于，它忽略了冲突的复杂性。冲突是深层次的，具有多面性。我们可将冲突简单视作围绕两位立场对立的领导人建立起来的两个对立的精英团队。以南非为例，西方国家认为，这个国家的转变仅是为了调和"黑人"和"白人"的矛盾，但现实远不止于此。其实，从根本上说，南非的转型相当于重新统一，统一一个曾由于种族和民族差异，在领土（家园和城镇）、政治（比如三院制立法结构）及因此在经济、社会等方面都分裂的国家。所以，转型能否成功，不仅取决于南非最后一位白人总统弗雷德里克·威廉·德克勒克（Frederic Willem de Klerk）和南非国民党（NP），还取决于曼德拉和非洲人国民大会。同样会产生影响的还有因卡塔自由党（IFP）和其领导者盖夏曼·布特莱齐（Gatsha Buthelezi）及其与南非地方支持者之间的关系，以及非国大与其地方领导者、支持者之间的关系，在夸祖鲁-纳塔尔省和以前的德兰士瓦省尤为如此。

第五，建设和平措施必须视具体的冲突情况而定，"放之四海而皆准"的建设和平模式根本不存在。不同的情况需要不同的措施来应对（Richmond and Franks, 2009: 205），我们可以看看安哥拉和莫桑比克的权力分享方案。20世纪90年代初，莫桑比克政府与国内已有十年历史的叛乱组织成功达成了和平协议，且和平状态一直很稳定，战争没有重新爆发。莫桑比克几乎没有采纳任何由学界提出的权力分享方案，但仍然成功维持了和平状态。莫桑比克解放阵线党在选举中大获成功，而莫桑比克全国抵抗运动则成为议会中的反对派。与此同时，安哥拉的和平协议中既有包含权力分享条款的《卢萨卡和平协议》，也有不包含该类条款的《比塞斯和平协定》，但这些和平协议还没落地实施，安哥拉的和平进程就失败了——争取安哥拉彻底独立全国联盟（安盟，UNITA）再次开火，试图要击败安哥拉人民解放运动（安人运，MPLA）（Kornprobst, 2002b）。

将这五方面的问题与如今建设和平的概念进行对比，我们需要注意，目前建设和平的措施主要是克制，而非达成妥协、促成对话。

另外，这些措施更注重解决眼前的问题，而非建设持久和平。

人们常常将建设和平与维和实践联系在一起，因此建设和平中克制措施非常重要。众所周知，敌对行动是否真正停止，需得到军事观察员的核查。若军事状况不太稳定，则需在当地开展维和行动（有时需要强有力的维和行动），推动敌对双方结束对抗。若冲突确实停止，核查工作完毕，国家则需开始进行安全部门改革（SSR），执行武装人员解除武装、复员和重返社会（DDR）方案。国际社会一般都对安全部门改革、解除武装和复员给予充分的支持，但对于"重返社会"，态度则有所不同。

如果把和平看作一种实践，那么重返社会至关重要。让武装人员开始平民的生活，从事平民的工作，被当成平民来对待，重新融入平民的社会，实现从战争状态到和平状态（甚至是主动维护和平）的转型，这些都相当重要。但这并非易事，彻底将数年——有时是数十年——的从戎经历放下，重新开始平民的生活，需要时间。

与20世纪90年代相比，今天的建设和平措施更强调促进各党派之间的互相妥协。在某种程度上，学界提出的权力分享要求其实符合国际组织、驻外机构的实际经验。如果冲突各方难以达成妥协，则可以让第三方进行调停，甚至可以通过秘密渠道外交的方式进行调停。如今，国际社会还努力推动制定转型社会的宪法，以推进法制以及人权、少数民族权利的保护。但还有一点需要加强，就是我们需要让国际社会形成一种"妥协文化"。民主和法制必须得在转型国家全国范围内建立起来。不仅要让各国在其首都推行这一套制度，还要在地方各级行政单位推行这一套制度。换言之，并非只有"高层政治"有意义，地方事务同样重要，这也意味着我们要打破过去的外交模式，实行新外交。另外，外部干预是不够的。运用政治术语来说，建设和平需要国家和非国家行为体的网络化治理。这里的"治理"意味着国家和非国家行为体不仅要帮助目标国实现转型，还需想尽办法确保开展的许多活动向这一方向努力。

在推进各方对话方面，目前建设和平的措施依然不成体系。人们对建设和平的理解仍停留在重建制度的层面，但重建制度在某些情况下也意味着重建共同遵循的准则和意识形态。尽管存在多元性，但必须有某种意识形态上的一致，这样一个国家才能团结一体。因此，真相与和解委员会的作用非常重要。它能够帮助国家弥合历史分歧，为构建共同的未来做好准备（专栏11-3）。建立这种委员会已成为国际规范。但在推进对话方面，实现从战争到对话的转型需要付出多少努力，国际社会又能在其中起到何种作用，这一切我们才刚刚开始了解。调停专家罗伯特·里切涅阿诺（Robert Ricigliano）列出了其中一些重要措施，包括创伤治疗计划、社区对话计划、为分裂社区青年举办和平夏令营以及多民族媒体节目（Ricigliano, 2012：35）。另外还有一些其他措施，比如修订学生使用的教科书，这也非常重要。

专栏11-3 和解还是公正？

有时候，和解与公正无法两全。一方面，闭口不谈过去，甚至忘掉过去，这在短期来说有利于稳定和平进程，因为施暴者可能更容易放下武器，参与到社会重建中来。过去那些罪恶的真相可能会让人们痛苦不堪，相信任何形式的和解都是不可能的。但另一方面，受害者应该得到公正的待遇，人们有权了解自己遇难的亲人生前经历的一切痛苦。新制度不应该抹去受害者和加害者之间的本质区别，而且应建立一种合理的惩罚模式。一些学者的想法只能解决这个问题的一个方面，比如洛克认为，为了政局稳定，公正可以被牺牲（Stacey，2004）。不过，如今大多数政治理论家都试图找到一种平衡，施赖弗便提到了维护公正的必要性，以及"别让这种记忆继续对现在和未来造成伤害"（Shriver，2003：31）。艾尔斯坦的观点也很类似，她认为要"了解且遗忘"，人们需要记住历史，但也要在一定程度上让"将人们从过去的重负中解脱，这样他们才不会被彻底压垮"（Elstain，2003）。

无论是学术界还是在现实生活中，人们都认为还需努力拓展建设和平的途径。沃尔顿（Walton，2009）和安南（Annan，2005）就曾呼吁制定一项战略。联合国前秘书长安南对建设和平委员会寄予厚望，希望由其牵头。简单来说，这一战略主要是梳理在何种情况下（包括其他行为体的动向）应采取何种方法来实现目标。

一般性的建设和平战略本身无可厚非，但我们需要能够合理地假设建设和平所处的冲突环境足以确保战略的实施。可问题在于，我们无法确定战略的可行性。冲突的具体情况差异很大，在这种情况下，制定这样一项战略就意味着在各种不同的冲突环境中再次尝试推行"一刀切"的建设和平模式。比起总体战略，我们更加需要一种因地制宜的行动方案，让国内力量和国际力量选择适当的方法，进行调整，并不断增加新的方法。简言之，一国的国内和国外的建设和平者都要根据特定的冲突环境选择适当的方法来进行和平建设。建设和平更需要多样化，或者像一些学者所说，需要人们敢于将纷乱复杂的国内秩序制度化（MacGinty，2011）。

当然，这也无法解决建设和平中出现的所有问题。西方媒体和公众常常用修理机器来类比建设和平。他们以为，只要从工具箱里找到合适的工具，机器就可以重新启动并开始运转了。建设和平远没有这么简单。有些时候，即使有国际建设和平特派团的支持，建设和平的可能性也基本为零。但是，我们依然认为，外交有能力且必须改善目前的状况。数据显示，在结束战争向和平转型的国家中，近一半的国家都在五年内重新回到了战争状态（Collier and Hoeffler, 2004）。我们不得不思考：传统和非传统外交官要如何才能扭转这一方向？毕竟，是外交最初将建设和平的概念提上全球议程的，也是外交最先将这一概念在具体的情况下付诸实践。

六、小结

- 建设和平制度化带来了很多方面的问题，我们深入讨论了其中三个：外部行为体在什么情况下适合参与建设和平（进行干预）？建设和平中的"和平"含义是什么（目的）？如何才能实现这个目标（方法）？

- 在讨论干预时，我们强调，国内行为体之间需要达成广泛共识。原则上来说，与建设和平进程有利害关系的行为体都有权决定该进程方向。特别重要的是，行为体并不局限于冲突各方的最高代表，还包括低层次行为体。

- 什么是和平，这是外交与外交学都不能回避的哲学问题。这个问题的答案可能五花八门，都对建设和平有重大影响。我们一般将和平定义为双方克制、达成妥协、实现对话。当我们谈起和平，我们就得提到克制、妥协和对话。这项任务很艰巨，需要我们重新思考建设和平的方法。

- 建设和平没有一般战略和普适模式。我们认为，应该因地制宜，让国内外参与者选取合适的方法来应对冲突局面。这些情况千差万别，选取的方法必须具有针对性，且要朝着实现克制、妥协和对话的方向努力。

思考题

- 外交如何影响了建设和平？
- 建设和平需要多少外部帮助？
- 建设和平者要建设什么样的和平？
- 要如何建设和平？
- 公正的建设和平和有效的建设和平之间存在矛盾吗？如果存在，应该如何解决？

推荐阅读

Autesserre, Séverin. 2017. "International Peacebuilding and Local Success: Assumptions and Effectiveness". *International Studies Review* 19 (1): 114-132.

这篇文章纵览当下蓬勃发展的建设和平研究，是一篇翔实的文献综述。作者在文中呼吁，希望实践者们更加关注地方层面。

Chandler, David. 2017. *Peacebuilding: The Twenty Years' Crisis, 1997-2017*. Basingstoke, UK: Palgrave.

和卡尔（E. H. Carr）极有影响力的著作《20年危机（1919—1939）》相同，作者试图寻找建设和平实践起起伏伏背后的原因。这本书主要关注支撑建设和平的自由主义思想。

Doyle, Michael W., and Nicholas Sambanis. 2006. *Making War and Building Peace: United Nations Peace Operations*. Princeton, NJ: Princeton University Press.

通过分析1945年以来所有的内战,作者认为建设和平最重要的就是选取适用于冲突状况的解决方案。谈及建设和平的目标时,作者特别强调了经济因素的重要性。

Goetschel, Laurent. 2011. "Neutrals as Brokers of Peacebuilding Ideas?" *Cooperation and Conflict* 46(3): 312-333.

这篇文章特别支持中立国在国际制度建设,尤其是建设和平中发挥更大的作用。作者认为,在冲突转型和解决过程中,这种中立尤为重要,这与现存调停方面的研究观点一致。

注　释

[1] 将和平定义为实践(Adler, 2008)。

第十二章　以和平方式重构世界

本章目标

- 了解联合国和各地区预防性外交的重要方法，分析这些方法在推动世界秩序转型上的优缺点
- 探讨国际刑事司法在外交领域日渐增加的重要性
- 概述国际刑事法院建立过程中的各种谈判，分析其在推进国际秩序发展、实现和平转型方面的作用及面临的挑战

一、引言

能否通过外交来重建世界秩序，使世界变得更好呢？这个问题的答案在很大程度上取决于如何对"重建"以及"更好"进行定义。在第九章中，我们对"重建"进行了解释，通过外交重建世界秩序涉及两个层面——"秩序即价值"和"秩序即事实"。然而，通过何种外交程序和手段才能让世界变得"更好"尚存疑问。一些人认为，如果外交官无法从根源上解决国际问题，如普遍存在的贫困、各国医疗卫生条件参差不齐、民主缺位、缺乏发展机会，和平的国际秩序就无法形成。还有一些人认为，这种想法很合理，但因为问题本身很复杂，想解决问题需要动员各方力量，耗时费力，几乎不可能实现。想要在这两种想法中寻找一个折中点并非易事。很明显，首先需要设定短期的和长期的优先事项，但这些优先事项的性质又会引发一轮激烈的争论。

本章将采取具有互补性的两条路径来解决这一难题。一方面，我们采用狭义的规范性定义，将世界秩序的演变定义为"国内和国际冲突的减少"。另一方面，探讨如何双管齐下以完成此目标。从短期来看，外交官应该努力改变制度，对行为体形成约束，避免制度激励其诉诸武力。从长期来看，外交官应该采取行动，解决造成冲突的结构性问题（如贫困、种族关系紧张、体制缺陷、环境恶化等），同时要让各国认识到以武力解决冲突的方式不具有合法性。

为此，我们将重点研究预防性外交（见词汇表）和国际刑事司法。通过这两种机制，外交官可以有效降低各国诉诸武力的频率。预防性外交主要是通过对国际和平与安全可能出现的威胁进行预判，并及时将其消除，从而让国际秩序实现短期和长期的和平转型。国际刑事司法则以更深入的方式推进和平变革。国际刑事司法避开各国国内法，直接追究个人违法责任，不仅旨在短期内阻止各类行为体诉诸武力，从长期看，也否定了以武力手段解决争端的合法性和合理性。

二、预防性外交

回顾历史，预防性外交出现的时间比多数人认为的要早很多。比如，马基雅维利就曾建议，年轻外交官不仅要搜集与谈判相关的信息或那些已盖棺定论的事实，也要关注那些还没有完成和没有确定结论的事。他认为，未来之事"难以准确预判，几乎没有依据，只能靠自己的判断"，所以最为困难（Machiavelli, 2001: 42）。黎塞留在这方面态度更为坚决，他认为有必要进行连续谈判：

> 为了国家的福祉，在任何时间、任何地点，甚至在那些目前看来没有成果或没有前景之处，都完全有必要或公开或秘密地进行连续谈判。
>
> （Richelieu, 1961: 95）

如若此言非虚，那么预防性外交到底是何含义？如何才能让预防性措施发挥作用？这其中会有怎样的困难？由于联合国是解决集体安全问题的主要国际决策机构，我们将从联合国的角度对上述问题进行解析。

联合国前秘书长哈马舍尔德是第一个阐述预防性外交的官方代表，他将其描述成联合国秘书长体现中立能力的延伸（见专栏12-1）。他的继任者吴丹（U Thant）、库尔特·瓦尔德海姆（Kurt Waldheim）进一步发展了"斡旋"（见词汇表）这一概念，哈维尔·佩雷斯·德奎利亚尔（Javier Perez de Cuéllar）则通过研究与信息收集办公室（ORCI）建立了早期预警系统（见词汇表），布特罗斯·布特罗斯-加利将该办公室合并到了政治事务部，并起草了《和平纲领：预防性外交、建立和平与维持和平》，影响深远。随后，安南大胆推进了一项阻止武装冲突的议案，而潘基文（Ban Kimoon）则不断呼吁人们关注气候变化与冲突预防之间的关联（Ramcharan, 2008: 31-58）。近来，安东尼奥·古特雷斯（Antonio Guterres）力推一项全面性措施，其中包含了根源性问题的解决方案，比如促进可持续发展，降低青年失业率等，同时也让联合国进一步提升调停能力，优化决策过程（Besheer, 2017）。

专栏12-1 预防性外交的起源

"我想称之为积极的预防性外交……可由联合国通过秘书长或以其他方式推进，在许多情况下，政府和地区组织无法以同样的方式采取行动……联合国之所以可以这么做，是因为各国都一致同意联合国秘书长作为联合国的'中立'代表，可独立开展政治或外交活动。"（Hammarskjöld and Falkman, 2005, 137-138）

由此可见，预防性外交从传统外交中的"斡旋"（如联合国秘书长的中立调停）演化而来，逐渐发展成如今这种更复杂且更具主动性的外交模式，主要涉及冲突和冲突后管理。联合国如今使用的预防性外交概念也与此一致："预防性外交是指为了防止各方出现争端、预防争端升级为冲突或在冲突爆发后为了控制其蔓延而尽早争取的外交行动。"（UN Secretary-General，2011：2）这其中涉及两个问题：预防性外交概念的延伸有无法律基础？如果有，预防性外交需要何种制度基础？

从国际法的视角来看，国际法院就"1962年联合国维和部队经费问题"发表了咨询意见，表示维和行动属于《联合国宪章》第七章的范围（McCorquodale and Dixon，2003：566）。根据《联合国宪章》第十条和第十一条，联合国大会有权审议冲突预防的所有方面，可以酌情提出建议，并将可能威胁国际和平与安全的事项提请安理会关注。但是，大会决议不具有约束力，所以在预防性外交行动方面存在局限。不过，根据《联合国宪章》第三十四条，安理会有责任：

> 调查任何争端或可能引起国际摩擦或惹起争端之任何情势，以断定该项争端或情势之继续存在是否足以危及国际和平与安全之维持。

同样，《联合国宪章》第九十九条还规定，联合国秘书长有权"将其所认为可能威胁国际和平及安全之任何事件，提请安全理事会注意"（UN，1945）。之后的历任联合国秘书长都或多或少成功地使用了这种权力。

从官僚体系层面来看，联合国预防性外交框架目前包括三个重要部分，即危机管理、维和行动与冲突后的重建（具体事例见专栏12-2），这同样表明，预防性外交涵盖的内容正在逐渐扩展。危机管理主要由政治事务部负责,其中涉及联合国秘书长的斡旋工作、秘书长任命特使的调停工作,还包括西非、中非和中亚地区办事处的冲突缓和倡议以及驻地政治特派团的危机管理战略。

> **专栏 12-2　联合国的预防性外交**

● 在苏丹,2011 年 1 月南苏丹独立公投成功举行,预防性外交功不可没。当时,安理会发表了一系列声明,并派专员访问该国;联合国秘书长还任命了一个高级别小组,支持苏丹当局采取各种行动、与各方达成一致,保证公投顺利进行。

● 在几内亚,从 2009 年到 2010 年,联合国西非办事处一直努力推进该国军事政变后的政治转型,为独立后的第一次民主选举铺平道路。

● 在塞拉利昂,2009 年,该国执政党与反对党之间出现矛盾,在联合国建设和平综合办事处的努力下,这一矛盾没有发展升级为暴力冲突。

● 在西撒哈拉,联合国于 1991 年派驻了公投特派团,目的是监督停火状况和联合国方案的执行情况。

● 在肯尼亚,2008 年选举后爆发了暴力冲突,联合国秘密支持以非盟为主的调停活动,成功阻止了暴力冲突,并通过谈判解决了选举问题。

● 在吉尔吉斯斯坦,联合国中亚预防性外交中心与当地政府及欧洲安全与合作组织进行密切合作,共同努力,结束了 2010 年的种族冲突,恢复宪法秩序。该中心还努力推动各方就区域内和平分享水资源达成协议。

- 在刚果民主共和国,联合国秘书长于 2008 年秋天及时派遣一名特使,帮助平息当地的动荡,缓解了卢旺达与刚果民主共和国之间的紧张局势,成功避免局势进一步恶化(UN Department of Political Affairs,2012)。

维和行动是在各方同意的基础上,提供安全、政治和早期建设和平的支持。联合国维和行动部负责统领维和行动,截至 2017 年 5 月 31 日,联合国维和行动部共向 115 个国家派出 15 个特派团,其中包括 83 499 名现役军队与军事观察员,12 494 名来自 124 个国家的警察,还有 5043 名国际文职人员、10 276 名当地文职人员、1599 名联合国志愿者(UN Department of Peacekeeping Operations,2017)。联合国安理会和大会都充分认识到,约一半的内战都是冲突复发,于是在 2005 年设立了建设和平委员会。截至 2017 年 7 月,布隆迪、塞拉利昂、几内亚、几内亚比绍、利比里亚和中非共和国都被提上了该委员会建设和平的日程。联合国秘书长还在 2006 年建立了建设和平基金,旨在为冲突后国家实现长久和平的活动和组织提供支持。

除了自成立之日起就一直困扰联合国的资金问题,预防性外交还面临一些其他问题。首先,目前秘书处还没有专人负责收集、分析和整合联合国预警报告,因此联合国内部的各预警部门需加强合作,提升合作质量(见专栏 12-3)。其次,一些区域和次区域组织已经展现出强大的预警、冲突预防、建设和平与维和能力(如欧盟、欧安组织、非盟和美洲国家组织),联合国需要加强与这些组织之间的合作。最后,要让建设和平的成果持续下去,联合国需要让决策圈、其他高级官员,乃至整个民间社会都参与到预防性外交中来(二轨外交)。

专栏 12-3　联合国早期预警系统

- 联合国政治事务部（UNDPA）负责向主管政治事务、主持和平与安全执行委员会的副秘书长提供分析报告和简报，提请其关注可能出现的危机。
- 2001 年，联合国政治事务部危机预防与恢复局成立，目标是"帮助各国预防武装冲突和自然灾害，以及进行灾后恢复"。
- 维持和平行动部（DPKO）有一个 24 小时情况中心，负责保持联合国总部、外地特派团、派遣部队的国家和有关非政府组织之间的联系。情况中心有两个预警部门，分别是行动室和研究联络组。
- 人道主义事务协调厅（OCHA）的协调反应部设有早期预警和应急规划处，主要负责向人道主义事务副秘书长、紧急救济协调员和紧急情况及准备行动高级管理人员提供信息。
- 世界粮食计划署最先开设了跨机构的人道主义早期预警平台，该网站建立在世界粮食计划署现有的全球早期预警系统之上，主要根据合作伙伴的数据对暴雨、洪水、火山爆发和地震等自然灾害进行预警。
- 人权事务高级专员办事处（OHCHR）负责监测、公开报告各国的人权状况。若特别报告员或工作组发现可能有侵犯人权的情况发生，他们可以通过各种渠道发出警报，其中包括定期向人权理事会和大会报告。
- 秘书长防止种族灭绝罪行问题特别顾问办公室（QSAPG）成立于 2004 年，主要负责向秘书长和安全理事会报告可能升级并导致种族灭绝的事件。
- "全球脉动"（Global Pulse）倡议由联合国秘书长在 2008 年金融危机后发起，目标是创建一个高效运作的网络，旨在提供决策支持，可以在全球危机发生之时迅速有效地采取行动保护弱势群体。

除了这些财政和组织方面的问题，联合国预防性外交路径中还存在一些固有的概念问题。第一，预防性外交从斡旋和调停扩大到维和与建设和平，这到底是否有必要目前尚不明了。一方面，要解决国际危机，中立方的积极调停非常重要，调停方需要有强大的谈判能力，且在冲突各方看来拥有良好的信誉；但是，维和与建设和平所涉及的能力与调停不同，维和方需要精通军事策略、人道主义援助和冲突后重建，这些通常不在传统的外交能力范畴之内。此外，外交是由一套规则和行为规范（例如承认、开放、对话、建设性模糊）共同构成的，但这些规则同维和与建设和平的某些战略可能存在冲突。换言之，谈判所要求的技能与执行协定、推进维和与建设和平进程的能力完全不同，外交官可能不具备相应能力，无法实现角色转换。

另一方面，有人可能认为，预防性外交的内涵不断扩展，如今已涵盖了所有的冲突预防措施，这反映出当今各种安全问题此起彼伏，如恐怖主义、有组织犯罪、脆弱国家、环境问题等。在这样的背景下，外交的本质也在变化。这就解释了为何人们越来越倾向于培训"游击队员式外交官"或"远征外交官"，让他们来完成传统外交官的工作（具体见第十章）。联合国在冲突调停中发现，要实现可持续和平，谈判中和执行协议时都需要强有力的核心。在执行协议时，谈判双方需要不断调整已谈妥的事宜，所以调停方的作用不会在协议达成时立刻结束。如果不及时解决新出现的问题，整个和平进程可能会直接崩溃，比如1994年《阿鲁沙协议》遭到破坏，最终导致80万卢旺达人死于种族屠杀。

第二，预防性战略的目标有时不太明晰，在实践中总与消极的结果混淆在一起。一般来说，采用预防性措施是为了解决冲突的直接和结构性根源（见词汇表：直接性预防与结构性预防）。直接性预防（比如停火、维和或者裁军）耗时短，旨在部分或彻底解决直接造成冲突的原因。结构性预防（如民主化、发展经济、转型正义、种族融合、军备控制等）则是一个长期过程，旨在更全面地解决造成冲突的深层次问题（Wallensteen，2002：213-214）。从原则上看，联合国进行调停应着眼于冲突的直接原因，建设和平则应着眼于结构性原因，维和介于二者之间。实际情况还要更复杂一些，因为冲突的阶段非常关键，这决定了采取预防性行动的时机和方式（见图12-1）。

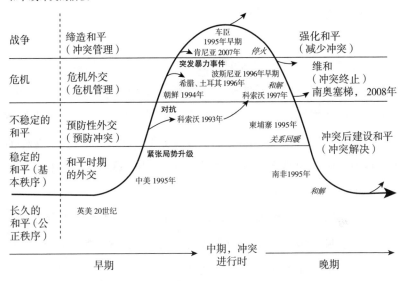

图12-1 冲突的演变历史和外交接触的阶段

来源：Lund（2008：290）。

在理想情况下，直接性预防应在冲突初现端倪时进行。例如，在科索沃问题上，由于阿尔巴尼亚族遭到塞尔维亚当局歧视，同时遭受警察的暴力执法，1993年，种族冲突和武装动乱开始升级。有人可能会认为，1994年为巴尔干半岛和平谈判而成立的六国"联络小组"（美国、俄罗斯、英国、法国、德国和意大利）决定开展预防性外交为时已晚，这也使得其后一系列措施收效甚微。实际上，1989年塞尔维亚总统斯洛博丹·米洛舍维奇（Slobodan Milosevic）撤销科索沃自治权，成为冲突的催化剂。如此说来，是否在1990年就采取一些结构性预防措施（经济援助、民主化项目等）更恰当？这是否能防止冲突在几年后愈演愈烈呢？

而2008年南奥塞梯冲突则改变了大家对直接性预防和结构性预防先后顺序的认知。2008年夏天，格鲁吉亚-奥塞梯冲突再次爆发。在这之前，由于欧盟、美国、世界银行和联合国开发计划署的经济援助和技术支持，双方已有16年未发生大规模冲突。但这些援助都未能让米哈伊尔·萨卡什维利总统（Mikheil Saakashvili）领导的格鲁吉亚政府继续遵守1992年签订的停火协议，避免采用武力方式来重新统一国家。这说明，即使采取了足够的结构性预防措施，国际社会仍应该保持警惕，在目标国情况发生重大变化时，重新采取直接性预防措施。虽然不同阶段可能需要不同的策略，但外交官们日益达成共识，应在冲突影响地区双管齐下，同时采用直接性和结构性两种预防措施，方能成功。

第三，除了预防性外交的范围和目标之外，还有一个棘手的问题：应授权哪一方来开展预防性外交？联合国肯定需要参与其中，因为联合国不仅在预防冲突方面有丰富的经验，还有着国际社会的象征性代表权，拥有足够的合法性。但同时，联合国已经形成了一种习惯，倾向于由上至下地解决冲突，比如开展精英谈判，这也导致了很多问题，出现了一系列让人失望的结果。例如，联合国就曾给严重侵犯人权的罪犯提供过合法性担保（Aggestam，2003：15）。此外，联合国财政紧张的问题长期得不到解决，其冲突预防的能力十分有限，因此经常不得不先考虑预防性行动（如危机管理与维和），将结构性措施和长期行动放到第二位。

　　冷战结束后，非政府组织已成为各国和联合国在冲突解决方面可靠的伙伴（见专栏12-4）。非政府组织能够发挥多重作用，比如冲突预警，建立沟通桥梁，调停或推动官方或非官方谈判，推动基层组织参与和解进程，由此实现冲突管理（Ahmed and Potter，2006）。但是，非政府组织与国际组织、国家之间的关系并不稳定，也很难长久，双方在合作时互不信任，矛盾重重。一方面因为双方对外交、冲突解决的理解不同，另一方面是因为双方的目标群体不同。例如，非政府组织的发展方向与政府有差别，在很多方面的看法也与政府不一致，因此，多国政府认为非政府组织提供的信息不准确、不平衡（Aggestam，2003：19）。

专栏12-4　非政府组织提供冲突预防倡议的案例

● 圣艾智德团体（Community of Sant'Egidio）是一个宗教团体，于1968年在意大利罗马成立，曾参与多国和平进程，包括莫桑比克、阿尔及利亚、危地马拉、阿尔巴尼亚、科索沃、布隆迪、多哥、卡萨芒斯以及最近的刚果（金）、苏丹、乌干达北部和科特迪瓦。这个团体与非国家行为体，特别是暴力行为体建立了直接联系，而后者基本上与国际社会完全隔绝。

● 卡特中心（Carter Center）由美国前总统吉米·卡特（Jimmy Carter）于1982年创建，雇用全职员工，负责人权、民主、冲突解决和卫生等方面的项目。卡特中心在监测世界各地选举方面发挥着重要作用，此外，在朝鲜（1993年）、南斯拉夫（1994年）、布隆迪（1991年）、海地（1994年）、乌干达（2002年）、苏丹（1990年）和利比里亚（1992年）等交战各方之间成功建立了政治对话，在全球都有不错的口碑。

• 人道主义对话中心（Center for Humanitarian Dialogue）成立于1999年，是一个瑞士基金会，旨在探索人道主义对话方面的新概念。该机构推动高级外交官和武装集团领导人能够通过谈判解决分歧，同时谨慎管理谈判相关事务。自1999年以来，该中心一直参与亚洲、非洲、拉丁美洲、巴尔干半岛和中东的建设和平行动和调停，并推动了达尔富尔人道主义停火协议及亚齐停止敌对行动协议的签订。

• 危机管理倡议（Crisis Management Initiative，CMI）由芬兰前总统马尔蒂·阿赫蒂萨里（Martti Ahtisaari）于2002年创立，通过结合传统手段和新型接触战略，增强国际社会的危机管理和冲突解决能力。在亚齐，该组织发挥的作用最令人瞩目。阿赫蒂萨里提出了"自治"的方案，弥合了各方观点的不一致，达成了各方都能接受的协议（Bartoli，2008）。

三、国际刑事司法

预防性外交应预测并及时消除对国际和平与安全的威胁，以此推动国际秩序的和平发展。国际刑事司法（见词汇表）在推动和平转变方面则更进了一步。国际刑事司法不仅否定了使用武力的有效性，也否定其合法性。换言之，除了在《联合国宪章》第七章中提到的极少数情况下（见本书第三章），行为体不应该使用武力，不仅因为"得不偿失"，还因为通过武力解决国际争端并不合法。可以说，国际刑事司法在促进和平进程方面比预防性外交更艰难，这主要是因为各国都奉行主权至上原则，任何试图削弱国家运用法律武器抵御外部干涉的尝试，就会引起高度怀疑。

研究表明，对于各国来说，国际法并不是国家利益和自愿限制使用武力的附带现象，它其实在和平解决争端方面发挥了核心作用。比如，相关各方提请的合法主张的力度决定了各方以武力方式还是和平方式解决问题。比起各方都无法就争端领土提起令人信服的主张，各方法律主张力度的不对称，更容易推动争端的解决（Huth et al.，2011：433）。这样的研究发现当然令人感到振奋，但也引发了进一步的问题，即如何提升国际法的权威，让其能够有效制约国际行为体，防止使用武力。本节将探讨国际刑事司法这一解决方案。从广义的角度看，国际刑事司法是指不管国内法如何规定，国际法直接通过国际法院或混合法庭向个人追究刑事责任的制度（Broomhall，2003：10）。

（一）国际刑事法院

国际刑事司法的中心机构是国际刑事法院，这是第一个以条约为基础、具有国际司法权的常设刑事法院，旨在让国际社会关注的犯下最严重罪行的罪犯接受应有的惩罚。从外交的角度来看，国际刑事法院的设立意义重大。原因主要有两点：第一，为建立国际刑事法院，各国进行了长期反复谈判，这能提振人心，让人们相信虽然会有挫折和反复，外交人员终究能够成功建立强有力的国际法规范。第二，对国际刑事法院迄今表现的评估，有助于帮助人们明确国际刑事司法的发展方向，明确外交官要克服何种困难，才能让国际刑事法院成为一个切实有用的制度工具，维护国际秩序及其和平转型。

我们应该如何理解国际刑事法院的成立呢？法院的成立很好地说明了外交官如何通过现有国际法，最终汇聚形成新的国际法。本杰明·希夫（Benjamin Schiff）用了一个比喻，非常贴切地描绘了这一过程。他说,"正义之河"造就了国际刑事法院(Schiff,2008)。而汇聚成这条大河的溪流就是一系列不断发展的国际法。从19世纪中叶到20世纪初,战争法的数量逐渐增多。在1864年《日内瓦公约》的谈判过程中,有人提议司法小组在条文中去掉遵守的义务,但小组并未采纳。二战前,另外两项《日内瓦公约》(1906年和1929年)和两项《海牙公约》(1899年和1907年)相继通过。1928年签订的《白里安-凯洛格非战公约》重点关注判断战争正义性的标准,同时也关注"作为国家政策工具"的非法战争。与此同时,常设国际法院开始制度化。为和平解决国际争端,人们设立了常设仲裁法院(1899年)和常设国际法院(1922年)。

国际社会对于震惊世人的事件所持有的态度形成了另外一条溪流。一战中的协约国曾对亚美尼亚种族大屠杀表达了鲜明立场。1915年5月24日,协约国通过当时仍然中立的美国向奥斯曼政府传达了以下信息:

> 鉴于土耳其犯下的这些危害人类和文明的罪行,盟国政府向高门(奥斯曼政府)宣布,政府所有成员和参与屠杀的每一个人都将对这些罪行承担个人责任。
>
> (转引自 Schiff,2008:20)

"承担个人责任"的表述至关重要,说其重要并不是因为上述危害人类和文明的罪行都已发生,实际上1923年的《洛桑条约》让那些本该被追责的人得到了赦免。其重要性在于这种观点已然进入外交话语,且不会轻易被遗忘。

1933年,在国际联盟的一次会议上,波兰检察官拉斐尔·莱姆金(Rafael Lemkin)第一次提出了国际"残暴罪"的定义。在二战期间写的一本书中,莱姆金创造了一个新概念:种族灭绝。与此同时,非政府组织也在向这方面努力。20世纪20年代中期，欧洲议会联盟和国际刑法协会提议设立常设法院，其管辖权限不仅限于国家和个人，应涵盖侵略罪行。1937年，这些提议似乎得到了回应，国联通过了一项建立国际刑事法院的条约。但由于太多国家拒绝批准，该条约未能生效。

二战中，德国和日本犯下了严重的战争罪行，其中大屠杀更是臭名昭著，这促使个人追责问题被提上议程。战后，德国和日本的战犯分别在纽伦堡审判和东京审判中受审，其中纽伦堡审判在国际法上开创了重要先例。审判涉及四类罪行：参与危害和平罪；策划、挑起以及进行侵略战争罪；战争罪；反人类罪。这四种类型是美国、苏联、英国和法国在1945年伦敦会议所达成的协议中定下的。一方面，四大国运用了现有法律，如《白里安-凯洛格非战公约》及日内瓦、海牙公约；另一方面，它们在所定罪行中包括了反人类罪，从法律层面进一步拓展了对国际罪行的认识。这一次，追究种族灭绝的责任不再像奥斯曼帝国那次，只是无实质意义的威胁，违法者确实必须承担责任，相应的法律类别可以让法院的判决有据可依。

正如希夫所展示的，二战后，这类法律进一步增多（见专栏12-5），其中不少都由联合国制定。《防止及惩治灭绝种族罪公约》和《世界人权宣言》都是重要的里程碑式文件，国际法在保护无辜人民和追究犯罪者责任方面得以更进一步。作为协助联合国大会以促进发展和编纂国际法的法律专家机构，国际法委员会（ILC）于1954年向联合国大会提交了一份关于成立国际刑事法院的规约草案。然而，在冷战的紧张环境下，这份草案并未落实。从20世纪70年代开始，西方国家公民发起的社会运动不断呼吁世界和平，许多非政府组织的声音日益成为不可忽视的力量。呼唤和平的声音强烈支持执行

《防止及惩治灭绝种族罪公约》和《世界人权宣言》等法律文件,并向国际社会提供各国执行情况的记录信息。

专栏 12-5　国际刑事法院《罗马规约》的谈判过程

- 1948 年:联大通过《防止及惩治灭绝种族罪公约》。
- 1948—1989 年:由于冷战的进行,建立国际刑事法院的倡议被搁置。
- 1989 年:特立尼达和多巴哥重新提出倡议。
- 1994 年:应联大要求,国际法委员会准备了草案初稿。
- 1996—1998 年:(联大建立的)筹备委员会在联合国总部召开了六次会议,准备综合草案。
- 1997 年:联合国决定召开关于建立国际刑事法院的全权大使会议。
- 1998 年 6 月 17 日至 7 月 17 日:160 个国家参与谈判,200 个非政府组织旁听并监督,120 个国家投票赞成通过《罗马规约》,7 个国家(包括美国、以色列、中国、伊拉克和卡塔尔)反对,21 个国家弃权。
- 2002 年 4 月 11 日:由各国交存的批准书数量达到了 60 份,《罗马规约》批准国家数量达到要求。
- 2002 年 7 月 1 日:《罗马规约》正式生效。

随着冷战的结束,建立一个国际刑事法院的新机会出现了。在 20 世纪 90 年代,安理会会员国相互合作的程度比前几十年更高,授权为南斯拉夫和卢旺达分别设立了前南斯拉夫问题国际刑事法庭和卢旺达问题国际刑事法庭。这些法庭是自纽伦堡和东京审判以来的

第一批特设法庭，最初只是作为展现国际正义的一种姿态，而非国际刑事司法上的实质进展，不过，这为设立常设国际刑事法院做好了铺垫。剑桥大学法学者詹姆斯·克劳福德（James Crawford）领导的国际法委员会起草了一份国际刑事法院规约草案。有"国际刑法之父"之称的法学者 M. 谢里夫·巴西奥尼（M. Cherif Bassiouni）将非政府组织纳入其中，并在意大利锡拉库萨的一次会议上与他们讨论如何进一步发展这项草案。从 1994 年到 1998 年，各国外交官又花了四年时间进行谈判，1998 年，终于在罗马的最后一轮谈判中就这项规约达成了一致。

现在，让我们把目光聚焦在谈判中一名外交官的身上，他叫菲利普·基尔希（Philippe Kirsch），来自加拿大。作为一名拥有丰富多边交流经验的外交官，他担任最后一轮谈判的主席，并且成功地行使了主席之权。他鼓励非政府组织参与，后者支持建立一个强大的国际刑事法院（也就是拥有独立检察官，可以不经安理会批准独立发起调查的法庭）。根据支持方提出的各项主张，他起草了一项一揽子协议，并尽其所能来捍卫这份协议。例如，在一个有争议的举动中，他拒绝将一揽子计划中可能存在争议的部分提交给起草委员会，以保持整个方案的完整。他还谨慎地及时选择了正确的角度，"击退"了印度和美国代表团，让他们没能实现恶意修改草案的意图。与联合国惯例不同，他让各国对该修正案投票，最终修正案遭到了"绝对多数"的否决（Washburn，1999：372）。

上述诸多环节对《罗马规约》的通过都至关重要，但仅靠这些举措和基尔希本人还远远不够。当时，代表团的总体情况对基尔希是有利的。志同道合者集团（Like-Minded Group）是一些支持建立国际刑事法院的国家，另外还有约 20 个国家与该集团进行了密切合作。这些国家也与非政府组织国际刑事法院联盟（见词汇表）进行了密切合作。它们共同组成了一个重要的谈判集团，并且得到了联合国秘书处，特别是秘书长的支持，主要因为秘书长认为建立国际刑事法院非常有利于维护《联合国宪章》。相比之下，美国在谈判中基本上孤立无援，无法左右谈判进程。也就是说，除了基尔希的谨慎，还有其他的东西使绝大多数人朝着同样的方向前进。这个东西就是《罗马规约》所依据的法律的演变。1998年7月17日，120个国家通过了《罗马规约》，在得到其中60个国家批准后，该规约于2002年7月1日生效。现在，已经有124个国家成为《罗马规约》的缔约国，这充分说明了世界各国对国际刑事法院的支持，其中南美和欧洲以及非洲、亚洲部分地区的国家尤为支持。

我们可以从这一漫长而艰难的谈判过程中总结出三点。第一，历史事件在创造变革机会方面具有决定性作用，而这些变革机会会推动建立强有力的国际法准则（也就是希夫所说的"正义之河"）。在这种情况下，外交官的作用由两种截然不同因素所影响。一方面，外交官的地位最为有利，可以抓住由危机带来的机会，为一些倡议造势以支持国际法；但另一方面，外交官作为国家代表，是否支持协议还需考虑该协议是否会对本国造成限制。由此引出第二点结论，非国家行为体在这一过程中作用重大，它们促使国际社会持续关注国际刑事司法问题，同时也推动建立国家行为体与非国家行为体之间的有效联盟。如果没有莱姆金、国际刑法协会、巴西奥尼和国际刑事法院联盟的努力，如今国际刑事法院可能还只是镜花水月。第三，签署协定并不意味着外交工作的结束。有32个国家签署了《罗马规约》，但还没有获得国内批准（包括以色列、苏丹和美国取消了签署），所以，国际刑事法院未来将如何发展，在很大程度上取决于各国是否承认其维护世界和平和促进国际秩序稳步发展的能力。

参与《罗马规约》谈判的国家究竟在哪些方面达成了一致呢？第

一，它们批准了国际刑事法院的管辖范围，包括四类罪行：灭绝种族罪、危害人类罪、战争罪和侵略罪。第二，谈判代表就国际刑事法院的结构和组织方式达成了一致。国际刑事法院有三个司法部门，即预审庭、审判庭和上诉庭，共有18名法官在这三个部门工作。法院院长和两名副院长从法官中产生。加上行政人员，法院共有700多名工作人员。第三，也是非常重要的一点，《罗马规约》设立了检察官办公室（见词汇表），一名独立检察官负责办公室工作，副检察官进行协助。检察官的主要职责是"为查明真相，调查一切有关的事实和证据，以评估是否存在《罗马规约》规定的刑事责任。进行调查时，应同等地调查证明有罪和无罪的情节"（Art. 54.1（a）UN，2012）。

常设刑事法院实乃首创，意义重大，其判决具有追溯力，能够为受害者伸张正义，还能通过威胁起诉制止可能严重侵犯人权的罪行，因此也具有预防性质。实话实说，国际刑事法院确实无法保证将国际上所有犯下严重罪行的罪犯绳之以法。中国、俄罗斯和美国等关键大国不是《罗马规约》缔约国，因此，原则上这些国家的公民也不受规约管辖。此外，安理会（包括五个常任理事国）拥有转介权，在一些案件中，这基本等同于给法院投了反对票。最后，规约中第17（a）条所规定的互补性规则赋予了各国一定的自由裁量权，因此，只要它们有能力和意愿自行进行调查或起诉，就可以避开国际刑事法院的司法管辖。

同时，国际刑事法院将来可能会面临外交方面的问题，需考虑如何继续获得缔约国的支持，故其未来仍不确定。和其他国际组织一样，国际刑事法院不具备任何强制力来确保其目标能够实现，确保其决定得到履行，它只能依赖其"软实力"，也就是始终以公正、高效的方式来伸张正义的能力。所以，只有通过短期和长期的外交努力，不断提升国际刑事法院的合法性，才能确保其未来的发展。首先，国际刑事法院需要妥善解决所谓的调查偏见问题。截至2017

年7月，有24起案件被提交到国际刑事法院，这些案件基本都发生在非洲大陆，但调查延伸到了阿富汗、格鲁吉亚和哥伦比亚。其中最著名的就是苏丹案件，鉴于苏丹总统巴希尔（Al Bashir）在达尔富尔危机期间的政策，预审庭第一庭对巴希尔发出了逮捕令，他成为第一位在任期间被国际刑事法院指控犯有灭绝种族罪的国家元首。

国际刑事法院名单上罪犯数量最多的是非洲地区，这引起了大家的关注。卢旺达总统保罗·卡加梅（Paul Kagame）曾说过，国际刑事法院就是"针对非洲国家成立的"，而非盟委员会主席让·平（Jean Ping）则讽刺道，非洲竟在这方面成了"全世界的榜样"（Jacinto，2012）。此事最终导致2017年2月非盟一项非限制性决议的颁布，呼吁各国退出国际刑事法院（BBC，2017）。在现任首席检察官法图·本苏达*（Fatou Bensouda）的领导下，国际刑事法院也将审查范围扩大到了非洲以外的国家。本苏达是冈比亚律师，曾在2004年至2012年间担任副检察官。对非非洲国家案件的成功起诉可以在短期内提升法院的合法性，但从长期来看，还需要采取更全面的措施，巩固法院声誉，让各国承认其在维护国际秩序方面不可或缺的作用。

（二）混合法庭

除了国际刑事法院，还可以通过混合法庭推进国际刑事司法发展。国际特别法庭的结构性问题一直层出不穷，资源有限，能让各种犯罪者逃脱惩罚，还常面临政治化的风险。而由于司法管辖、法律空白等问题，国内法院也常常无法高效开展审判工作，沟通不畅、财政困难、管理漏洞、合法性问题、贪污指控等也都严重阻碍了国内司法进程（Higonnet，2006：347）。这些问题造成部分案件判决延

---

* 法图·本苏达在2012—2021年间担任国际刑事法院检察官，现任检察官是英国人卡里姆·汗（Karim Khan）。——译者

迟，或者根本就没有审判。混合法庭旨在取二者之长，补二者之短，推进司法进程，其中最著名的要属黎巴嫩、塞拉利昂、科索沃、波黑、东帝汶和柬埔寨各国处理严重侵犯人权、危害人类罪和其他战争罪行的院庭。

一方面，混合法庭可以利用国际法，同时"借用"参与到案件中的国际组织的合法性，让混合法庭拥有将罪犯绳之以法的权威。另一方面，混合法庭可以深入民众，充分利用当地的专业资源。通过整合当地规则，混合法庭可以调整司法程序，为当地民众伸张正义，这通常是国际法院想做但做不到的。如果能够进入当地司法系统（运用该国法律，雇用当地法官和检察官），混合法庭还能帮助地方司法系统进行改革。因此，混合法庭有能力将司法机制融入当地文化中，以可持续的方式改变当地司法机构，真正改变"有罪不罚"的循环，并超越报复性司法，培养问责制（Higonnet，2006：2）。

在建立混合法庭时，联合国一再强调，要因地制宜，不能照搬别处或通用的模式。

"在建立混合法庭时，还需考虑当地的政治、历史、文化和国家情况，为该地打造合适的司法制度（Bertelman，2010：343）。混合法庭要让当地人参与审判，充分评估当地的需求和冲突后期许，目的是为饱经冲突的社会量身打造合适的解决方案。一旦成功建立了混合法庭，国际社会（主要是联合国）就可以与该国一起借助各类国家行为体进行判决、问责与决策（Bertelman，2010：343）。

2004年，柬埔寨与联合国达成一致，建立了柬埔寨法院特别法庭（ECCC），这是探讨混合法庭重要范例。该法庭建立的目的是处理1975年至1979年间柬埔寨波尔布特执政期间红色高棉政权犯下的各种罪行（包括战争罪、危害人类罪与灭绝种族罪）（Bertelman，2010：341）。

特别法庭曾面临各种问题（见表12-1）。争议之处在于其建立的基础是柬埔寨国内法，所提供的法律保护不足，成立协议中对国际法的援引也非常有限。"太遵从柬埔寨并不民主的国内刑法"（Carroll，2013：10；Scully，2011：322）。柬埔寨国内法存在不少争议，许多人认为该国国内法存在很多漏洞和问题，不能达到国际人权标准，而且在20世纪50年代法国殖民者离开后，这些充满漏洞的法律也未能很好地执行。另外，红色高棉政权基本消灭了柬埔寨整个法律界，只留下几个了解法律体系并懂得如何运用法律的专家（Scully，2011：322）。另一方面，也有人担忧，此案件属于柬埔寨内政，而特别法庭牵涉了太多国际力量，侵犯了柬埔寨主权（Carroll，2013：10）。还有人认为，特别法庭和其他混合法庭都是将西方霸权主义和西方价值观强加于非西方国家的工具。在曾被殖民过的国家，混合法庭引来的争议尤其巨大。

表 12-1　柬埔寨法院特别法庭的局限与成功

局限	成功
提供的法律保护不足	创造了共同的历史
司法管辖权有限	结束有罪不罚的现象
政治干预，司法不独立	能力建设
偏见	逐渐培养柬埔寨人对国内制度的信心
贪腐问题	外展服务
国内力量干涉过多	受害者/公民的参与
对西方干预的疑虑	

也有人认为，特别法庭的司法管辖权有限，没能一一审判红色高棉政权各级官员犯下的罪行。特别法庭审判了牵涉其中的高层官员，但当时执行高层命令、犯下罪行的低级别官员却免遭牢狱之灾。随着特别法庭工作的展开，人们产生了一些担忧（其中部分担忧后来成为事实），比如政治干预、法官和工作人员无法保持中立、收受贿赂和回扣严重影响司法进程等（Scully，2011：321-344）。

尽管如此,特别法庭还是取得了不少成就(见表12-1)。首先,创造了共同的历史,承认了柬埔寨经历过的苦难,能够让痛苦不堪的社会慢慢愈合创伤,从动荡和冲突向社会和政治稳定过渡。尽管外界批评特别法庭司法管辖权有限,审判罪犯的能力不足,但特别法庭确实结束了柬埔寨此前普遍存在的有罪不罚的现象。其次,特别法庭还让柬埔寨逐渐建立起一种问责文化,有助于柬埔寨社会的转型。再次,当地法官和律师通过这次机会接触到了国际法律体系,未来柬埔寨或可采纳类似的法律法规制度,该法庭由此促进了柬埔寨的司法能力建设。此外,柬埔寨人民在此次事件中体会到,国家法律会公平公正地对待每一个人,从而也帮助民众恢复对国家制度的信心。由于受害者、当地律师和法官都参与到了审判过程中,因此法律程序拥有合法性,人们更加相信本国在审判中掌握了主动权。特别法庭还产生了一些其他影响,比如给当地人提供了教育机会,增进其对法院审判的了解,也让当地人确信柬埔寨是一个法治国家,国家司法机关会将犯罪者绳之以法。最后,特别法庭让当地民众以公民团体的身份参与到审判中,既让他们对审判有所了解,又给他们带来了一些成就感(Scully,2011:338-346)。

混合法庭潜力很大,不仅可以提供过渡时期司法,还能促使当地建立更加合理的司法制度,在社会和解的过程中,是不可或缺的重要因素。

四、小结

- 外交官如果能够减少或消除通过武力解决国际争端的做法,将会让世界变得更美好。冷战后,预防性外交作为集体安全的实现形式应运而生,旨在防止争端升级为冲突,并通过以下三个步骤防止冲突扩散：调停和斡旋、维和行动及冲突后的重建。地区性预防外交主要通过非正式手段和制度手段，建立各方之间的互信，但其是否能产生效果取决于主要利益相关方的权力分配情况。

- 国际刑事司法是指不管国内法如何规定，国际法直接通过国际法院或混合法庭追究个人刑事责任的制度。一方面，国际刑事司法明确指出，某些类型的罪行（破坏和平罪、战争罪、危害人类罪或灭绝种族罪）属于国际罪行，因此可以通过国家和国际法院起诉。另一方面，国内和国际法院之间的关系非常复杂，不仅因为两套系统的司法管辖行使条件存在较大差异，还因为在某些情况下，联合国安理会出于政治原因，不得不限制法院的管辖权。

- 混合法庭的设立旨在弥补国际法庭与国内法庭的缺陷，帮助人们接受司法机制，促进国内司法制度改革，杜绝有罪不罚的现象，让罪犯伏法、对罪行负责。在建立混合法庭时，需考虑国家的政治、历史、文化情况，打造合适的司法制度。

思考题

- 外交官能让世界变得更美好吗？如果可以，需要怎么做？
- 外交官是否不仅要参与调停和斡旋，还要参与维和与建设和平？
- 直接性预防与结构性预防之间存在何种矛盾？外交官应如何解决？
- 应采取何种外交手段，提升国际刑事法院执法的有效性与合法性？
- 让混合法庭履行国际刑事司法义务，是否比国际刑事法院更有效？

推荐阅读

Bercovitch, Jacob, Viktor Aleksandrovich Kremeniuk, and I. William Zartma (eds.). 2008. *The Sage Handbook of Conflict Resolution*. Thousand Oaks, CA: Sage Publications.

这本书共35章,每章均精心撰写,向读者呈现冲突解决的概念、方法和本质。这本手册引述了不同领域专家最新的研究和实践,通过他们的研究呈现整个领域的现状。

Cassese, Antonio. 2009. *The Oxford Companion to International Criminal Justice*. Oxford and New York: Oxford University Press.

通过阅读这本书,读者可以了解目前国际刑事司法这一新兴领域的发展状况。第一部分包含21篇顶尖学者的论文,主要介绍国际人道主义法、国际刑事法及其实施现状,同时介绍相关争议。第二部分包括320多个词条,介绍相关学说、程序、制度和重要人物。最后一部分包括400多个案件概述,涉及战争罪、危害人类罪、大屠杀、实施酷刑、恐怖主义等,审理方既有国际法院,也有国内法院。

Hampson, Fen Osler, and David Malone (eds.). 2002. *From Reaction to Conflict Prevention: Opportunities for the UN System*. Boulder, CO: Lynne Rienner Publishers.

读者可以通过该书了解当今联合国体系内在冲突预防方面遇到的现实挑战,书中既包含学界研究,也有政策内容。几位作者研究了战争起因和战争中各方互动,并将其作为预测冲突爆发的有效工具，由此对该理论的现状和未来提升方向进行了分析，目的是将冲突预防理论运用到实践当中。

Schiff, Benjamin N. 2008. *Building the International Criminal Court*. Cambridge and New York: Cambridge University Press.

这本书融合了历史学、国际关系理论和专家评论，分析了国际刑事法院的起源、创新之处、发展情况和面临的挑战，还分析了国际刑事法院为了把不同的法律传统融入新的国际法律体系中做了何种努力和尝试。

第六部分 结 论

第十三章　外交的未来

一、外交即交流

　　本书名为《理解国际外交》，那么外交到底是什么？简而言之，外交就是交流。更准确地说，外交是一种特殊的交流方式，是制度化的交流方式，是得到国际承认的实体授权的代表之间的交流。这种交流产生公共产品，包括做出决策、建立关系、制定规则，不受国家边界的限制。结论部分简要归纳我们如何将外交视为一种交流方式来学习，讨论这种学习方法与其他外交学教科书、专著有何不同，探讨一直被忽略的外交与性别之间的关系，将外交与另一个概念——"反外交"一起进行分析，并解释新的外交形式将如何帮助外交官应对未来的诸多挑战。

　　随着时间推移，构成外交方方面面并塑造了世界政治的交流沟通也发生了变化。其中，随着主权意识的觉醒，主权国家开始在海外设立代表本国的常驻机构，这是外交发展过程中最具里程碑意义的事件。灾难和历史教训则在数个关键时间点彻底改变了外交进程。其中，从第一次世界大战中得出的最重要教训是，秘密外交是战争的根源。此后，人们开始相信制度建设，尤其是建立集体安全机制以避免大战的爆发。近年来，全球化浪潮让外交的范畴变得更为广阔，外交的议题领域和行为体数量也在不断增加。

　　这无疑增加了外交的复杂性。我们常常用"外交领域"来描述全球化时代的外交。在这个领域里做研究并非易事，于是我们勾画出一幅简图来理清思路（参见图6-1）。这张图由背景和任务两个模块组成。背景是国际公法和外交官习以为常的一系列观点，这些观点在很大程度上告诉我们外交官如何看待并处理全球政治问题。我们称之为深层背景。深层背景帮助行为体在外交领域中找到方向，完成任务，而所有的任务都与交流有关。我们将任务分为四类，即信息传递、谈判、调停和会谈，每一类都可以再进行细分，比如会谈包括廉价磋商、言辞战略、倡导和对话。完成这些任务反过来也会对背景产生影响。有些任务顺利完成，实现了目标，另外一些则可能向其他方向发展。

　　这张图提供了一些线索，指明了在学习外交学时要注意的基本分析单位。外交官的行为都根植于某个环境之中，环境塑造了外交行为（外交官完成的任务），外交行为反过来又会对环境产生影响。不过，这样分析仍很抽象。解释外交成果必须进行更细致的分析。我们主要从三个复杂层面讨论外交，即决策、关系和世界。当外交官执行任务时，一定会做出决策，那么他们是如何进行决策的呢？在书中，我们让读者一览社科领域中相关的争论，其中有四种逻辑反复出现，即结果导向逻辑、适当性逻辑、论辩逻辑和实践逻辑。我们研究了许多实证案例，讨论究竟要继续运用外交手段还是直接开战，从中分析出这些逻辑的优缺点，并得出结论——应当对这些逻辑兼收并蓄。

　　谈到外交，必然绕不开关系。国家间关系是好或坏，是亲密或疏远，是友好或敌对，这非常重要，而这些关系在很大程度上是由外交促成的。我们仔细分析了三大或明确地或隐含地解释外交关系构建的思想流派，即现实主义、自由主义和建构主义。简而言之，（古典）现实主义认为，建立关系的艺术在于保持距离和制衡；自由主义认为，建立关系意味着合作甚至是一体化；而建构主义认为，建立关系意味着共同体的产生。我们探讨了美朝关系的演变、欧盟外交政策的协调一致以及厄立特里亚与埃塞俄比亚关系的急剧恶化，通过实证分析研究了这些流派的解释力及不足之处。

外交官不仅可以做出决策、建立国家间关系，还可以塑造我们生活的世界。这体现在两个层面，从更深层次来看，外交官负责引导构建、重塑各种国际政治原则秩序，并使其合法化。具体来说，就是各国达成的共识，即谁有权创建国际秩序，参与的各国之间应如何分配维护全球秩序的责任（"秩序即价值"）。在政策层面，外交官利用这些规则建立起稳定有规律的全球活动和制度机构的模式（"秩序即事实"）。地缘政治并不认可"秩序即价值"，其观点主要建立在结合了社会达尔文主义对国际关系的认知和国际秩序的等级概念的规范性假设之上。外交官在国家之间建立朋友、竞争和敌人关系，利用国际社会相互竞争的无政府文化，反而实现了"秩序即事实"。通过建立国际道义（"秩序即价值"），外交官们逐渐明确了在特定历史背景下较为重要的目标（安全、再分配、承认）和为达到目标应采取的最适合的战略。

如果简单认为外交仅仅是重塑国际事务，那就会让人产生误解。外交同样塑造了各国国内事务，只是程度略有降低。冷战结束之后，一些国家政治体制的重建一直困扰着不少外交官，联合国的外交官们尤其感到头疼。如今干涉主义盛行，外部干涉的目标通常是重塑目标国的政治体制，比如，将威权体制转变为民主体制，结束战争，实现和平。但其中不少规范性问题引起了争议：究竟授权何时干预？应何时结束干预？以何种方式进行干预？在讨论上述问题的过程中，本书提出了三个理念：第一，社会力量主导；第二，通过克制、妥协和对话实现和平；第三，建立具有广泛适应性的工具库。总的来说，这些理念都强调外交工作需要进一步拓展，毕竟我们对和平的定义野心勃勃，需要实现；同时，各国情况不一，要因地制宜。

随着国际秩序的发展，外交官的角色也在发生变化，于是学界开始探讨：哪些问题属于外交代表的职责范畴？谁才能被称作外交官？外交官之间应如何交流？外交官的招募和培训要如何进行，才能使其高效应对当今的挑战？我们在书中给出的答案也存在一定争议。外交官既要代表本国利益，也要考虑可能对国际秩序造成的影响。因此，职业外交官可能会寻找折中点，在与他国的接触和联系中寻求现实主义的权力斗争和人文主义的需求之间的中间道路，这可能会让外交超越以国家为中心的代表形式，或让传统外交官和"新"外交官之间出现政治竞赛。"巧实力"战略性地同时使用胁迫和合作手段，力求结合硬实力和软实力，因此是产生外交影响力的宝贵工具。同时，我们也认为，如果各国外交部认为科技的快速发展是一次良机，能够帮助外交适应以当今生态系统为基础、积极主动、注重关系网络建构的新形势，数字外交就有望渗透到外交基因的深核之中。

最后，同样重要的是，外交官在使用和平方式重塑世界的过程中也发挥着重要作用。他们如今拥有预防性外交和国际刑事司法这两项可以使用的重要武器，能够降低国际和国内动用武力的可能性。预防性外交借助国际和地区组织的力量、合法性和资源，消除诉诸暴力的直接性和结构性动因，从而推动国际秩序的和平发展。国际刑事司法直接向个人追究刑事责任，不仅在短期内能够阻止行为者诉诸暴力，从长远看，还直接动摇了用武力解决争端的合法性与合理性。然而，这两种方法都存在争议。一方面，将预防性外交由斡旋扩展到维和及建设和平，这意味着从根本上改变外交，目前在一线工作的外交官对此持坚决反对的态度。另一方面，外交与国际刑事司法之间协调还不顺畅,特别是国际刑事法院在执法时困难重重,混合法庭最近也在执法和维系成员国支持上遇到了不少问题。

二、增进理解

本书绝不仅仅是为了回顾已有的外交文献,书中还探讨了如何将政治学、社会学研究方法应用于外交研究。换言之,我们分析了现有的研究路径,也增加了新的研究方法,这些方法有的与政治学、国际关系相关,有的则来自传播学、经济学、法学、伦理学、心理学和社会学等相近学科。

这能帮助我们解决一些在外交学研究中仍被边缘化或被完全忽视的问题,其中有三个问题值得注意。第一,外交官的工作不只是谈判和调停,虽然这两项都很重要,但还有其他同样重要的工作,书中"信息传递"和"会谈"两部分论述的就是这一问题。信息传递具有建构作用,当传递的消息在传递方和接收方均有很大解读空间时尤为如此。外交会谈也意义非凡。比如,廉价磋商和言辞战略都会对谈判结果产生重大影响。总体来说,不同形式的会谈都会对外交体系产生影响,推动秩序重建,其中,既包括核不扩散这样具体的议题领域,也包括更加宽泛的体系利益。

第二,仅讨论外交任务是不够的(虽然这很重要),我们还需要关注外交背景,尤其是深层背景。背景为外交和外交官提供活动的舞台,指引外交官做出决策,采取行动。这些背景中有一部分关乎法律,特别是国际公法(这里指外交法)和最近的国际刑事法。此类背景相对公开透明。外交官都应是法律专家,既熟悉《联合国宪章》这样的基础法律文本,也熟悉某一特定委员会程序规则的具体细节,还要对战争罪嫌疑人的处置方法了如指掌。还有另一部分重要但常被忽略的背景，就是外交官所处的更深层次背景。外交官都有一些他们认为理所当然的观念，这是在外交舞台上活动的指南针，不遵循就寸步难行。比如，国际道义论（地位功能和道义）塑造了一个大环境，外交官在此语境下探讨如何解决国际安全、再分配和地位承认等基本问题。

第三，学习外交不仅要知道事情的来龙去脉，更需要知道事情应该是什么样子。外交领域有很多重要的规范性问题，比如把哪些政治问题提上外交议程，安排在什么位置，如何解决，等等。不论对这些问题的政治决策是否得到承认都涉及规范问题。一些决策涉及的问题范围狭窄，比如，为核不扩散条约制定附加议定书就是一例；其他所涉及的问题则较为宽泛，比如，外交官应该如何确保国际秩序和平转型，这是外交发展的核心问题。同样，谁可以成为一名外交官，何种权力形式适合外交交往，这些问题从根本上挑战了21世纪的外交实践，学界和外交界都倾向于摒弃这些宽泛的规范性问题，并将其简单地归为"哲学"问题进而排除在外交领域之外。但我们认为，这些哲学问题构建了国际秩序的基础，必须更仔细地加以研究。

三、性别与外交

一直以来，最为重要的决策都是精英们在政治舞台上作出的，但由于社会文化、意识形态、经济和制度上的阻碍，女性在历史上一直被排除在这个专业领域之外。自古以来，无论是国王、苏丹、王储、埃米尔、首相，还是他们的政府机关、特使和代表，男性始终都是地缘政治秩序最重要的书写者和主导者。事实上，外交文化和结构也同样由男性定义和塑造。虽然随着时代变迁，以男性为主的传统文化受到了一定冲击，但外交领域仍然保持着这种传统的性别观。因此，外交界仍然是一个不断强化性别不平等、延续过去"异化"女性行为的权力领域（Cassidy and Althari，2017）。

性别视角丰富了外交研究的路径。该视角并不认为男性主导外交是理所当然的，它开始审视传统男权规则和价值观如何塑造了外交，也让外交学专业的学生能够尽可能客观地从学术和政治现状评估男权思想对政策制定者和外交决策所产生的影响。这个研究视角展现出政治现象概念化和政治事件研究中存在的性别从属关系，同时也让学生们重新从概念和因果关系上建构更加准确的外交实践模型。这个分析路径不仅可以帮助我们更好地理解外交理论和实践中的男权主义本质，还能让我们看清主权变换、朝代更替的权力中心和变幻表象（Cassidy and Althari，2017）。

虽然如今还存在不少障碍，我们仍在努力推进外交中的性别平等。这些障碍存在于各个层面，比如在有的国家，女性完全不能参政，还有一些国家，最高外交决策机构的大门不向女性开放，当然其间还存在各种性别不平等的情况。扫除这些障碍是实现外交领域女性平等参与和代表的一种方式，但成功与否在很大程度上取决于机构的开放程度，毕竟一开始正是它们设置了这些障碍（Cassidy and Althari，2017）。

要解决外交领域性别不平等问题，或许可以从以下三个方面入手。第一，从制度层面认识到外交上的性别问题，所有管理层面都承认女性在工作中持续面临的性别障碍。第二，在此基础之上，政策制定者应敢于优化外交机构内的性别比例，虽然不一定能撼动那些看似平等实则不然的性别中立规则，但确实能打击机构中的性别歧视之风。第三，在提升女性所占比重的同时，未来的领导人和政策制定者还应重塑整个体系，既要实现数量上的平等，还要实现权力的平等；制定相关政策，让外交部门能够开始反省，外交实践中究竟什么特质比较重要，谁应该掌握实际权力，制度应该如何设计。唯有增强人们的性别平等意识，通过制度实现形式和实质上的平等，我们才能真正开始在外交实践中消除性别不平等现象。

四、反外交

这本书研究的是让外交能够正常运转的机制、制度和过程，在最后一章讨论反外交这个对立的概念显得有些文不对题。这样做有两点原因。一方面，外交官的工作需要符合国内和国际社会的预期，其中一部分与他们不应该追求的目标和不应该采取的工作方式相关。研究反外交有助于理解外交官违背公众预期带来的风险，及避免此类后果可采取的方法。另一方面，研究传统外交的同时也研究其对立面，这有益于建立起外交工作的质量评估框架。外交方式的范围和效果各不相同，但有时某种特定的反外交行为，反而可能"激励"人们，让陷入僵局的谈判或平淡无奇的外交沟通取得进展。

本书在导论部分指出，外交的定义包括四个方面：制度化沟通、双重承认、提供公共产品、生产能力（例如外交决策、建立关系和制定国际规则）。据此，我们认为反外交是挑战外交交流、合法代表权、公共产品管理和国际合作等方面能力的一系列实践、手段和过程。但这究竟意味着什么？从沟通的角度看，反外交会降低外交沟通的质量。如第六章中所述，外交官最重要的资源就是文字的力量，无论是通过信息传递、谈判、调停还是对话，文字的力量都最为关键。但如果交流变成了自说自话，这种力量就会消失。在此情况下，外交官可能看上去仍在交流，但他们互相推诿，忽略对方的论点，甚至拒绝承认对方发声的权利。在2003年伊拉克危机最为严峻之时，美国与欧洲盟友之间的对话生硬粗暴、充满对立情绪，是反外交沟通的典型案例（Bjola，2010）。

从代表权的角度看，反外交就是在某些政治实体符合"《蒙特维多国家权利义务公约》对独立国家地位设定的条件"（见第五章），得到了大多数国家承认时，通过某些策略颠覆甚至剥夺这些实体的主权。外交代表权的主要作用不是让两个行为体交好或开展合作，而是提供一个制度化的渠道，让双方可以借此表达对彼此政策的关切，并在局面失控之前消除隐忧。如果国家代表权被颠覆或剥夺，事情只会朝相反方向发展，两个行为体之间本已疏远的关系只会继续恶化，最后可能会通过暴力解决争端。

从公共产品的角度，反外交就是为了个体利益持续侵占外交的制度性渠道和资源，严重削弱外交官提供公共产品的能力。如在第四章中所讨论的，外交在过去的一个世纪中发生了巨大变化，这一进程仍在继续。现在外交不仅要处理战争与和平问题，还要处理经济和金融治理、发展、环境、全球卫生和移民等一系列重大问题。这些都是全球最重要的公共产品，需要双边、地区和多边层面持续、共同的努力。如果外交工具被操纵用于追求个人或者集体的私利，那么有利于国际秩序重建的公共产品则难以提供。在极端情况下，如根据1969年《维也纳条约法公约》第50条规定，如果外交官涉嫌贿赂对方代表，其参与谈判的国际条约的有效性也会受到质疑。

最后，从外交官做出决策、建立国家间关系、制定全球规则的能力角度看，反外交不仅会在量的维度影响外交进程（外交官是否高效地缔结了条约），也会在质的维度对其产生影响（这些决策、关系和规则能否让多个存在分歧的政治实体和平相处）。很明显，外交与反外交之间的界限很难界定，特别是在面对当前看来有益的但未来可能产生重大负面影响的外交成果时。比如,"保护的责任"或许是阻止政府虐待本国公民有效的外交工具,但若没有适当的制度约束,可能演变成为灾难性的军事干预。外交与反外交之间质的差别在于外交人员在做出决策、建立关系、制定规则时是否审慎。我们在第十章已经指出,违背达成共识的原则、拒绝承担责任、不理智的做法都很有可能带来糟糕的结果。

与此同时,外交常因在处理棘手的国际政治问题时艰苦缓慢的进程和一成不变的方式,招致不少批评。比如,1970年发达国家承诺拿出国民生产总值的0.7%用于官方发展援助,这一承诺至今尚未兑现。同样,经过20年的外交谈判,尽管气候危机愈演愈烈,相关的国际谈判实际上却在倒退。在这种情况下,某些反外交行为能够为外交谈判过程带来新能量,激励外交行为体采取行动,反倒可能产生成效。社会名流便很善于通过各种宣传活动,参与反外交行动。在过去25年里,歌手鲍勃·格尔多夫(Bob Geldof)和博诺(Bono)组织了一系列特别音乐会,他们向国际社会发出呼吁,为动员国际社会支持解决非洲债务减免以及更深层次的结构性贫困等问题发挥了重要作用。

五、展望未来:新型外交

前文提到,行为体和议题领域日益多样化、复杂化,改变着外交运作的环境。这一方面导致需要通过外交渠道解决的国际问题变得愈加复杂,另一方面也使外交的边界不断扩展。过去几年新型外交的快速兴起,无疑体现出外交职业在以新的方式应对环境的压力。新型外交定义了外交活动的专业领域,通过产生专业的知识和实践,让外交官能够理解和应对他们在21世纪面临的挑战。下面我们来分析两个案例，一个关注的是新行为体，另一个涉及重要的新议题领域，通过这两个案例我们便能明白新型外交为何越来越重要。

(一) 城市外交

可以说，城市外交（见词汇表）就是地方政府调解国际关系的实践（Acuto，2013：48）。一些城市与其他国际行为体通过一系列进程和机制建立联系，增进自身的利益（Melissen and van der Pluijm，2007：33；Sizoo and Musch，2008：10）。虽然城市外交总被看作一种创新型外交，但城市自从在古代美索不达米亚出现开始，就一直活跃在外交舞台上（Acuto，2016：511）。纵观人类历史，城市始终是人类活动的节点，文明和政治越来越多地围绕城市展开，很多人类活动也从农村迁移到了城市。随着城市的发展，为了扩大利益，城市之间开始定期互派使节，以推进贸易，展开谈判（Melissen and van der Pluijm，2007：5；Acuto，2016：3）。如今外交体系的许多特征，比如常驻外交使团，都是从持续的城市外交中发展而来。

民族国家现在是外交舞台上的主要行为体，但和城市相比，其历史要短得多。1648 年各国签订了《威斯特伐利亚和约》，1815 年举行了维也纳会议，从那时起，民族国家才成为主要的国际关系行为体。随着外交实践围绕新出现的国家和国际组织展开，城市逐渐失去了在对外政策上的垄断（Melissen and van der Pluijm，2007：5）。不过，城市是主权国家建立的基石，因而在外交事务中依然重要。如今，可以说城市作为外交行为体，其重要性正被提升至一个新高度。

在大都市生活的人们如今与传统制造业和农业经济区之间的联系越来越少，这种割裂在二线地区和农村地区表现得更为明显，它们有的基本尚未感受到全球化影响，有的仅遭受了负面影响。这一趋势在英美民众近期对选举结果的抗议中体现得尤为明显。在英美等国，所谓带有进步意义的大多数投票都只关注城市，忽略了其他地区。大都市确实是全国政治、经济和文化的枢纽，比起国内其他人口稀疏之地，这些城市与其他国际都市接轨程度更高。所以，"全球化的潮流、科技的发展和各国共同的社会问题"会使得城市外交的重要性继续上升（Zarghani et al.，2014：35）。

城市与国际体系相互依赖程度很高，如果不了解其中一方，就无法理解和定位另一方。一方面，城市是人类活动的中心，"是对全球经济来说十分关键的国际性基础设施"（Nussbaum，2007：214），影响、塑造乃至最终掌控国际体系。比如在美国，国内生产总值排行前十的城市比排名最靠后的 36 个州的 GDP 加起来还要高。除了加利福尼亚州、佛罗里达州、纽约州和得克萨斯州，纽约和洛杉矶两座城市的生产总值之和比其他任何州都高（Perry，2016）。另一方面，城市治理、发展和繁荣都高度依赖国际体系和构成国际体系的制度、外交政策和机制（Acuto，2013：2，3）。

现代城市外交兴起于二战之后，那时，"去中心化合作进程"通过法德之间开展的城市合作项目来推进战后重建倡议（van Overbeek, n.d.：15）。如今，因为文化、教育、经济、战略利益等原因，城市和地方政府还在继续以各种方式与其他国家的城市保持联系，并建立特殊关系。比如，"通过合作，城市可以提升金融能力，提升专业化程度，从规模化经营中获得利润，同时解决超出城市边界的问题"（Siffen，1964：21）。为此，城市之间可以建立"友好城市"或"姐妹城市"，也就是：

> 两市市长通过书面备忘录，正式达成一致。备忘录内容从友好关系的建立到一些具体事项，如商业合作或教育、环境方面的合作。
>
> （Acuto et al.，2016：6）

城市可以在"城市网络"中进行外交实践，而"城市网络"是指推动城市或公私实体之间合作的正式组织。

> 这包括三个或三个以上城市共同组成的协会，该协会将定期召开会议，商讨共同关心的问题，游说政策制定者或推进共同倡议。还有一些国际……和国内机构，这些国内机构在国内政治中代表各城市利益，规模大小不一。
>
> （Acuto et al., 2016：6）

城市之间一般会开展交流，增强社会凝聚力，推进人权保护的发展，维护国际公共秩序。面对冲突时，各城市也会共同进行冲突预防、冲突解决以及和平建设（Sizoo and Musch, 2008：10）。直接与他国城市往来并非城市外交的唯一途径，城市管理机构还可以加入游说团体，争取国际关注；以观察员身份加入国际组织，组织对话并将其合法化，还可以开展市政服务供给相关的项目合作（ibid.）。

执法领域的合作是城市外交的重要组成部分。比如，为了应对恐怖主义，"纽约和伦敦两个城市开展了前所未有的警力国际化行动"（Nussbaum, 2007：213, 228）。目前全球只有两个市级警察部门曾经跨境执法，伦敦警察厅便是其中之一，它最初主要是为打击爱尔兰共和军，之后警力活动范围进一步扩展，主要应对伊斯兰恐怖主义的威胁。"9·11"事件以后，纽约警察局开始将警力向国际范围拓展，与其他11个城市一起加强警察培训、预防犯罪和打击恐怖主义，推进合作。这些城市的驻外联络官不具备执法权，但会同当地执法机关一起工作，提升和交流最佳实践方式及相关信息（NYPD, 2013）。如今，纽约和伦敦都在全球一些关键的可能威胁到城市安全的地区派驻了执法人员（Nussbaum, 2007：228）。

气候变化也是城市外交的一个议题领域。比如，城市气候领导联盟（C40）就是一个致力于解决气候变化问题、减少温室气体排放的国际组织。该组织成立已有 10 年，成员包括 80 多个特大城市，成员总产值占全球的四分之一，覆盖了 6 亿人口（C40 Cities, n. d.）。该组织的目标是充分利用成员价值，推进协作，分享最佳实践的专业知识，从而促成各成员在"气候变化上采取有意义、可度量且可持续的行动"（C40 Cities, n. d.）。

（二）灾难外交

联合国减少灾害风险办公室（UNISDR, 2009）对灾难的定义是："严重扰乱社区或社会正常秩序，造成广泛的人员伤亡、经济损失和环境方面的负面影响，且社区或社会凭借自身能力无法恢复秩序的情况。"遭受灾难的地区会继续和国际社会保持联系，且大多数情况下，因为灾难外交和随之而来的人道主义援助，这种联系还会进一步加深。灾难外交（见词汇表）和日常外交有所不同，主要是在紧急情况下，为突破合作障碍而进行的外交活动。

灾难外交短期的首要目标是立刻安抚受灾群体，尽可能减轻灾难的负面影响。长期目标则主要是建立保护和预防机制，避免未来类似情况再次发生。举例来说，对一个地震高发的城市，短期的灾难外交主要是其他国家为其提供食物、水和避难场所等紧急援助，长期的灾难外交则推动有关各方开展合作。比如，为了避免地震再次爆发时城市遭受类似的破坏，国际社会通常与受灾国家一起修筑抗震建筑，建立预警机制。

凯尔曼在此问题上著述颇丰。他充分意识到，灾难外交不仅包括短期人道主义倡议和长期灾后预防措施。他用灾难外交一词来评估灾难中外交扮演的角色，在多大程度上可以使灾难发生前存在冲突的各方展开合作。换言之，他想研究和日常外交相比，灾难外交是否更能减少冲突、带来和平。他在研究中不仅对灾前准备和预防措施进行了评估，灾后各国采取的一系列措施也在其研究范围之内（Kelman，2008：8）。但从这个角度运用灾难外交的概念也值得商榷，因为灾难外交产生的结果比较复杂，涉及诸多方面，难以量化。案例研究发现，各个地区灾难外交带来的政治结果大相径庭。一些案例显示，灾难外交帮助当地实现了和平，或者让其在外交关系方面有所突破。但在另一些案例中，灾难前存在的冲突则进一步加剧。

比如，2004年印度尼西亚和斯里兰卡经历海啸之后，国际社会开展了灾难外交。当印尼受灾时，印尼政府正因亚齐省已持续了三十多年的叛乱焦头烂额。该省位于苏门答腊岛的西北部，从1976年开始，亚齐地区就开始了自由亚齐运动，想要获得独立，脱离印尼。从那时起，这一地区就一直处在冲突之中。该运动一直持续到1998年，随着哈吉·穆罕穆德·苏哈托（Haji Mohammad Suharto）的下台，运动暂时结束。从1998年到2004年海啸发生时，有三个关键事件为和平铺平了道路。第一是印尼军方不再掌权，第二是2004年国会通过了一项法律，要求军方解除对企业的控制，第三是军方不再在国会享有预留席位（Maciver，2012：5）。灾难外交或许确实推进了亚齐和平进程，但我们很难确定灾难外交与和平协议的达成之间是否存在直接的因果关系。

海啸后的斯里兰卡境况略有不同。海啸发生时，斯里兰卡泰米尔人和其他族群之间正在进行一场起源于殖民历史的内战，泰米尔伊拉姆猛虎解放组织成立后一直领导反对斯里兰卡政府的运动。2003年，斯里兰卡遭遇了严重洪灾，猛虎组织向受灾人群伸出了援手，还帮助了一些非泰米尔族人。海啸发生后，猛虎组织又一次伸出援手，但斯里兰卡政府拒绝接受；政府同时也禁止国际组织进入泰米尔地区。因此，双方的隔阂与憎恨不断加深，冲突愈演愈烈

(Maciver, 2012: 6-7)。

开展灾难外交到底对已存在的冲突能产生怎样的影响实在难以判定,马尔维纳斯群岛(英国称福克兰群岛)也是一例。1982年,马岛战争后,英阿关系一直处在低谷。有人认为,战后进行的各种搜救行动也相当于灾难外交,并为两国军方关系的改善和开展合作提供了契机。但搜救行动结束后,两国的外交关系并无任何实质性进展,这意味着本次灾难外交仅在人道主义层面上是成功的(Maciver, 2012: 6)。

不过,在此必须强调一点,灾难外交如果能让需要的人获得帮助,实现了短期目标,就足够成功,且已达到主要目的。如果某次灾难外交还推动解决了此前存在的冲突,就更是锦上添花,但这并不应该像凯尔曼所说的,是衡量灾难外交成功与否的主要标准。同样,灾后外交应该好好利用救灾时打开的渠道,当然这本身不应用来衡量灾难外交的得失。

总而言之,全球政治的深刻变化有时会被视为外交的终结,因为外交部常常面临与新行为体进行竞争或是处理新议题领域的压力。我们主张,这些转变并不意味着外交的结束,而是外交适应时代、重新复兴的表现。如今,外交官越来越需要承担起引导者和社会企业家的责任,协调好国内机构和社会团体,推动建立和管理全球政策网络,巧妙应对适应制度和科技创新带来的压力。如今是全球化时代,我们需要更加灵活的外交方式,能够有效、积极、审慎地引导全球政治发展。这不是外交的终结,而是新外交时代的开始。希望我们的书能够帮助大家理解这一新的外交时代带来的危险与机遇。

词 汇 表

1. **安全共同体（Security community）** 安全共同体的成员是国家。在跨国地区，和平变革是安全共同体成员国所接受的一种理所当然的准则。因此，用暴力手段处理冲突是难以想象的。安全共同体的不同之处在于组成安全共同体的国家之间的紧密联系程度。例如，北大西洋公约组织（北约）成员国之间的联系紧密程度就不及欧洲安全共同体（欧盟）。

2. **安全理事会（Security Council）** 《联合国宪章》规定安全理事会负责维护国际和平与安全。为此，安理会有三套维护国际和平与安全的方法：第六章的措施（争端之和平解决），第七章的措施（对于和平之威胁、和平之破坏及侵略行为之应付办法），以及介于两者之间（但更接近第六章）的维和。安理会有五个常任理事国和十个非常任理事国。五个常任理事国分别是中国、法国、俄罗斯、英国和美国，反映了第二次世界大战的结果。五个常任理事国都有权否决关于实质问题（但不包括程序问题）的决定。自冷战结束以来，否决权的使用越来越少，但该权力仍然存在。在最近的案例中，中国和俄罗斯在2012年7月否决了一项关于叙利亚的决议。该决议如若顺利通过，一旦双方违反现行约定，有可能会影响到联合国强制和平手段的执行。

3. **"保护的责任"（Responsibility to protect，R2P）** 颇受争议的是，国家主权往往等同于政府在国家边界内为所欲为的特权。R2P原则对这一特权进行了限定。根据这一原则，主权不是一种绝对的特权，而是一种责任。如果政府不能履行这一责任，则外部不干涉原则不再适用。履行这一责任意味着，在"保护的责任"原则范围内，政府将目标对准自己的人民（种族灭绝、战争罪、种族清洗和反人类罪），或者更广泛地说，意味着政府无力保护本国人民。

4. **被同化（Localitis）** "被同化"是指外交官更支持驻在国，而非派遣国。为了防止这种情况出现，各国外派期限一般为4—5年，实行轮换制，避免本国外交官过多地受到当地政治环境的影响，进而影响其正常行使外交代表权的能力。

5. **本体论（Ontology）**　　在社会科学领域，有两个关于本体论的关键争论：（1）结构与能动性争论关注参与者行动的自主性程度；（2）有关物质与意识的辩论探究了物质与意识的显著性，以及物质与意识如何结合在一起。建构主义对于本体论的争论更倾向于是意识的，即意识赋予世界以意义（包括它的物质维度）。理性主义的回答通常是物质的，即观念仅是附带的，物质是人类活动的实际原因，行为者的想法只是行为的证明。

6. **博弈（Games）**　　博弈论中用"博弈"一词比喻行为体基于假设而做决策的战略互动（见下文"战略"）。与下棋一样，行为体是自私的，力求智胜对方。更专业地说，他们通过博弈来使预期效用最大化。其中，最为著名的两个博弈模型是囚徒困境和胆小鬼博弈。博弈论因为预设了超出一般人水平的计算能力而受到了反方观点（如心理学方法）的批评。

7. **常驻使节（Resident ambassador）**　　15世纪末，常住使节成为外交代表制度的重要创新，并很快在西欧成为惯例。常驻使节主要负责收集接受国国内政治状况的资料，并向派遣国报告相关情况的发展。因此，常驻使节必须与接受国当权者建立密切关系，在两国政府之间建立良好的沟通渠道，并就最佳行动方案向派遣国政府提出建议。

8. **城市外交（City diplomacy）**　　城市外交指城市通过各种程序和机构，与国际领域的其他行为体进行接触，以增进地方利益。城市可以在"城市网络"中开展外交实践。城市网络是指促进多个城市之间，以及城市和/或公或私的实体之间，如在执法或气候变化谈判领域合作的正式组织。

9. **道义性权力（Deontic powers）**　　道义性权力是指伴随着特定地位功能的权利、责任、义务、要求、许可和赋权。其中既有积极的道义性权力，也有消极的。积极的道义性权力是赋予个人去做某事的权利，这是他之前并不拥有的。比如，外交官被授权参与谈判和缔结国际条约。消极的道义性权力则规定了个人需要遵守的义务，这些义务在之前并不存在。例如，外交官不能干涉驻在国内政。除国家和政府机构外，个人也可享有道义性权力。

10. **地位功能**（Status-functions） 地位可以让人或物实现一些没有集体认同无法实现的功能。这种功能即为地位功能，它对于理解社会实在的构建至关重要，因为地位功能规定了施动者在彼此交往中允许和禁止做的事情。此过程可以用以下公式来表达：假设在 C 背景下，X 代表某物、某人或某事，人们给 X 赋予了 Y 身份，那么在 C 背景下，X 便可以算作 Y。

11. **地缘政治**（Geopolitics） 地缘政治是指通过领土扩张，控制自然资源，来最大限度地扩大国家权力。地缘政治深刻影响着国际秩序的塑造。传统的地缘政治理论基于以下几个原则：（1）"国家有机体"概念；（2）社会达尔文主义视角下，国家间关系被定义为对"生存空间"的竞争；（3）空间和自然是政治的决定性因素。现代地缘政治强调其是"观察世界"、俯瞰国际政治全局的方法和手段。地缘政治虽然考虑伦理，但实际上却依赖大量规范性假设，结合了社会达尔文主义的国家间关系观点和国际秩序的等级观念。

12. **缔造和平**（Peacemaking） 维持和平与建设和平是为了稳定各方停止交战的局势，而缔造和平的目的是结束战争。缔造和平不需要等待有关各方达成一致，只需要当事人之间达成协议。如果通过外交手段无法达成协议，和平缔造者可以诉诸强制措施。在《联合国宪章》的框架体系内，原则上只有安理会才能授权采取这种措施。

13. **对话**（Dialogue） 外交话语中充满了对话。这通常表明，外交倾向于通过开放的沟通渠道来影响对方，使其在某些方面改变看法（如欧盟与伊拉克之间的关键对话）。在学术话语中，对话有不同的含义。通过相互沟通，双方（或多方）寻求增进彼此的了解，站在对方的角度考虑问题。与实践层面相比，学术层面对对话的定义提出了更高的要求。

14. **二轨外交**（Track-two diplomacy） 一轨外交是指由各国政府、外交部和/或其他部门代表参加的国家间外交活动。二轨外交与政府间外交仅有松散的关联，其中涉及议员、普通公民、活动家、学者、宗教团体等主体。二轨外交的优点是不需要官方外交的繁文缛节。因此，二轨外交可以为国家间的动荡关系提供一个稳定因素，并有助于关系的改善。例如，有文献指出，冷战期间二轨外交在缓和苏联和美国之间紧张关系中发挥了重要作用。

15. **范式（Paradigm）** 范式是观察世界的棱镜。该词由托马斯·库恩在其关于科学革命的著作中提出。他认为，学者是通过特定的视角来看待世界的，因此他们只能看到部分，无法看到整体。

16. **费启亚里斯法［Jus fetiale（ius fetiale）］** 费启亚里斯法是古希腊对古罗马外交方式的继承，即任何宣战都必须遵循适当的程序。由牧师组成的祭司团也负责监督国际条约，他们会把罗马的不满情绪传达给敌人，如果在一段固定时间后没有得到相应的回应，就将在敌方领土的边界宣战，并将标枪投入敌方境内。

17. **公共外交（Public diplomacy）** 公共外交旨在影响接受国民众。因此，它脱离了传统的国与国之间的外交。公共外交产生的影响可以针对特定国家的特定人群。作为创造、最大限度提高软实力并将其转化为外交影响力的手段，外交官利用各种公共外交工具，将本国的利益和价值观传递给他国民众。约瑟夫·奈认为，公共外交包括日常沟通、战略沟通，以及通过奖学金、交流、培训、召开研讨会、会议和媒体渠道与关键人物建立关系。

18. **惯习（Habitus）** 惯习是对更深层次背景的概念化。许多学者使用过"惯习"这一概念，但其与法国社会理论家皮埃尔·布迪厄的作品联系最为密切。布迪厄将惯习概念化为常识，为行为体的行为提供指引。这种知识被认为是理所当然的，行为体并不会对其进行反思。换句话说，行为体虽有采取行动的理由，但这些理由仍然隐藏在明确的交流性接触背后。

19. **规范（Norms）** 规范规定了某个集体"应当"与"不应当"的行为。对于任何集体来说，规范是关于做什么和不做什么的共同期望。规范是参与者所处环境的一部分，会随着时间的推移而改变和发展。例如，关于领土完整的规范直到20世纪才在外交关系中确立的。到目前为止，国际外交已朝领土现状规范的方向更近了一步。不仅有规范承认国家边界不得被侵犯，而且有越来越多的证据表明，关于领土现状的规范（即使是暂时的）也必须得到承认。

20. **国际联盟（League of Nations）** 国际联盟是一战后在巴黎和会上建立的多边体制框架，旨在促进和平解决国际争端。其目的是在会员国用尽联盟提供的所有仲裁和调解程序之前，不可诉诸战争，以此促进争端的和平解决。国际联盟是联合国推动国家间集体安全制度化的前身。

21. **国际刑事法院检察官办公室（ICC Office of the Prosecutor）** 该办公室根据《罗马规约》设立，由一名独立检察官负责，副检察官协助，并设有三个职能司：调查司、检控司，以及管辖权、互补和合作司。检察官的主要职责是"查明真相"，调查一切有关的事实和证据，以评估是否存在《罗马规约》规定的刑事责任。进行调查时，应同等调查证明有罪和无罪的情节。

22. **国际刑事法院联盟（Coalition for an International Criminal Court）** 这一非政府组织成立于1995年，由来自150个国家约2500个民间组织组成，以加强与国际刑事法院的国际合作，确保法庭公正、有效且独立，并推进建立更加强大的国家法律，维护战争、种族灭绝及其他反人类罪行中受害者的权益。联盟对于起草《国际刑事法院罗马规约》非常重要，在国际刑事法院创设初期发挥了关键作用，并致力于增加国际刑事法院缔约国的数量。

23. **国际刑事司法（International criminal justice）** 该法律实践领域包括危害人类罪、战争罪和种族灭绝罪等罪行，对于这些罪行，可不考虑国内法，依据国际法直接向个人施加刑事责任。其实践复杂性不仅在于如何确定国内法院和国际法院之间的管辖权，还在于联合国安理会在确定特定情况下是否诉诸法院时所发挥的政治作用。此外，各国都格外注重主权保护，因此对于那些削弱其抵御外部干涉的法律工具的企图持怀疑态度。

24. **国际组织（International organization）** 国际组织是具有正式决策程序、正式成员和常设秘书处的机构。成为国际组织的条件之一是至少拥有三名成员。因此，国际组织始终是多边安排。

25. **国家理由（Raison d'état）** 根据国家理由这一国际行为学说，统治者或政府在实施对外政策时，将国家利益作为最终目标，而不考虑道德因素。这一学说对威斯特伐利亚主权国家概念的确立具有特别的影响。"国家理由"所确立的国际体系的规范、规则和原则，导致了18世纪的王朝专制主义和诉诸战争。对"国家理由"的外交追求被称为"现实政治"。国家通过积累和合理使用主要以军事力量界定的权力来确保其生存。现实政治帮助一国通过巧妙地与占主导地位的强权取得均衡，或与其共享利益来确保国家生存。

26. **环境（Contexts）** 行为体所处的环境赋予了他们采取某些行动的能力。环境首先赋予行为体以特定权威，为他们指引行动方向，通常体现在全球层面。在外交领域，以下两种互相重叠的环境非常重要：法律（特别是国际公法）和更深层次的背景，如关于身份构成的规范。

27. **集体意向（Collective intentionality）** 不同个体在从事同一事业过程中所拥有的共同信仰、愿望和意向。例如，一群外交官共同努力以避免可能导致军事冲突的危险的外交局势升级，这就体现出集体意向。如塞尔所说，集体意向的关键在于"共同做（需要、相信）某件事情的意义"，其重要性在于通过集体分配和接受地位功能，实现"秩序即价值"。

28. **建构主义（Constructivism）** 建构主义是国际关系领域的一套方法论。它将行为体所在世界理解为由他们所建构的社会。建构主义学者研究的是背景（尤其是我们认为的更深层次的背景，即被认为是理所当然的观念）、行为体在使用这种背景时采取政治行动的过程以及通过采取政治行动来制造和重塑背景的机制。在从物质性到观念性的本体论范围中，建构主义倾向于观念性（关于此点可参见"本体论"词条中的阐述）。

29. **建设和平（Peacebuilding）** "建设和平"一词起源于和平研究员约翰·加尔通。他使用这个词是为了设想一个自下而上的过程，即在一个社会中让全面的和可持续的和平实现制度化。在联合国秘书长布特罗斯·布特罗斯-加利1992年的《和平纲领》中，该词进入了外交语境。由于依附于外部干预，这一概念不太强调自下而上的过程，而是强调战后重建社会的外部促进作用（有时首先为了防止这些重建活动升级为战争）。建设和平的努力需要得到有关各方的同意。

30. **旧外交（Old diplomacy）** 18—19世纪期间欧洲大国之间的外交模式称为"旧外交"，它基于以下五个条件：（1）欧洲五大国在世界政治中处于中心地位；（2）大国与小国之间存在全球等级体系，因为大国拥有更广泛的利益、更大的责任和更多的资源；（3）大国负有维护和平的责任；（4）专业的外交服务必不可少；（5）持续和保密的谈判对外交至关重要。如果"旧外交"未能阻止大国进行战争，那么这种外交行为的优势就从根本上被削弱了。与旧外交相对的是"新外交"。

31. **均势（Balance of power）**　均势是国际关系领域的一个重要概念，现实主义者对其尤为重视。根据现实主义者的使用方式，均势概念在外交学研究中也格外重要。沃尔兹认为，均势是一种法则，与苹果从树上掉落（万有引力定律）类似，国家间关系通常是平衡的，在这种情况下不需要外交。与此相反，摩根索认为，均势极少达成，即使达成，也要归功于外交艺术。在某种程度上，如今美国的"离岸平衡"战略与摩根索更加聚焦于外交的均势概念相呼应。

32. **冷战（Cold War）**　冷战是二战后国际秩序的主要标志性特征，结束于20世纪80年代末。冷战主要用于比喻这一时间段内美国和苏联两个超级大国之间的互动。除了朝鲜战争期间的一些小的例外（且都长期不为人知），两国没有发生直接的军事冲突。该术语并不适用于第三世界国家。美苏两国在北约和华约盟友体系的支持下，通过打代理人战争，建立各自支持的政权。

33. **理性（Rationality）**　简单地说，理性就是清楚该做什么。在学术界，人类如何弄清楚该做什么是广泛热议的话题。一方面，这需要人类具有极强的计算能力（理性选择）；另一方面，也有许多研究对这些计算能力持怀疑态度，而是更认可情绪、常规、常识和试错法等。

34. **连续谈判（Continuous negotiation）**　黎塞留引入了"连续谈判"的原则，呼吁外交官即使在政治紧张和战争的情况下，也要通过谈判和对话的方式与对方保持可持续的接触。"连续谈判"的理念推动法国于1626年建立了第一个外交部，其字面意思是"处理与陌生人事务的部门"。

35. **联合国大会（General Assembly, GA）**　《联合国宪章》将联合国大会置于联合国系统的核心地位。至少在名义上，联合国大会是辩论与决策制定的关键论坛。所有联合国会员国在联合国大会上都有席位。联合国大会每年9月至12月举行，有时根据需要也会安排临时会议。大会议题涉及联合国参与的所有议题领域，包括国际安全。1950年联合国通过第377A（V）号决议,即"为和平而团结"协议,如安全理事会因常任理事国未能一致同意,不能采取行动,则联合国大会应审理此事,提供集体安全的建议。然而,实际上,当威胁和平的情况真实发生并需要决定采取何种行动时,仍是安理会负绝对责任。

36. **联合国否决权制度(UN veto system)**　根据《联合国宪章》第27条,联合国安理会五个常任理事国都有权否决安理会审议的决定。这一特点使大国愿意继续留在这一体系之中,从而解决国际联盟架构的关键弱点,即大国在负责制定和实施国际行动规则的决策机构中被疏远或排除在外的问题。

37. **联合国国际法院(International Court of Justice, ICJ)**　国际法院是联合国的主要司法机构,对争议问题作出裁决并提供法律意见。各国同意将争议问题提交给国际法院并声明会遵守其裁决后,国际法院便对争议问题进行裁决。根据《联合国宪章》,如果各方最终并未遵守裁决,联合国有权执行其裁决。然而,事实证明,联合国安理会(以及5个拥有否决权的国家)极不愿意采取此类强制措施。国际法院应联合国各机构的要求提供法律意见,虽然仅仅是提供意见,但意见极有影响力。在外交领域,国际法院受到高度重视。

38. **流氓国家(Rogue states)**　流氓国家通常指一贯无视国际法,破坏国际社会的稳定与国家间合作,并企图削弱国际体系的国家。该术语不存在于国际法中,但在外交语境中一直被用来定义"法外"国家。更具体地说,强制外交对流氓国家是有效的,前提是强制方绝不会接受过于微小的成果,同时人们也确信它不会"漫天要价"。

39. **律法(Nomos)**　"律法"一词起源于古希腊,广义来看,律法是维护政治秩序的基础法,它们不仅在规范上深刻地塑造着秩序,在认知上也是如此。律法可以是明确的,也可以是不明确的。在当前的社会理论中,该词用来描述一些类似的概念。秩序是建立在一种部分规范、部分认知的视角之上,这种视角可以用来观察世界。这种视角解决了一些关键问题,比如谁拥有权力,政治秩序中的利害关系是什么。

40. **门罗主义(Monroe doctrine)**　美国总统詹姆斯·门罗总统在国会上阐释

了门罗主义，奠定了美国外交政策的意识形态基础。门罗总统要求欧洲列强尊重美国在西半球的势力范围，不得干涉该地区事务。门罗还指出，美国不会干涉既有的欧洲殖民地或欧洲国家的内部事务。

41. **秘密渠道外交（Back-channel diplomacy）** 当冲突双方难以达成协议时，谈判者和调停人有时会诉诸秘密渠道。这种外交形式的目的是在冲突各方之间开辟新的沟通渠道。这些渠道有两个重要特点：（1）不受公众关注；（2）不受冲突各方内部潜在破坏者的干扰。

42. **民主战争（Democratic war）** 与"民主和平"相对应，"民主战争"是指民主国家诉诸武力的情形。民主战争指在为个人或集体自卫、人道主义干预、联合国安理会授权的个人行动以及联合国安理会授权并在联合国指挥下实施的集体行动等条件下诉诸武力的情况。鉴于民主国家数目的增加和联合国法律框架的建立，这一概念在分析第二次世界大战后的国家行为方面特别重要。

43. **纽伦堡审判（Nuremberg Trials）** 1945年至1946年间，德国纽伦堡市进行了一系列军事审判，以起诉纳粹德国领导层的主要成员。审判涉及四类罪行：参与危害和平罪；策划、挑起以及进行侵略战争罪；战争罪；反人类罪。纽伦堡审判影响深远，为国际刑事司法领域提供了重要先例，确立了某些类型的罪行为国际罪行，因此可以在国内法院和国际法院进行起诉。

44. **欧洲协调（Concert of Europe）** 1814年拿破仑战争结束后，英国、奥地利、普鲁士、俄国和法国确立了首脑定期举行面对面磋商的外交形式，目的是维护欧洲和平、遏制革命势头，恢复欧洲的法律体系。该制度通过让参与各方看到势力均衡，鼓励各国保持自我克制，从而防止大国之间发生直接冲突，直到1856年克里米亚战争的爆发。

45. **派遣（Accreditation）** 根据1961年签署的《维也纳外交关系公约》，准派遣国大使必须向接受国国家元首呈递国书。接受国家元首的签字是前者成为驻接受国大使的必要条件之一。派遣程序的应用范围并不限于以国家为中心的《维也纳外交关系公约》背景下的国与国之间的关系。例如，非政府组织等也寻求获得派遣的资格，以参加重大的国际会议。

46. **平行外交（Paradiplomacy）** 这一概念指的是非中央政府机构在国际关系中的外交参与。平行外交是通过与外国公共实体或私人实体建立长期或临时联系进行外交，以促进一国经济实力、文化实力以及在外交领域的宪法竞争力。这方面的例子包括不同国家的地区之间的协议以及全球城市之间的多边主义。

47. **强制外交（Coercive diplomacy）** 从国家硬实力的使用来看，强制外交是指通过可信的经济制裁或以武力相威胁，改变目标国家或国际组织的敌对行为。学术界对强制外交的有效性和合法性都存在争议，质疑其在冷战后国际关系中使用的成功率，而且《联合国宪章》也明令禁止使用强制外交。

48. **情绪（Emotions）** 杰里米·边沁强调情绪的重要性，他在很多方面为今天的理性主义研究路径铺平了道路，然而，理性选择研究框架并不包含情绪。根据理性选择研究框架，理性决策应是在没有任何情绪干扰的情况下做出的。政治心理学从不同的角度对此进行解释。越来越多的学者认为，人类无法在不带有任何情绪的情况下理解世界和清楚地知道自己应该做什么。

49. **权力（Power）** 权力是理解世界政治最重要也是最具争议的概念之一。传统上人们认为权力指的是凌驾于某人之上的力量，该观点由德国社会学家马克斯·韦伯提出，他认为权力是需要被人行使的力量。随着时间的推移，学术界对权力的理解有所拓展。当下，学术界通常认为权力指的是做某事的力量。从这个角度来看，权力并不是为了在政治冲突中留下印记而必须行使的力量。

50. **全球化（Globalization）** 自20世纪90年代以来，全球化一直是个热门词汇，全球化现象意义广泛，影响深远，难以界定。学者们倾向于从两个不同维度看待这一现象：一是物质方面，尤其是越来越迅捷和频繁的经济交流（如金融行业）和正在进行的技术革命（以电信产业为代表）。二是概念方面，对建立超越民族国家的社区的构想。全球化带来的压力与全球外交的多样性有很大关系。全球化使得曾经的国内政治议程（或至少主要是）进入了国际舞台。

51. **人道主义干预（Humanitarian intervention）** 人道主义干预是指通过使用

军事（威胁）来干涉一个国家的内政，目的是改善该国民众的人道主义状况。因此，人道主义干预的决定因素是干预者（国家或国际组织）的人道主义意图。

52. **认识型（Episteme）** 这一概念源于米歇尔·福柯，他将认识型比作一块观察世界的透镜。透镜可以帮助行为体看懂、理解世界，但同时也将理解的方式引向特定的方向。例如，"欧洲理念"就是这样一块透镜。在过去的半个世纪中，支持欧洲一体化的决策者将"一体化孕育和平，孤立孕育战争"的模式作为透镜审视欧洲内部关系，因而更倾向于选择一体化方案，模糊欧洲国家之间的边界。认知型是更深层次的背景。

53. **认知（Perceptions）** 政治心理学认为，人类在获得客观现实方面并没有特权。人类对世界的理解是主观的。因此，不同的人对世界的理解也不同；他们对世界（及其特定的方面）有不同的看法。只要存在认知，就一定存在错误认知。

54. **软法（Soft law）** 外交官运用软法，包括会议宣言、执行声明、决议、行为准则或政策建议等，阐明、修订或取代国际道义。软法可以通过三种方式塑造这些正在发展着的国际道义的权威性。第一，削弱对立方的合法性，让其难以为继；第二，对产生新的国际习惯法的法律确信或国际实践形成初步影响；第三，影响具有约束力的国际条约的制定和实施过程。

55. **身份（Identity）** 在与重要他者互动时，每个行为体，无论是集体还是个人，都会定义或重新定义自己的身份。身份通常被概念化为叙事。因此，它是行为体讲述的关于自己的故事。过去的经历（或历史）虽然很重要，但是其他的成分如认识型（见上文）和规范也是其中要素。

56. **审议合法性（Deliberative legitimacy）** 外交官会寻找最强有力的理由支持或反对使用武力的合法性，并通过满足审议合法性的条件来确保论点的说服力。简而言之，支持他们立场的理由必须真实且完整，而且相关各方都参与辩论，平等地阐述或挑战某个有效性声明。同时，参加者必须确有意愿通过合理的论辩以在是否使用武力上达成共识。

57. **生活世界（Lifeworld）** 生活世界是一种对参与者所处背景的概念化。生活世界使参与者能够以某种方式理解这个世界。哈贝马斯及相关理论都认为，共享的生活世界至关重要，因为它是参与者能够彼此进行有意义交流的先决条件。在这种解读中，共享的生活世界是达成协议的必要条件。生活世界的概念被一些哲学家和社会理论家所使用。然而，这个概念与社会理论家尤尔根·哈贝马斯联系最为紧密。

58. **十四点（Fourteen Points）** 1918年1月8日，美国总统伍德罗·威尔逊在国会演讲中提出"十四点"原则，强调了问责制和透明度（第一点），强调在国家层面上民族自决的重要性，将其视为个人权利的延伸（第五点），强调国家间需要建立以互信与合作为基础的集体安全总体框架（第十四点）。这些自由主义的指导原则对当今的国家外交行为仍然有效。

59. **数字外交（Digital diplomacy）** 数字外交，即用数字手段实现外交目标，最初主要运用于公共外交领域，但越来越多的外交机构认为领事服务、政策管理和国际谈判也需要进行数字化。数字外交的未来取决于外交部门能否利用科学技术的颠覆性进展（基于生态系统的、主动的和网络化取向的适应性改变）所产生的机会，同时防范其早期成功可能造成的潜在陷阱（情绪传染、算法决定和政策碎片）。

60. **体系利益（Raison de système）** 该学说由亚当·沃森提出，指的是"利用外交手段实现由独立国家组成的国际社会的最终目的"。与国家理由理论相反，国际社会成员在维护这一体系方面具有内在利益，因此将国家利益纳入更广泛的系统考虑之中。以欧盟为例，外交官的工作就是在维护国家利益与维护欧盟体系这一固有利益之间取得平衡。

61. **通用语言（Lingua franca）** 历史上，常驻大使必须是优秀的语言学家，并且精通拉丁语。拉丁语是当时的通用语言，也就是说，母语不同的外交官可以系统地使用这种语言进行交流。外交官使用的通用语言经历了几个世纪的变化，从拉丁语演变为法语再演变为英语，推动了不同时期谈判者之间达成协议。

62. **外交审慎（Diplomatic prudence）** 外交审慎是指外交官在特定情况下，特别是在高度不确定的情况下，判断采取何种行动适当的能力。愿意与国际社会其他成员建立共识,对自己的行动负责,在合作时尽可能少地展示自己论点的合理性,并对对方论点保持开放态度,这些都是外交审慎的重要方面。

63. **外交先例(Diplomatic precedents)** 以国家或国家集团已有的做法为外交官阐述、修改或取代国际道义的机制。例如,外交官援引1999年北约在科索沃和2011年在利比亚的干预措施作为外交先例,推进"保护的责任"原则成为一项与国际集体安全和地位承认相关的新兴外交道义。

64. **外侨官(Proxenos)** 作为古希腊体系中的三种外交代表之一,外侨官会在自己的国家居住,同时代表另一个国家,原因是他对另一个国家的政治体系或文化的普遍同情。为了促进国家间的谈判,外侨官要保护住在接受国的国民,同时履行接待和协助有关国家的来访者和策划公共政策制定等各种职责。

65. **维和(Peacekeeping)** 虽然《联合国宪章》中没有提到维和,但维和很可能是联合国最广为人知的冲突管理手段。维和行动最初是为了维持国家或类似国家的实体之间的停火协定而设计的干预力量,随着时间的推移,维和行动变得更加全面。自20世纪90年代以来,大多数业务都具有多功能性质。维和包括军事、民事和警察部门。文职部门常常参与和平建设。维和也需要有关各方的同意。

66. **斡旋(Good offices)** 国际或地区组织的领导人常用"斡旋"一词,一般是指国家领导人或国际组织负责人因其信誉、声誉以及其所代表的国际团体的重要性,而提供的外交职能。提供"斡旋"的经典外交行动是防止争端升级为冲突并限制冲突蔓延的一种手段,例如在冲突各方之间展开对话,或由联合国秘书长发起全面中立的调停。作为预防性外交的一部分,"斡旋"正演变为一种更复杂和更积极的外交接触形式。

67. **无政府文化(Culture of anarchy)** 在缺乏中央权威以及国际体系中安全困境所导致的互不信任氛围下,外交官们积极创造、塑造和再现了不同的无政府文化,其中包括从基于自助的对抗到基于集体安全的合作等完全不同的外交行为动因和国家互动模式。霍布斯、洛克和康德的无政府文化就是三种完全不同的文化。

68. **现实主义（Realism）** 现实主义很可能是国际关系领域最具影响力的学派。不同的现实主义者有以下共同假设：全球舞台上的行为体是国家（国家主义）；国际政治中没有共同权威（无政府状态），因而国家必须靠自己维护安全（自助）；而唯一可能的脆弱的和平就是均势。尽管有这些共同的假设，现实主义者之间仍存在着极大的差异。例如，古典现实主义非常重视外交；新古典现实主义在某种程度上呼应了这一点。相比之下，新现实主义几乎没有留给外交或任何形式施动者任何空间，而是专注于结构性力量（军事能力的分配）。

69. **相互确保摧毁（Mutually assured destruction，MAD）** 相互确保摧毁是一项军事宣言，它将威慑建立在国家间核军事能力的基础之上。A 国和 B 国都有能力使用核武器消灭对方，无论哪方先发动攻击，A 国和 B 国都拥有可靠的第二次核打击能力。相互确保摧毁是冷战时期非常有影响力的军事理论。

70. **新外交（New diplomacy）** 第一次世界大战后的外交行为深受伍德罗·威尔逊总统拥护的三项自由主义原则的影响：公共问责、民族自决和集体安全。新外交认为这三个因素是自由民主国家处理国内事务的关键因素，它们也可以转化为一个国家处理对外关系的方式。新外交的支持者希望在国际关系中引入更多的诚信、合作和对使用武力的威慑。与新外交相反的是"旧外交"（见上文）。

71. **信使（Nuncius）** 中世纪初期欧洲外交代表的主要形式是信使，其主要功能是为国王提供沟通渠道，并发掘缔结条约和结盟的机会。在某些情况下，选择派遣信使而不是写信，是因为信使有实际措辞，并能给予对话者回应。信使虽享有免于受到侵害的豁免权，但是以委托人的名义发言的，没有代表其领导人签订私人合同或谈判协议的全部权力。

72. **行动逻辑（Logics of action）** 为何行为体这样行事而非采取其他方式？在抽象层面，行动逻辑提供了解答这一问题的框架。在社会科学中，通常讨论四种不同的行动逻辑：结果逻辑认为行为体会仔细计算他们所采取行动的结果（如博弈论）；适当性逻辑认为行为体在行动过程中遵循身份构成的规范；论辩逻辑的核心是说服力（一种观点胜过另一观点）；实践逻辑则是遵循惯习中根深蒂固的常识。

73. **行为体（Actor）**　行为体取自戏剧术语，在社会科学中被广泛使用，用以描述参与活动的个体或拟人化的社会及政治实体（简单来说，即该实体具有人的能力）。此外，对于许多作者来说，行为体一词也表示该个体或实体有能力在政治冲突中留下痕迹。"施动者"与"结构"（agency-structure）争论也将行为体与"结构"联系起来。

74. **游击外交（Guerrilla diplomacy）**　游击外交是一种新型国际交往形式，适用于"游击"或"远征"外交官。它指的是推进冲突后重建、维护国家稳定的外交进程。在科学与技术驱动的全球化时代，外交官若想保持影响力，就必须走出传统的国家间沟通渠道，拥有"特种部队般的敏锐感觉"，掌握适用于通常是动荡地区的知识和技术，直接与民众建立联系。

75. **预防性外交（Preventive diplomacy）**　根据联合国的界定，预防性外交是指"尽早采取外交行动，防止各方之间发生争端，防止现有争端升级为冲突，并在冲突发生时限制其扩散"。外交上的预防性措施是冷战后出现的一种主动的集体安全手段，可以劝阻国家和非国家行为者把使用武力当作解决争端的有效手段。联合国在苏丹使用预防性外交，通过联合国安理会的积极参与和秘书长任命的一个高级别小组，确保了 2011 年 1 月成功举行独立公投。

76. **预先性自卫（Anticipatory self-defence）**　1837 年"卡罗琳号"事件后，预先性自卫成为国家行为的习惯性规范，即只有满足必要性和合理性这两个条件，才能合法援引这一原则作为采取先发制人行动的理由。自卫国需要证明他国的武装攻击威胁的紧迫性，而且应对措施须与威胁相称。

77. **灾难外交（Disaster diplomacy）**　灾难外交不同于常规的普通外交，它通常由于形势紧迫能够打破合作障碍。灾难外交的短期首要目标是立即安抚受灾人民，尽可能减少灾难带来的负面影响。如果从长期来看，灾难外交的目标是帮助国家建立保护和预防机制，以减少未来类似情况的发生。

78. **早期预警系统（Early warning systems）**　早期预警系统旨在整合各种来源

（如联合国机构、非政府组织、国家等）预测即将发生的社会政治危机或自然灾害的信息和数据，以实现快速和有效的应对。例如，联合国内设维和行动部 24 小时情况中心，负责保持与联合国总部、外地特派团、部队派遣国和有关非政府组织之间的联系。预警系统有效性的主要挑战是联合国内部不同早期预警单位之间缺乏行动协调。

79. **占有地保有原则**［Uti possidetis（uti possidetis iuris）］ 在 19 世纪（拉丁美洲）和 20 世纪（非洲、亚洲）的去殖民化过程中，占有地保有原则规范得以广泛应用。新独立的国家承认以前的殖民地边界为国家边界。这意味着承认高度任意方式划定的边界，尤其是在非洲。然而，其背后有充分的理由。不承认殖民边界就会像打开了潘多拉的盒子，可能出现大量领土争端和战争。在世界政治中，占有地保有原则同样应用于国家解体的情况。例如，当南斯拉夫解体时，各共和国之间的边界变成了新独立国家的国界。南斯拉夫的例子也表明，占有地保有原则是有例外的，例如，国际社会许多国家承认科索沃是主权国家。在南斯拉夫时期，科索沃是南斯拉夫塞尔维亚共和国的一部分（尽管科索沃一直是一个自治区，直到斯洛博丹·米洛舍维奇于 20 世纪 80 年代末撤销这一地位）。

80. **战略（Strategy）** 简单地说，战略即行动计划。不同的理论框架赋予战略不同的定义。关于大战略的文献往往将战略等同于在和平与战争议题领域将利益与手段联系起来。在博弈论中，战略是一个关键概念。假定行为体依战略行事，即他们寻求用智谋战胜其他对手，最大限度维护自身利益。修辞学领域有修辞战略的概念。在本书中，这个概念与交往行为密切相关，包括通过更好的论辩说服他人，或诋毁其他行为体等。

81. **争取外交承认（Struggle for recognition）** 在国际政治中，外交官负责定义、谈判和应用国际承认的基本原则。他们是争取外交承认的关键人物，或者说是施动者被承认为国际社会中受尊重的成员这一主体间过程的关键人物。温特认为，政治实体建立的国际秩序逐步满足了个体对承认的渴望，其中包括对人身安全以及得到他人平等对待和受人尊重的需求。

82. **直接性预防与结构性预防（Direct vs. structural prevention）** 旨在纠正直

接性和结构性冲突根源的预防措施。因此,直接性预防为短期议程,旨在减少或消除各方之间产生暴力冲突的直接原因,如停火、维和以及裁军。结构性预防为长期视角,旨在为冲突根源提供更全面的解决办法,如民主化、经济发展、转型正义、种族融合、军备控制等。从理论上讲,直接性预防通过联合国支持的调停来实现,结构性预防通过和平建设来实现。

83. **治理(Governance)** 治理是指没有中央权威制定法律情况下的治理。在国际政治中,没有与国内政治中的政府或议会等同的机构。即使是如欧盟这样高度一体化的地区政治组织,也没有明确的同类机构。然而,在不同层面沟通的多个参与者必须就共同的行动方针达成一致,才能使政治形态朝特定的方向发展。从外交角度来看,治理是一把双刃剑。一方面,外交变得更为重要,因为国家代表和其他外交行为者之间的交流越来越多。另一方面,在全球化时代,需要通过沟通解决技术性的问题(例如贸易、金融、环境等领域),传统外交官(外交机构)被逐渐边缘化。

84. **"秩序即价值"("Order as value")** "秩序即价值"是世界外交建构的第二层次,也是更深的层次。"秩序即价值"是指构成外交行动的一整套规范、原则和共识。作为世界建构的规范性层面,这一套价值观为"秩序即事实"的可能性创造了条件。亚历山大·温特所捍卫的符号互动论和约翰·塞尔所阐述的义务论对"秩序即价值"的形成提供了不同的解释。前者强调外交人员之间关系的重要性,而后者则侧重于集体意向性在形成这一规范层面的作用。

85. **"秩序即事实"("Order as fact")** "秩序即事实"是世界外交建构的一个层面,是指全球活动和机构之间关系的稳定和常规的模式,这种模式确保了全球政治中参与者行为的稳定性和可预测性。它在三个主要身份功能的影响下不断演变:安全、再分配和承认。"秩序即事实"必须与"秩序即价值"这一规范性框架一起分析,这一框架使"秩序即事实"成为可能。

86. **主权(Sovereignty)** 主权是对一块领土行使最高权威的权利。1648 年签订的《威斯特伐利亚和约》涉及了如今称为国家权威的许多方面。现行的国家制度是历史进程的偶然结果。例如,在中世纪的欧洲,并不存在对一块领土的专有权。相反，当时采取的是一种重叠的权力体系，其中教皇、神圣罗马帝国皇帝和领主地位显赫。

87. **自由主义（Liberalism）** 正如我们在本书中提到的，自由主义是国际关系中的一套方法，关注个人及其政治效力，假定个人追求利益，并认为其中一些利益是大家共同利益。个人可以从这些共同利益中发展合作。与现实主义相比，自由主义是一种对世界政治更为乐观的看法。自由主义相信人类是进步的，而现实主义则认为世界政治无法摆脱强权政治，冲突和战争总是充斥其间。

参 考 文 献

Abbé de Saint-Pierre. 1986 [1712]. *Projet pour rendre la paix perpétuelle en Europe*. Paris: Fayard.
Acuto, M. 2013. *Global Cities, Governance and Diplomacy: The Urban Link*. Abingdon, UK and New York: Routledge.
Acuto, M. 2016. 'City diplomacy'. In *The Sage Handbook of Diplomacy*, edited by C. M. Constantinou, Pauline Kerr and Paul Sharp. Thousand Oaks, CA: Sage Publications, 510–520.
Adibe, Clement E. 1998. 'Accepting external authority in peace-maintenance'. *Global Governance* 4: 107–122.
Adler, Emanuel. 2005. *Communitarian International Relations: The Epistemic Foundations of International Relations*. London: Routledge.
Adler, Emanuel. 2008. 'The spread of security communities: Communities of practice, self-restraint, and NATO's post-Cold War transformation'. *European Journal of International Relations* 14 (2): 195–230.
Adler, Emanuel and Peter M. Haas. 1992. 'Conclusion: Epistemic communities, world order, and the creation of a reflective research program'. *International Organization* 46 (1): 367–390.
Adler, Emanuel and Vincent Pouliot. 2011. 'International practices'. *International Theory* 3 (1): 1–36.
Adler-Nissen, Rebecca. 2014. *Opting Out of the European Union: Diplomacy, Sovereignty and European Integration*. Cambridge, UK: Cambridge University Press.
Adler-Nissen, Rebecca. 2015. 'Just greasing the wheels? Mediating difference or the evasion of power and responsibility in diplomacy'. *The Hague Journal of Diplomacy* 10 (1): 22–28.
Aggestam, Karin. 2003. 'Conflict prevention: Old wine in new bottles?' *International Peacekeeping* 10 (1): 12–23.
Aguirre, Iñaki. 1999. 'Making sense of paradiplomacy? An intertextual enquiry about a concept in search of a definition'. *Regional & Federal Studies* 9 (1): 185–209.
Ahmed, Shamima and David M. Potter. 2006. *NGOs in International Politics*. Bloomfield, CT: Kumarian Press, Inc.
Albert, Eleanor. 2016. *The U.S.-Philippines Defence Alliance*. Council on Foreign Relations, last updated: October 21. Accessed 10 October 2016. www.cfr.org/backgrounder/us-philippines-defense-alliance.
Al Jezeera. 2010. Isaias Afwerki 2010. Interviewed by Jane Dutton, Al Jazeera 19 February. Accessed 17 July 2017. www.aljazeera.com/programmes/talktojazeera/2010/02/201021921059338201.html.
Allison, Graham T. 1969. 'Conceptual models and the Cuban missile crisis'. *The American Political Science Review* 63 (3): 689–718.

Allison, Graham T. 1971. *Essence of Decision: Explaining the Cuban Missile Crisis*. Boston, MA: Little.

Annan, Kofi. 2005. '"In larger freedom": Decision time at the UN'. *Foreign Affairs* (May/June): 63–74.

Anter, Andreas. 2007. *Die Macht der Ordnung*. Tübingen, Germany: Mohr Siebeck.

Armitage, Richard L. Jr., Joseph S. Nye and Craig Cohen. 2007. *A Smarter, More Secure America*. Centre for Startegic & International Studies. Accessed 17 July 2017. csis-prod.s3.amazonaws.com/s3fs-public/legacy_files/files/media/csis/pubs/071106_csissmartpowerreport.pdf.

Art, Robert J. and Patrick M. Cronin. 2003. *The United States and Coercive Diplomacy*. Washington, DC: United States Institute of Peace Press.

Asghedom, T. 1999. 'Behind the Ethiopian authorities' wars of aggression against Eritrea'. *Eritrea Profile*, Asmara, 27 February.

Autesserre, Séverine. 2010. *The Trouble with the Congo: Local Violence and the Failure of International Peacebuilding*. Cambridge, UK and New York: Cambridge University Press.

Bal, M. 2009. *Narratology: Introduction to the Theory of Narrative*. Toronto, ON: University of Toronto Press.

Ballis, W. B. 1973. *The Legal Position of War: Changes in Its Practice and Theory from Plato to Vattel*. New York: Garland Publishing.

Bank for International Settlements. 2010. *Triennial Central Bank Survey: Foreign exchange and derivatives market activity in April 2010, Preliminary results*. Accessed 17 July 2017. www.bis.org/publ/rpfx10.pdf.

Bank for International Settlements. 2016. *Triennial Central Bank Survey: Foreign exchange turnover in April 2016*. Accessed 17 July 2017. www.bis.org/publ/rpfx16fx.pdf.

Barker, J. Craig. 2006. *The Protection of Diplomatic Personnel*. Aldershot, UK: Ashgate.

Barnett, Michael. 2006. 'Building a republican peace: Stabilizing states after war'. *International Security* 30 (4): 87–112.

Barnett, Michael, Hunjoon Kim, Madalene O'Donnell and Laura Sitea. 2007. 'Peacebuilding: What is in a name'. *Global Governance* 13 (1): 35–58.

Barnett, Michael N. and Martha Finnemore. 1999. 'The politics, power, and pathologies of international organizations'. *International Organization* 53 (4): 699–732.

Bartoli, A. 2008. 'NGOs and conflict resolution'. In *The Sage Handbook of Conflict Resolution*, edited by J. Bercovitch, V. A. Kremeniuk and I. W. Zartman. Thousand Oaks, CA, Sage Publications, 392–412.

BBC. 2017. *African Union Backs Mass Withdrawal from ICC*. February 1. Accessed 18 July 2017. www.bbc.co.uk/news/world-africa-38826073.

Beardsley, K. 2008. 'Agreement without peace? International mediation and time inconsistency problems'. *American Journal of Political Science* 52 (4): 723–740.

Beaumont, Peter, Martin Bright and Ed Vulliamy. 2003. 'Revealed: U.S. dirty tricks to win vote on Iraq war'. *The Guardian*, March 2.

Beeson, M. 2014. *Regionalism and Globalization in East Asia: Politics, Security and Economic Development*. London and New York: Palgrave Macmillan.

Bell, Christine. 2006. 'Peace agreements: Their nature and legal status'. *The American Journal of International Law* 100 (2): 373–412.

Bellamy, Richard, Markus Kornprobst and Christine Reh. 2012. 'Introduction: Meeting in the middle'. *Government and Opposition* 47 (3): 275–295.

Bellamy, Richard and Albert Weale. 2015. 'Political legitimacy and European monetary union: Contracts, constitutionalism and the normative logic of two-level games'. *Journal of European Public Policy* 22 (2): 257–274.

Benford R. D. and D. A. Snow. 2000. 'Framing processes and social movements: An overview and assessment'. *Annual Review of Sociology* 26: 611–639.

Bentham, Jeremy. 1927 [1789]. *Jeremy Bentham, Plan for a Universal and Perpetual Peace*. London: Sweet.

Bercovitch, Jacob and Ayse Kadayifci. 2002. 'Exploring the relevance and contribution of mediation to peace-building'. *Peace and Conflict Studies* 9 (2): 21–41.

Bercovitch, Jacob and A. S. Kadayifci-Orellana. 2009. 'Religion and mediation: The role of faith-based actors in international conflict resolution'. *International Negotiation* 14 (1): 175–204.

Berger, Peter L. and Thomas Luckmann. 1966. 'The social construction of reality: A treatise in the sociology of knowledge'. Garden City, NY: First Anchor.

Berridge, Geoff. 2004. 'Introduction'. In *Diplomatic classics: selected texts from Commynes to Vattel*, edited by Geoff Berridge. Basingstoke, UK: Palgrave Macmillan, ix, 199.

Berridge, Geoff. 2010. *Diplomacy: Theory and Practice*. 4th ed. Basingstoke, UK and New York: Palgrave Macmillan.

Bertelman, H. 2010. 'International standards and national ownership? Judicial independence in hybrid courts: The extraordinary chambers in the courts of Cambodia'. *Nordic Journal of International Law* 79 (3): 341–382.

Besheer, Margaret. 2017. 'New UN chief urges preventive diplomacy "surge"'. *VOA*, January 10. Accessed 18 July 2017. www.voanews.com/a/un-guterres-preventive-diplomacy/3670528.html.

Betts, Alexander. 2010. 'Survival migration: A new protection framework'. *Global Governance* 16 (3): 361–382.

Bianchi, A. 1999. 'Immunity versus human rights: The Pinochet case'. *European Journal of International Law* 10 (2): 237–277.

Biersteker, Thomas J. 2007. 'Prospects for the UN Peacebuilding Commission'. Paper read at Disarmament Forum 2, Geneva, United National Institute for Disarmanent Research. Accessed 23 February 2017. www.peacepalacelibrary.nl/ebooks/files/UNIDIR_pdf-art2630.pdf.

Bjola, Corneliu. 2005. 'Legitimating the use of force in international politics: A communicative action perspective'. *European Journal of International Relations* 11 (2): 266–303.

Bjola, Corneliu. 2008. 'Legitimacy and the use of force: Bridging the analytical-normative divide'. *Review of International Studies* 34 (4): 627–644.

Bjola, Corneliu. 2009. *Legitimising the Use of Force in International Politics: Kosovo, Iraq and the Ethics of Intervention*. London and New York: Routledge.

Bjola, Corneliu. 2010. 'The power of the public sphere: (Anti-)diplomacy and crisis management within security communities'. In *Arguing Global Governance: Agency, Lifeworld and Shared Reasoning*, edited by Corneliu Bjola and Markus Kornprobst. Abingdon, UK and New York: Routledge, 194–209.

Bjola, Corneliu. 2013. 'Enmity and friendship in world politics: A diplomatic approach'. *The Hague Journal of Diplomacy* 8 (2): 1–20.

Bjola, Corneliu. 2014. 'The ethics of secret diplomacy: A contextual approach'. *Journal of Global Ethics* 10 (1): 85–100.

Bjola, Corneliu. 2016a. 'Diplomatic ethics'. In *The Sage Handbook of Diplomacy*, edited by C. M. Constantinou, Pauline Kerr and Paul Sharp. London: Sage Publications, 123–132.

Bjola, Corneliu. 2016b. 'Getting digital diplomacy right: What quantum theory can teach us about measuring impact?' *Global Affairs* 2 (3): 345–353.

Bjola, Corneliu. 2017. 'Trends and counter-trends in digital diplomacy'. In *The Soft Power 30*, edited by Jonathan McClory, 126–129. Portland and the USC Centre on Public Diplomacy, July 18. Accessed 19 July 2017. http://softpower30.portland-communications.com/wp-content/uploads/2017/07/The-Soft-Power-30-Report-2017-Web-1.pdf.

Bjola, Corneliu and Marcus Holmes, eds. 2015. *Digital Diplomacy: Theory and Practice*. London and New York: Routledge.

Bjola, Corneliu and Markus Kornprobst. 2007. 'Security communities and the habitus of restraint: Germany and the United States on Iraq'. *Review of International Studies* 33 (2): 285–305.

Bjola, Corneliu and Markus Kornprobst. 2011. 'Introduction'. In *Arguing Global Governance*, edited by Corneliu Bjola and Markus Kornprobst. London, New York: Routledge, 1–16.

Bjola, Corneliu and Stuart Murray, eds. 2016. *Secret Diplomacy: Concepts, Contexts and Cases*. London: Routledge.

Boisbouvier, Christophe. 2010. '50 years later, Françafrique is alive and well'. *RFI*. February 16. Accessed 27 July 2017. www.english.rfi.fr/africa/20100216–50-years-later-francafrique-alive-and-well.

Bourdieu, Pierre. 1977. *Outline of a Theory of Practice, Cambridge Studies in Social and Cultural Anthropology*. Cambridge, UK: Cambridge University Press.

Bourdieu, Pierre. 1988. *Homo Academicus*. Cambridge, UK: Polity Press.

Bourdieu, Pierre. 1990. *The Logic of Practice*. Stanford, CA: Stanford University Press.

Bourdieu, Pierre. 1998. *Practical Reason: On the Theory of Action*. Cambridge, UK: Polity Press.

Boutros-Ghali, B. 1992. *An Agenda for Peace*. Report of the Secretary General pursuant to the statement adopted by the Summit Meeting of the Security Council on 31 January 1992. In A/47/277 - S/24111, 17 June 1992. New York: United Nations Publications.

Boutros-Ghali, B. 1995. Supplement to *An Agenda for Peace*. Position Paper of the Secretary-General on the Occasion of the 50th Anniversary of the United Nations. In *A/50/60 - S/1995/13*, January 1995. New York: United Nations Publications.

Boutros-Ghali, Boutros and UN. 1992. 'An agenda for peace: Preventive diplomacy, peacemaking and peace-keeping'. *Article 37*. New York: United Nations Publications.

Bowers, Simon. 2016. 'The Apple tax ruling: What this means for Ireland, tax and multinationals'. *The Guardian*, August 30. Accessed 18 July 2017. www.theguardian.com/business/2016/aug/30/eu-apple-ireland-tax-ruling-q-and-a.

Boyd, Carl. 1980. *The Extraordinary Envoy: General Hiroshi Ōshima and Diplomacy in the Third Reich, 1934–1939*. Washington, DC: University Press of America.

Boyle, Alan. 2006. 'Soft law in international law-making'. In *International Law*, edited by Malcolm D. Evans. Oxford and New York: Oxford University Press, 141–158.

Bozorgmehr, Najmeh. 2011. 'Iranian deputy foreign minister dismissed'. *Financial Times*, June 21. Accessed 14 March 2017. www.ft.com/content/0add71fa-9c05–11e0-bef9–00144feabdc0.

Broadbridge, Anne F. 2008. *Kingship and Ideology in the Islamic and Mongol Worlds*. Cambridge, UK and New York: Cambridge University Press.

Broomhall, Bruce. 2003. *International Justice and the International Criminal Court: Between Sovereignty and the Rule of Law*. Oxford, UK and New York: Oxford University Press.

Brown, Jonathan. 1988. 'Diplomatic immunity: State practice under the Vienna Convention on Diplomatic Relations'. *International & Comparative Law Quarterly* 37 (1): 53–88.

Brownlie, Ian. 2003. *Principles of Public International Law*. 6th ed. Oxford, UK and New York: Oxford University Press.

Bryce, Trevor. 1999. *The Kingdom of the Hittites*. Oxford, UK: Oxford University Press.

Bull, Hedley. 1995. *The Anarchical Society: A Study of Order in World Politics*. 2nd ed. New York and Chichester, UK: Columbia University Press.

Bull, Hedley and Adam Watson. 1984. *The Expansion of International Society*. Oxford, UK: Oxford University Press.

Butterfield, H. 1975. *Raison d'état: The Relations Between Morality and Government*. Accessed 18 July 2017. http://mwmt.co.uk/documents/butterfield.pdf.

Buzan, Berry. 2004. *From International to World Society? English School Theory and the Social Structure of Globalisation*. Cambridge, UK: Cambridge University Press.

C40 Cities, n.d.. *About C40*. Accessed 18 July 2017. www.c40.org/about.

Call, Charles T. 2002. 'War transitions and the new Civilian Security in Latin America'. *Comparative Politics* 35 (1): 1–20.

Call, Charles T. 2012. *Why Peace Fails: The Causes and Prevention of Civil War Recurrence.* Washington, DC: Georgetown University Press.

Cameron, Fraser. 2009. '"We do not want unification": Margaret Thatcher's irrational hatred of a united Germany'. *Atlantic Times.* Accessed 15 September 2012. www.atlantic-times.com/archive_detail.php?recordID=1934.

Cameron, Maxwell A., Robert J. Lawson and Brian W. Tomlin. 1998. *To Walk Without Fear: The Global Movement to Ban Landmines.* Toronto, ON and New York: Oxford University Press.

Campbell, Brian. 2001. 'Diplomacy in the Roman world (c. 500 BC – AD 235)'. *Diplomacy and Statecraft* 12 (1): 1–22.

Caplan, Richard. 2005. *International Governance of War-Torn Territories: Rule and Reconstruction.* Oxford, UK: Oxford University Press.

Carnevale, P. J. and D. W. Choi. 2000. 'Culture in the mediation of international disputes'. *International Journal of Psychology* 35 (2): 105–110.

Carr, D. L. and E. S. Norman. 2008. 'Global civil society? The Johannesburg world summit on sustainable development'. *Geoforum* 39 (1): 358–371.

Carr, Edward Hallett. 2001. *The Twenty Years' Crisis, 1919–1939: An Introduction to the Study of International Relations.* Basingstoke, UK and New York: Palgrave Macmillan.

Carrió-Invernizzi, Diana. 2014. 'A new diplomatic history and the networks of Spanish diplomacy in the Baroque era'. *The International History Review* 36 (4): 603–618.

Carroll, C. E. 2013. 'Hybrid tribunals are the most effective structure for adjudicating international crimes occurring within a domestic state'. *Law School Student Scholarship.* Paper 90.

Carter, Charles H. 2004. 'The ambassadors of early modern Europe: Patterns of diplomatic representation in the early seventeenth century'. In *Diplomacy,* edited by Christer Jönsson and Richard Langhorne. London and Thousand Oaks, CA: Sage Publications.

Cassidy, Jennifer and Sara Althari. 2017. 'Analyzing the dynamics of modern diplomacy through a gender lens'. In *Gender and Diplomacy,* edited by Jennifer Cassidy. London and New York: Routledge, 1–12.

Chandler, David. 2006. *Empire in Denial: The Politics of State-Building.* London and Ann Arbor, MI: Pluto Press.

Chandler, David. 2013. 'Peacebuilding and the politics of non-linearity: Rethinking "hidden" agency and "resistance"'. *Peacebuilding* 1 (1): 17–32.

Chataway, C. J. 1998. 'Track II diplomacy: From a track I perspective'. *Negotiation Journal* 14 (3): 269–287.

Chatterjee, Charles. 2007. *International Law and Diplomacy.* London and New York: Routledge.

Chowdhury, Arjun and Ronald. R. Krebs. 2010. 'Talking about terror: Counterterrorist campaigns and the logic of representation'. *European Journal of International Relations* 16 (1): 125–150.

Cohen, R. 1996. 'All in the family: Ancient near Eastern diplomacy'. *International Negotiation* 1 (1): 11–28.

Cohen, R. 2001a. 'The great tradition: The spread of diplomacy in the ancient world'. *Diplomacy & Statecraft* 12 (1): 23–38.

Cohen, R. 2001b. 'Resolving conflict across languages'. *Negotiation Journal* 17 (1): 17–34.

Coleman, Katharina. 2011. 'Locating norm diplomacy: Venue change in international norm negotiations'. *European Journal of International Relations* 19 (1): 163–186.

Collier, Paul and Anke Hoeffler. 2004. 'The challenge of reducing the global incidence of civil war'. *Copenhagen Consensus Challenge Paper,* March 2004.

Commission on Global Governance. 1995. *Our Global Neighbourhood: The Report of the Commission on Global Governance.* Oxford, UK: Oxford University Press.

Conrad, G. W. and A. A. Demarest. 1984. *Religion and Empire: The Dynamics of Aztec and Inca Expansionism.* Cambridge, UK and New York: Cambridge University Press.

Constantinou, Costas M. 1996. *On the Way to Diplomacy.* Minneapolis, MN: University of Minnesota Press.

Constantinou, Costas M. 2006. 'On homo-diplomacy'. *Space and Culture* 9 (4): 351–364.

Cooper, Andrew Fenton. 2008. *Celebrity Diplomacy: International Studies Intensives*. Boulder, CO: Paradigm Publishers.

Copeland, Daryl. 2009. *Guerrilla Diplomacy: Rethinking International Relations*. Boulder, CO: Lynne Rienner Publishers.

Cornago, Noé. 1999. 'Diplomacy and paradiplomacy in the redefinition of international security: Dimensions of conflict and co-operation'. *Regional & Federal Studies* 9 (1): 40–57.

Council of the European Union. 2005. *Agreement between the International Criminal Court and the European Union on cooperation and assistance*, December 6. Accessed 20 April 2017. http://register.consilium.eu.int/pdf/en/05/st14/st14298.en05.pdf.

Council of the European Union. 2010. *Council Decision 2010/427/EU Establishing the Organisation and Functioning of the European External Action Service*. July 26. Accessed 20 April 2017. www.europarl.europa.eu/oeil/popups/summary.do?id=1119304&t=f&l=en.

Coward, Ashley and Corneliu Bjola. 2016. 'Cyber-intelligence operations and diplomacy: The secret link'. In *Secret Diplomacy: Concepts, Contexts and Cases*, edited by Corneliu Bjola and Stuart Murray. London: Routledge, 201–228.

Craig, Gordon Alexander. 1994. 'The German Foreign Office from Neurath to Ribbentrop'. In *The Diplomats, 1919–1939*, edited by Gordon Alexander Craig and Felix Gilbert. Princeton, NJ: Princeton University Press, 406–436.

Craig, Gordon Alexander and Alexander L. George. 1983. *Force and Statecraft: Diplomatic Problems of Our Time*. New York: Oxford University Press.

Crawford, James. 1979. *The Creation of States in International Law*. Oxford, UK and New York: Clarendon Press, Oxford University Press.

Crawford, James. 2006. *The Creation of States in International Law*. 2nd ed. Oxford, UK: Oxford University Press.

Crawford, Neta. 2002. *Argument and Change in World Politics: Ethics, Decolonization, and Humanitarian Intervention*. Cambridge, UK: Cambridge University Press.

Crocker, David A. 1999. 'Reckoning with past wrongs: A normative framework'. *Ethics & International Affairs* 13 (1): 43–64.

Cross, M. K. D. 2011. 'Europe, a smart power?' *International Politics* 48 (6): 691–706.

Cull, N. J. 1995. Selling War: *The British Propaganda Campaign against American 'Neutrality' in World War II*. New York and Oxford, UK: Oxford University Press.

Cull, N. J. 2008. *The Cold War and the United States Information Agency: American Propaganda and Public Diplomacy, 1945–1989*. Cambridge, UK and New York: Cambridge University Press.

Cull, N. J. 2012. *The Decline and Fall of the United States Information Agency: American Public Diplomacy, 1989–2001*. New York: Palgrave Macmillan.

Dahli, H. 2000. 'Ethiopia's obsession with the Red Sea'. *Eritrea Profile*, Asmara, 20 July.

Darwin, John. 2001. 'Diplomacy and decolonization'. In *International Diplomacy and Colonial Retreat*, edited by Kent Fedorowich and Martin Thomas. London and Portland, OR: Frank Cass Publishers, 5–24.

De Callières. 2004. 'The art of negotiating with sovereign princes'. In *Diplomatic Classics: Selected Texts from Commynes to Vattel*, edited by Geoff Berridge. Basingstoke, UK: Palgrave Macmillan, 148.

De Certeau, Michel. 1988. *The Practice of Everyday Life*. Berkeley, CA: University of California Press.

Deitelhoff, Nicole. 2009. 'The discursive process of legalization: Charting islands of persuasion in the ICC case'. *International Organization* 63 (1): 33–65.

Denza, Eileen. 2008. *Diplomatic Law: Commentary on the Vienna Convention on Diplomatic Relations*. 3rd ed. Oxford, UK: Oxford University Press.

Der Derian, James. 1987. *On Diplomacy: A Genealogy of Western Estrangement.* Oxford, UK: Blackwell.
Detienne, Marcel and Vernant Jean-Pierre. 1974. *La mètis des grecs.* Paris: Flammarion.
De Wicquefort, Abraham. 1682. *L'Ambassadeur et ses fonctions.* Veneur: La Haye. Accessed 20 November 2017. www.bsb-muenchen.de.
De Wicquefort. 2004. 'The ambassador and his functions'. In *Diplomatic Classics: Selected Texts from Commynes to Vattel,* edited by Geoff Berridge. Basingstoke, UK: Palgrave Macmillan, 133.
Diamond, Louise and John W. McDonald. 1996. *Multi-Track Diplomacy: A Systems Approach to Peace.* 3rd ed. West Hartford, CT: Kumarian Press.
Dicken, Peter. 2007. *Global Shift: Mapping the Changing Contours of the World Economy.* 5th ed. London: Sage Publications.
Dittmer, J. and J. Sharp, 2014. *Geopolitics: An Introductory Reader.* New York: Routledge.
Dodd, K. 2007. *Geopolitics: A Very Short Introduction.* Oxford, UK and New York: Oxford University Press.
Dumont, Jean-Christophe, Gilles Spielvogel and Sarah Widmaier. 2010. 'International migrants in developed, emerging and developing countries: An extended profile'. *OECD Social, Employment and Migration Working Papers* 114: 57.
Duran, Manuel. 2016. 'Paradiplomacy as a diplomatic broker: Between separating differences and engaging commonalities'. *Diplomacy and Foreign Policy* 1 (3): 1–56.
Dutton, Jane. 2010. 'Talk to Al Jezeera: President Isaias Afwerki'. *Al Jezeera English.* February 19. Accessed 17 July 2017. www.youtube.com/watch?v=O0uQwODNkTA.
Dyson, Stephen B. 2006. 'Personality and foreign policy: Tony Blair's Iraq decisions'. *Foreign Policy Analysis* 2 (3): 289–306.
Dyson, Stephen B. 2007. 'Alliances, domestic politics, and leader psychology: Why did Britain stay out of Vietnam and go into Iraq?' *Political Psychology* 28 (6): 647–666.
Elias, Norbert, Eric Dunning, Johan Goudsblom and Stephen Mennell. 2000. *The Civilizing Process: Sociogenetic and Psychogenetic Investigations.* Rev. ed. Oxford, UK and Malden, MA: Blackwell Publishers.
el-Nawawy, M. 2006. 'U.S. public diplomacy in the Arab world'. *Global Media and Communication* 2 (2): 183–203.
Elstain, Jean Bethke. 2003. 'Politics and forgiveness'. In *Burying the Past: Making Peace and Doing Justice after Civil Conflict,* edited by Nigel Biggar. Washington, DC: Georgetown University Press, 45–64.
Encyclopaedia Britannica. 2011. 'Berlin West Africa Conference'. Retrieved 14 December 2011. www.britannica.com/EBchecked/topic/62214/Berlin-West-Africa-Conference.
Epp, Roger. 1998. 'The English School on the frontiers of international society: A hermeneutic recollection'. *Review of International Studies* 24 (5): 47–64.
Epstein, Charlotte. 2005. *The Power of Words in International Relations: Birth of an Anti-Whaling Discourse.* Cambridge, MA and London: MIT Press.
Erdem, G. 2010. 'The emergence and expansion of the permanent diplomacy'. *The Turkish Yearbook of International Relations* 41: 72–99.
Esty, Daniel C. 2008. 'Climate change and global environmental governance'. *Global Governance* 14 (1): 111–118.
European Union. 1950. *The Schuman Declaration.* May 9. Accessed 17 July 2017. http://europa.eu/about-eu/basic-information/symbols/europe-day/schuman-declaration/index_en.htm.
European Union High Representative. 2010. *Declaration by the High Representative on Political Accountability,* July 20. Accessed 21 March 2017. http://register.consilium.europa.eu/doc/srv?l=EN&f=ST%2012401%202010%20ADD%201.

Fabry, Mikulas. 2010. *Recognizing States: International Society and the Establishment of New States Since 1776*. New York: Oxford University Press.

Fiadjoe, Albert. 2004. *Alternative Dispute Resolution: A Developing World Perspective*. London: Cavendish.

Fichtner, Paula Sutter. 1976. 'Dynastic marriage in 16th century Habsburg diplomacy and statecraft: Interdisciplinary approach'. *American Historical Review* 81 (2): 243–265.

Finnemore, Martha and Kathryn Sikkink. 1998. 'International norm dynamics and political change'. *International Organization* 52 (4): 887–917.

Fisher, Walter R. 1984. 'Narration as a human communication paradigm: The case of public moral argument'. *Communication Monographs* 51: 1–22.

Fletcher, C. 2015. *Diplomacy in Renaissance Rome: The Rise of the Resident Ambassador*. Cambridge, UK: Cambridge University Press.

Flint, C. 2006. *Introduction to Geopolitics*. London: Routledge.

Florini, Ann. 1996. 'The evolution of international norms'. *International Studies Quarterly* 40 (3): 363–389.

Ford, Christopher A. 2012. 'Soft on "soft power"'. *SAIS Review* 32 (1): 89–111.

Freeman, Charles W. 1997. *The Diplomat's Dictionary*. Rev. ed. Washington, DC: United States Institute of Peace Press.

Gadamer, Hans-Georg. 1960. *Wahrheit und Methode: Grundzüge einer philosophischen Hermeneutik*. Tübingen, Germany: Mohr.

Gaddis, J. L. 1982. *Strategies of Containment: A Critical Appraisal of Postwar American National Security Policy*. Oxford, UK and New York: Oxford University Press.

Galtung, Johan. 1996. *Peace by Peaceful Means: Peace and Conflict, Development and Civilization*. London: Sage Publications.

George, Alexander L. 1969. 'The "operational code": A neglected approach to the study of political leaders and decision-making'. *International Studies Quarterly* 13 (2): 190–222.

George, Alexander L. 1991. *Forceful Persuasion: Coercive Diplomacy as an Alternative to War*. Washington, DC: United States Institute of Peace Press.

Gigerenzer, G. and P. M. Todd. 1999. 'Fast and frugal heuristics: The adaptive toolbox'. In *Simple Heuristics That Make Us Smart*, edited by G. Gigerenzer, P. M. Todd and the ABC Research Group. Oxford, UK: Oxford University Press, 3–36.

Gigerenzer, G., P. M. Todd and the ABC Research Group. eds. 1999. *Simple Heuristics That Make Us Smart*. Oxford, UK: Oxford University Press.

Gilkes, Patrick and Martin Plaut. 1999. *War in the Horn: The Conflict between Eritrea and Ethiopia*. Discussion paper. London: Royal Institute of International Affairs.

Goffman, E. 1974. *Frame Analysis: An Essay on the Organization of Experience*. Cambridge, MA: Harvard University Press.

Goh, E. 2008. 'Great powers and hierarchical order in southeast Asia: Analysing regional security strategies'. *International Security* 32 (3): 113–157.

Goldman, Alvin L. and Jacques Rojot. 2002. *Negotiation Theory and Practice*. The Hague, the Netherlands and New York: Kluwer Law International.

Götz, E. 2015. 'It's geopolitics, stupid: Explaining Russia's Ukraine policy'. *Global Affairs* 1 (1): 3–10.

Graham, Sarah Ellen and John Robert Kelley. 2009. 'U.S. engagement in east Asia: A case for "track two" diplomacy'. *Orbis* 53 (1): 80–98.

Green, Donald and Ian Shapiro. 1996. *Pathologies of Rational Choice Theory: A Critique of Applications in Political Science.* New Haven, CT and London: Yale University Press.

Greenpeace. 2006. *Infos zur Ausstellung: Semipalatinsk.* Accessed 17 July 2012. www.greenpeace. de/themen/atomkraft/atomunfaelle/artikel/infos_zur_ausstellung_semipalatinsk/.

Greig, J. Michael. 2001. 'Moments of opportunity'. *Journal of Conflict Resolution* 45 (6): 691–718.

Greig, J. Michael and P. F. Diehl. 2006. 'Softening up: Making conflicts more amenable to diplomacy'. *International Interactions* 32 (4): 355–384.

Gronlund, Lisbeth. 2011. *Chernobyl Cancer Death Toll Estimate More Than Six Times Higher Than the 4,000 Frequently Cited, According to a New UCS Analysis.* Union of Concerned Scientists, April 17. Accessed 17 July 2017. www.ucsusa.org/news/press_release/chernobyl-cancer-death-toll-0536.html.

Gstöhl, Sieglinde. 2007. 'Governance through government networks: The G8 and international organizations'. *The Review of International Organizations* 2 (1): 1–37.

Guymer, Laurence. 2010. 'The wedding planners: Henry Bulwer, and the Spanish Marriages, 1841–1846'. *Diplomacy and Statecraft* 21 (4): 549–573.

Haas, Ernst. 1958. *The Uniting of Europe: Political, Economic, and Social Forces.* Stanford, CA: Stanford University Press.

Haas, Peter M. 1992. 'Banning chlorofluorocarbons: Epistemic community efforts to protect stratospheric ozone'. *International Organization* 46 (1): 187–224.

Habermas, Jürgen. 1984. *The Theory of Communicative Action.* Vol. 1. Boston, MA: Beacon Press.

Hall, R. B. 1999. *National Collective Identity: Social Constructs and International Systems.* New York: Columbia University Press.

Hamilton, Keith and Richard Langhorne. 1995. *The Practice of Diplomacy: Its Evolution, Theory, and Administration.* London and New York: Routledge.

Hammarskjöld, Dag. 1961. *The International Civil Servant in Law and In Fact: A Lecture Delivered to Congregation on 30 May 1961.* Oxford, UK: Clarendon Press.

Hammarskjöld, D. and K. Falkman. 2005. *To Speak for the World: Speeches and Statements.* Stockholm: Atlantis.

Hänggi, Heiner. 2005. 'Approaching peacebuilding from a security governance perspective'. In *Security Governance in Post-Conflict Peacebuilding,* edited by Alan Bryden and Heiner Hänggi. Münster: Lit Verlag, 3–19.

Hare, P. W. 2015. *Making Diplomacy Work: Intelligent Innovation for the Modern World.* Washington, DC: CQ Press.

Hartzell, Caroline and Matthew Hoddie. 2003. 'Institutionalizing peace: Power sharing and post-civil war conflict management'. *American Journal of Political Science* 47 (2): 318–332.

Heathershaw, John. 2008. 'Unpacking the liberal peace: The dividing and merging of peacebuilding discourses'. *Millennium-Journal of International Studies* 36 (3): 597–621.

Held, David and Mathias Koenig-Archibugi. 2005. *Global Governance and Public Accountability.* Malden, MA: Blackwell.

Higonnet, E. R. 2006. 'Restructuring hybrid courts: Local empowerment and national criminal justice reform'. *Arizona Journal of International & Comparative Law* 23 (2): 347–435.

Hocking, Brian, Jan Melissen, Shaun Riordan and Paul Sharp. October 2012. *Futures for Diplomacy: Integrative Diplomacy for the 21st Century.* Netherlands Institute of International Relations 'Clingendael'. Accessed 22 October 2016. www.clingendael.nl/publication/futures-diplomacy-integrative-diplomacy-21st-century.

Holsti, Ole. 1970. 'The "operational code" approach to the study of political leaders: John Foster Dulles' philosophical and instrumental beliefs'. *Canadian Journal of Political Science/Revue canadienne de science politique* 3 (1): 123–157.

Holzscheiter, Anna. 2016. 'Representation as power and performative practice: Global civil society advocacy for working children'. *Review of International Studies* 42 (2): 205–226.
Homeira, Moshirzadeh. 2011. 'Intercivilizational dialogue and global governance'. In *Arguing Global Governance*, edited by Corneliu Bjola and Markus Kornprobst. London and New York: Routledge, 117–140.
Honneth, Axel. 1995. *The Struggle for Recognition: The Moral Grammar of Social Conflicts*. Cambridge, UK: Polity Press.
Hopf, Ted. 2002. *Social Construction of International Politics: Identities & Foreign Policies, Moscow, 1955 and 1999*. Ithaca, NY and London: Cornell University Press.
Hopf, Ted. 2010. 'The logic of habit in international relations'. *European Journal of International Relations* 16 (4): 539–561.
Huntington, S. P. 1993. *The Clash of Civilizations and the Remaking of World Order*. Cambridge, MA: Harvard University, John M. Olin Institute for Strategic Studies.
Hurewitz, J. C. 1961. 'Ottoman diplomacy and the European states system'. *The Middle East Journal* 15 (Spring): 141–152.
Hurrell, Andrew. 2007. *On Global Order: Power, Values, and the Constitution of International Society*. Oxford, UK and New York: Oxford University Press.
Huth, P. K., S. E. Croco and B. J. Appel. 2011. 'Does international law promote the peaceful settlement of international disputes? Evidence from the study of territorial conflicts since 1945'. *American Political Science Review* 105 (2): 415–436.
Ikenberry, John G. 2014. 'Introduction: Power, order, and change in world politics'. In *Power, Order, and Change in World Politics*, edited by G. John Ikenberry. Cambridge, UK: Cambridge University Press, 1–11.
Iliopoulos, I. 2009. 'Strategy and geopolitics of sea power throughout history'. *Baltic Security & Defence Review* 11 (2): 5–20.
International Conference of American States. 1933. *Convention on the Rights and Duties of States (Montevideo Convention)*. The Avalon Project, Yale Law School. Accessed 20 July 2017. http://avalon.law.yale.edu/20th_century/intam03.asp#art1.
International Labour Organization (ILO). 2008. *ILO Action Against Trafficking in Human Beings*. Geneva: ILO.
International Organization for Migration (IOM). 2005. 'World migration 2005: Costs and benefits of international migration'. In *IOM World Migration Report* Series. Vol. 3. Geneva: IOM.
International Organization for Migration (IOM). 2015. 'World migration report 2015: Migrants and cities – New partnerships to manage mobility'. Geneva: IOM.
Irwin, G. W. 1975. 'Precolonial African diplomacy: The example of Asante'. *International Journal of African Historical Studies* 8 (1): 81–96.
Ish-Shalom, P. 2015. 'King diplomacy for perpetual crisis'. *The Hague Journal of Diplomacy* 10 (1): 10–14.
Jabri, Vivienne. 1996. *Discourses on Violence: Conflict Analysis Reconsidered*. Manchester, UK: Manchester University Press.
Jacinto, Leela. 2012. 'From Lubanga to Kony, is the ICC only after Africans?' *France24*, March 15. Accessed 18 October 2016. www.france24.com/en/20120315-lubanga-kony-icc-africans-international-justice-hague-syria-congo.
Janis, Irving Lester. 1972. *Victims of Groupthink: A Psychological Study of Foreign-Policy Decisions and Fiascoes*. Boston, MA: Houghton Mifflin.
Johnson, Chalmers. 1982. *MITI and the Japanese Miracle: The Growth of Industrial Policy, 1925–1975*. Stanford, CA: Stanford University Press.
Johnston, Alastair Iain. 2001. 'Treating international institutions as social environments'. *International Studies Quarterly* 45 (4): 487–515.

Johnstone, Ian. 2003. 'Security council deliberations: The power of the better argument'. *European Journal of International Law* 14 (3): 437–480.
Jones, Stephen. 2009. *The Islamic Republic of Iran: An Introduction*. Research Paper 09/92. House of Commons Library, December 11. Accessed 21 March 2017. www.parliament.uk/briefing-papers/RP09-92.pdf.
Jönsson, Christer and Maria Strömvik. 2005. 'Negotiations in networks'. In *European Union Negotiations: Processes, Networks and Institutions*, edited by Ole Elgström and Christer Jönsson. London: Routledge, 13–28.
Kagan, Robert. 2003. *Of Paradise and Power: America and Europe in the New World Order*. New York: Knopf.
Kahneman, D. and A. Tversky. 1979. 'Prospect theory: An analysis of decision under risk', *Econometrica* 47 (2): 263–292.
Kant, I. 2004. *Critique of Practical Reason*. Mineola, NY: Dover Publications.
Kaplan, Robert D. 2000. 'Was democracy just a moment?' In *Globalization and the Challenges of a New Century: A Reader*, edited by Patrick O'Meara, Howard D. Mehlinger and Matthew Krain. Bloomington, IN: Indiana University Press, 196–214.
Kearns, Gerry. 2009. *Geopolitics and Empire: The Legacy of Halford Mackinder*. Oxford, UK: Oxford University Press.
Kelman, I. 2008. 'Disaster diplomacy: Diplomats should not rely on disasters'. *Imprint* 47: 8–9. Accessed 27 July 2017. www.ilankelman.org/articles1/kelman2008imprint.pdf.
Kennan, George. 1946. *The Long Telegram*, 22 February. Accessed 27 July 2017. www.ntanet.net/KENNAN.html.
Kennan, George. 1947. 'X. The sources of Soviet conduct'. *Foreign Affairs* 25 (4): 566–582.
Kennedy-Pipe, Caroline and Rhiannon Vickers. 2007. '"Blowback" for Britain? Blair, Bush, and the war in Iraq'. *Review of International Studies* 33 (2): 205–221.
Keohane, Robert O. 1980. 'The theory of hegemonic stability and changes in international economic regimes'. In *Change in the International System*, edited by O. Holsti, R. Siverson and A. George. Boulder, CO: Westview Press.
Keohane, Robert O. 1988. 'International institutions: Two approaches'. *International Studies Quarterly* 44 (1): 83–105.
Kerbrat-Orecchioini, Catherine. 2004. 'Introducing polylogue'. *Journal of Pragmatics* 36: 1–24.
Kerr, Paul. 2004. 'More U.S. claims on Iraq WMD rebutted'. *Arms Control Association*, October 1. Accessed 27 July 2017. www.armscontrol.org/print/1661.
Kirchner, Emil Joseph and James Sperling. 2007. *EU Security Governance*. Manchester, UK: Manchester University Press.
Kissinger, Henry. 1957. *A World Restored: Metternick, Castlereagh and the Problems of Peace, 1812–22*. London: Weidenfeld and Nicolson.
Kissinger, Henry. 1994. *Diplomacy*. New York: Simon & Schuster.
Kleiboer, Marieke. 2002. 'Great power mediation: Using leverage to make peace?' In *Studies in International Mediation*, edited by Jacob Bercovitch. Basingstoke, UK: Palgrave Macmillan in association with the Program on Negotiation, Harvard Law School, 127–140.
Kleiner, Jürgen. 2010. *Diplomatic Practice: Between Tradition and Innovation*. Singapore and Hackensack, NJ: World Scientific.
Knopf, Jeffrey W. 1993. 'Beyond two-level games: Domestic-international interaction in the intermediate-range nuclear forces negotiations'. *International Organization* 47 (4): 599–628.
Koremenos, Barbara, Charles Lipson and Duncan Snidal. 2001. 'The rational design of international institutions'. *International Organization* 55 (4): 761–799.
Kornprobst, Markus. 2002a. 'The management of border disputes in African regional sub-systems: Comparing West Africa and the Horn of Africa'. *The Journal of Modern African Studies* 40 (3): 369–393.
Kornprobst, Markus. 2002b. 'Explaining success and failure of war to peace transitions: Revisiting the Angolan and Mozambican experience'. *Journal of Conflict Studies* 22 (2): 57–82.

Kornprobst, Markus. 2008. *Irredentism in European Politics: Argumentation, Compromise and Norms*. Cambridge, UK and New York: Cambridge University Press.

Kornprobst, Markus. 2009. 'International relations as rhetorical discipline: Toward (re-)newing horizons'. *International Studies Review* 11 (1): 87–108.

Kornprobst, Markus. 2011. 'The agent's logics of action: Defining and mapping political judgement'. *International Theory* 3 (1): 70–104.

Kornprobst, Markus. 2012. 'How rhetorical strategies reproduce compromise agreements: The case of the nuclear non-proliferation regime'. *Government and Opposition* 47 (3): 342–367.

Kornprobst, Markus. 2015. 'Building agreements upon agreements: The European Union and grand strategy'. *European Journal of International Relations* 21 (2): 267–292.

Kornprobst, Markus. 2018. 'Framing, resonance and war: Foregrounds and backgrounds of cultural congruence'. *European Journal of International Relations*, forthcoming.

Kornprobst, Markus and Martin Senn. 2016a. 'A rhetorical field theory: Background, communication, and change'. *The British Journal of Politics and International Relations* 18 (2): 300–317.

Kornprobst, Markus and Martin Senn. 2016b. 'Introduction: Background ideas in international relations'. *The British Journal of Politics and International Relations* 18 (2): 273–281.

Kornprobst, Markus and Martin Senn. 2017. 'Arguing deep ideational change'. *Contemporary Politics* 23 (1): 100–119.

Kornprobst, Markus and Raluca Soreanu. 2009. 'Habitus and metis in diplomatic encounters: North Korea, the United States and nuclear non-proliferation'. Paper Prepared for the American Political Science Association Annual Conference, Toronto, 3–6 September.

Koser, Khalid. 2010. 'Introduction: International migration and global governance'. *Global Governance* 16 (3): 301–315.

Krasner, Stephen D. 1983. 'Structural causes and regime consequences: Regimes as intervening variables'. In *International Regimes*, edited by Stephen D. Krasner. Ithaca, NY: Cornell University Press.

Kratochwil, Friedrich V. 1989. *Rules, Norms, and Decisions on the Conditions of Practical and Legal Reasoning in International Relations and Domestic Affairs*. Cambridge, UK: Cambridge University Press.

Kratochwil, Friedrich V. 1995. 'Sovereignty as dominium: Is there a right of humanitarian intervention?' In *Beyond Westphalia: State Sovereignty and International Intervention*, edited by Gene M Lyons and Michael Mastanduno. Baltimore, MD: Johns Hopkins University Press, 21–42.

Krebs, Ronald R. and Patrick Thaddeus Jackson. 2007. 'Twisting tongues and twisting arms: The power of political rhetoric'. *European Journal of International Relations* 13 (1): 35–66.

Kristeva, Julia. 1977. *Polylogue*. Paris: Seuil.

Kuus, Merje. 2007. *Geopolitics Reframed: Security and Identity in Europe's Eastern Enlargement*. Basingstoke, UK and New York: Palgrave Macmillan.

Kuus, Merje. 2013. *Geopolitics and Expertise: Knowledge and Authority in European Diplomacy*. Chichester, UK: John Wiley & Sons.

Kuznetsov, Alexander. 2014. *Theory and Practice of Paradiplomacy*. London and New York: Routledge.

Kydd, A. H. 2006. 'When can mediators build trust?' *American Political Science Review* 100 (3): 449–462.

Lafont, B. 2001. 'International relations in the ancient near East: The birth of a complete diplomatic system'. *Diplomacy and Statecraft* 12 (1): 39–60.

Langer, Máximo. 2015. 'Universal jurisdiction is not disappearing the shift from "global enforcer" to "no safe haven" universal jurisdiction'. *Journal of International Criminal Justice* 13 (2): 245–256.

Layne, Christopher. 2009. 'America's Middle East grand strategy after Iraq: The moment for offshore balancing has arrived'. *Review of International Studies* 35 (1): 5–25.

League of Nations. 1924. *The Covenant of the League of Nations*. The Avalon Project, Yale Law School. Accessed 9 February 2017. http://avalon.law.yale.edu/20th_century/leagcov.asp.

Lebow, Richard Ned. 2008. *A Cultural Theory of International Relations*. Cambridge, UK and New York: Cambridge University Press.
Lecours, André. December 2008. *Political Issues of Paradiplomacy: Lessons from the Developed World*. Netherlands Institute of International Relations 'Clingendael'. Accessed 24 September 2012. www.clingendael.nl/publications/2008/20081217_cdsp_diplomacy_paper_paradiplomacy.pdf.
Leguey-Feilleux, Jean-Robert. 2009. *The Dynamics of Diplomacy*. Boulder, CO: Lynne Rienner Publishers.
Leitenberg, Milton. 2006. *Deaths in Wars and Conflicts in the 20th Century*. Occasional Paper Series, no. 29. Ithaca, NY: Cornell University.
Lejano R, Ingram M and Ingram H. 2013. *The Power of Narrative in Environmental Networks*. Cambridge: MIT.
Lemkin, Raphael (April 1945). 'Genocide: A modern crime'. *Free World* 9 (4): 39–43.
Leonardsson, Hanna and Gustav Rudd. 2015. 'The "local turn" in peacebuilding: A literature review of effective and emancipatory local peacebuilding'. *Third World Quarterly* 36 (5): 825–839.
Levy, Jack S. 2000. 'Loss aversion, framing effects, and international conflict'. In *Handbook of War Studies II*, edited by Manus I. Midlarsky. Ann Arbor, MI: University of Michigan Press, 193–221.
Low, Maurice A. 1918. 'The vice of secret diplomacy'. *The North American Review* 207 (747): 209–220.
Lund, Michael S. 2008. 'Conflict prevention: Theory in pursuit of policy and practice'. In *The Sage Handbook of Conflict Resolution*, edited by Jacob Bercovitch, Viktor Aleksandrovich Kremeniuk and I. William Zartman. Thousand Oaks, CA: Sage Publications, 287–321.
Lynch, Marc. 2000. 'The dialogue of civilisations and international public spheres'. *Millennium* 29 (2): 307–330.
MacGinty, Roger. 2011. *International Peacebuilding and Local Resistance: Hybrid Forms of Peace*. Basingstoke, UK and New York: Palgrave Macmillan.
Machiavelli, Niccolò. 2001. 'Advice to Raffaello Girolami'. In *Diplomatic Theory from Machiavelli to Kissinger*, edited by Geoff Berridge, H. M. A. Keens-Soper and Thomas G. Otte. Basingstoke, UK and New York: Palgrave Macmillan, 39–46.
Maciver, C. December 2012. 'Disaster diplomacy: A brief review. SAI LLC from vision to results'. Accessed 4 June 2017. http://sai-dc.com/wp-content/uploads/2014/07/Disaster-Diplomacy-FINAL-Lit-Review.pdf.
Mackinder, Halford. 1904. 'The geographical pivot of history'. *The Geographical Journal*, xxiii: 421–37.
Mahan, A. T. 1894. *The Influence of Sea Power Upon History, 1660–1783*. New York: Dover Publications.
Malchow, H. L. 2016. *History and International Relations: From the Ancient World to the 21st Century*. London: Bloomsbury.
Mallett, M. 2001. 'Italian Renaissance diplomacy'. *Diplomacy & Statecraft* 12 (1): 61–70.
Mander, Jerry. 2014. *The Case against the Global Economy*. London: Routledge.
March, James G. and Johan P. Olsen. 1989. *Rediscovering Institutions: The Organizational Basis of Politics*. New York: Free Press.
March, James G. and Johan P. Olsen. 2004. 'The logic of appropriateness'. *ARENA Working Papers* 4 (9): 1–28.
Marquardt, James J. 2011. *Transparency and American Primacy in World Politics*. Farnham, UK and Burlington, VT: Ashgate.
Marshall, Peter. 1997. *Positive Diplomacy*. Basingstoke, UK: Macmillan.
Martin, Lisa L. and Beth A. Simmons. 1998. 'Theories and empirical studies of international institutions'. *International Organization* 52 (4): 729–757.
Mattern, Janice Bially. 2005. '"Why soft power" isn't so soft: Representational force and the sociolinguistic construction of attraction in world politics'. *Millennium* 33 (3): 583–612.

Mattingly, G. 1955. *Renaissance Diplomacy*. London: Cape.

Mattingly, G. 2004. 'The first resident embassies: Medieval Italian origins of modern diplomacy'. In *Diplomacy*, edited by C. Jönsson and R. Langhorne. London and Thousand Oaks, CA: Sage Publications.

McClory, Jonathan. 2017. *The Soft Power 30*. Portland and the USC Centre on Public Diplomacy, July 18. Accessed 19 July 2017. http://softpower30.portland-communications.com/wp-content/uploads/2017/07/The-Soft-Power-30-Report-2017-Web-1.pdf.

McCormick, James M. 2005. *American Foreign Policy and Process*. 4th ed. Belmont, CA: Thomson/Wadsworth.

McCorquodale, Robert and Martin Dixon. 2003. *Cases and Materials on International Law*. 4th ed. Oxford, UK and New York: Oxford University Press.

McDougal, Myres Smith and Florentino P. Feliciano. 1994. 'The international law of war: Transnational coercion and world public order'. *The New Haven Studies in International Law and World Public Order*. New Haven, CT: New Haven Press.

Mead, G. H. 1934. *Mind, Self and Society from the Standpoint of a Social Behaviorist*. Chicago, IL: University of Chicago Press.

Mead, George Herbert and Charles W. Morris. 1962. *Mind, Self, and Society: From the Standpoint of a Social Behaviorist*. Chicago, IL: University of Chicago Press.

Mears, Natalie. 2001. 'Love-making and diplomacy: Elizabeth I and the Anjou marriage negotiations, c.1578–1582'. *History* 86 (284): 442–466.

Mearsheimer, John J. and Stephen M. Walt. 2016. 'The case for offshore balancing'. *Foreign Affairs* 95 (4): 70–83.

Meerts, Paul and Peter Beeuwkes. 2008. 'The Utrecht negotiations in perspective: The hope of happiness for the world'. *International Negotiation* 13 (2): 157–177.

Melissen, J. and R. Van der Pluijm April 2007. *City Diplomacy: The Expanding Role of Cities in International Politics*. Netherlands Institute of International Relations 'Clingendael'. Accessed 4 June 2017. www.clingendael.nl/publication/city-diplomacy-expanding-role-cities-international-politics.

Mercer, Jonathan. 2010. 'Emotional beliefs'. *International Organization* 64 (1): 1–31.

Mitchell, Christopher R. 1981. *The Structure of International Conflict*. London: Macmillan Press.

Mitrany, David. 1944. *A Working Peace System: An Argument for the Functional Development of International Organization*. London, Royal Institute of International Affairs.

Mitzen, J. 2005. 'Reading Habermas in anarchy: Multilateral diplomacy and global public spheres'. *American Political Science Review* 99 (3): 401–417.

Mitzen, Jennifer. 2011. 'Governing together: Global governance as collective intention'. In *Arguing Global Governance*, edited by Corneliu Bjola and Markus Kornprobst. London and New York: Routledge, 52–66.

Modelski, G. and W. R. Thompson. 1988. *Seapower in Global Politics, 1494–1993*. Basingstoke, UK: Palgrave Macmillan.

Moravcsik, Andrew. 1999. *The Choice for Europe: Social Purpose and State Power from Messina to Maastricht*. London: UCL Press.

Moravcsik, Andrew. 2004. 'Striking a new transatlantic bargain'. *Foreign Affairs* 82 (4): 74–89.

Morgenthau, Hans J. 1948. *Politics among Nations: The Struggle for Power and Peace*. 1st ed. New York: A. A. Knopf.

Morgenthau, Hans Joachim and Kenneth W. Thompson. 1985. *Politics among Nations: The Struggle for Power and Peace*. 6th ed. New York: A. A. Knopf.

Morgenthau, Hans Joachim and Kenneth W. Thompson. 1993. *Politics among Nations: The Struggle for Power and Peace*. Brief ed. New York: McGraw-Hill.

Morrow, James D. 1994. *Game Theory for Political Scientists*. Princeton, NJ: Princeton University Press.
Müller, Harald. 1994. 'Internationale Beziehungen ais kommunikatives Handeln. Zur Kritik der utilitaristischen Handlungstheorien'. *Zeitschrift für internationale Beziehungen* 1. Jahrg. (H. 1): 15–44.
Müller, Harald. 2004. 'Arguing, bargaining, and all that: Communicative action, rationalist theory and the logic of appropriateness in international relations', *European Journal of International Relations* 10 (3): 395–435.
Munn-Rankin, Joan M. 2004. 'Diplomacy in western Asia in the early second millennium B.C'. In *Diplomacy*, edited by Christer Jönsson and Richard Langhorne. London and Thousand Oaks, CA: Sage Publications.
Murithi, D. T. 2007. 'The responsibility to protect, as enshrined in article 4 of the Constitutive Act of the African Union'. *African Security Studies* 16 (3): 14–24.
Murray, Eustace Clare Grenville. 1855. *Embassies and Foreign Courts*. London and New York: G. Routledge & Co.
Murray, Stuart. 2011. 'Diplomatic theory and the evolving canon of diplomatic studies'. *International Studies Review* 13 (4): 719–722.
National Geographic. n.d. *Deforestation*. Accessed 17 July 2017. www.nationalgeographic.com/environment/global-warming/deforestation/.
Neumann, Iver B. 2002. 'Returning practice to the linguistic turn: The case of diplomacy'. *Millennium-Journal of International Studies* 31 (3): 627–651.
Neumann, Iver B. 2005. 'To be a diplomat'. *International Studies Perspectives* 6 (1): 72–93.
New York Police Department. 28 June 2013. *NYPD and French police sign liaison agreement*. Accessed 25 September 2016. www.nyc.gov/html/nypd/html/pr/pr_2013_06_28_nypd_and_french_police_sign_liaison_agreement.shtml.
Nicolson, Harold. 1988. *The Evolution of Diplomatic Method*. Cassell History. London: Cassell.
Norwegian Nobel Committee. 9 October 2009. *The Nobel Peace Prize 2009 – Press Release*. Accessed 25 September 2016. www.nobelprize.org/nobel_prizes/peace/laureates/2009/press.html.
Nussbaum, B. 2007. 'Protecting global cities: New York, London and the internationalization of municipal policing for counter terrorism'. *Global Crime* 8 (3): 213–232.
Nye, Joseph S. 2004. *Soft Power: The Means to Success in World Politics*. 1st ed. New York: Public Affairs.
Nye, Joseph S. 2008. 'Public diplomacy and soft power'. *Annals of the American Academy of Political and Social Science* 616 (Public Diplomacy in a Changing World): 94–109.
Odell, John. 2009. 'Breaking deadlocks in international institutional negotiations. The WTO, Seattle, and Doha'. *International Studies Quarterly* 53 (2): 273–299.
Office of the United Nations High Commissioner for Human Rights. 2007. *Making Peace our Own: Victims' Perceptions of Accountability, Reconciliation and Transitional Justice in Northern Uganda*. Accessed 18 October 2016. www.uganda.ohchr.org/Content/publications/Making%20Peace%20Our%20Own.pdf.
Ogburn, D. 2008. 'Dynamic display, propaganda, and the reinforcement of provincial power in the Inca empire'. *Archeological Papers of the American Anthropological Association* 14 (1): 225–239.
Olaniyan, R. 1996. *Nigerian Diplomacy: The Burden of History*. Lle-lfe, Nigeria: O.A.U. Press.
Onuf, Nicholas Greenwood. 1989. *World of Our Making: Rules and Rule in Social Theory and International Relations*. Studies in International Relations. Columbia, SC: University of South Carolina Press.
Owen, Lord David. 2006. 'Hubris and nemesis in heads of government'. *Journal of the Royal Society of Medicine* 99 (11): 548–551.
Panebianco, Stefania. 2006. 'The constraints on EU action as a "norm exporter" in the Mediterranean'. In *The European Union's Roles in International Politics: Concepts and Analysis*, edited by Ole Elgström and Michael Smith. Abingdon, UK: Routledge, 136–154.

Pape, Robert A. 2005. 'Soft balancing against the United States'. *International Security* 30 (1): 7–45.
Paris, Roland. 2004. *At War's End: Building Peace after Civil Conflict*. Cambridge, UK and New York: Cambridge University Press.
Park, Augustine. S. J. 2010. 'Community-based restorative transitional justice in Sierra Leone'. *Contemporary Justice Review* 13 (1): 95–119.
Parsons, Craig. 2002. 'Showing ideas as causes: The origins of the European Union'. *International Organization* 56 (1): 47–84.
Paul, Thaza V. 2005. 'Soft balancing in the age of U.S. primacy'. *International Security* 30 (1): 46–71.
Paul, Thaza V. ed. 2016. *Accommodating Rising Powers: Past, Present, and Future*. Cambridge, UK: Cambridge University Press.
Perry, Mark J. 2016. 'Economic output: If states were countries, California would be France', *Economist*. Accessed 17 July 2017. www.newsweek.com/economic-output-if-states-were-countries-california-would-be-france-467614.
Petersen, Roger Dale. 2011. *Western Intervention in the Balkans: The Strategic Use of Emotion in Conflict*. Cambridge Studies in Comparative Politics. Cambridge, UK and New York: Cambridge University Press.
Phillipson, C. 2001. *The International Law and Custom of Ancient Greece and Rome*. Buffalo, NY: W. S. Hein.
Porter, Tony. 2009. 'Why international institutions matter in the global credit crisis'. *Global Governance* 15 (1): 3–8.
Pouliot, Vincent. 2008. 'The logic of practicality: A theory of practice of security communities'. *International Organization* 62 (2): 257–288.
Pouliot, Vincent. 2016. *International Pecking Orders: The Politics and Practice of Multilateral Diplomacy*. Cambridge, UK: Cambridge University Press.
Prendergast, John. 7 September 2001. 'U.S. leadership in resolving African conflict: The case of Ethiopia-Eritrea'. In *Special Report*. Washington, DC: United States Institute of Peace.
Price, Richard. 1998. 'Reversing the gun sights: Transnational civil society targets land mines'. *International Organization* 52 (3): 613–644.
Public Broadcasting Service. 2009. *German Declaration of War on the Soviet Union*. Accessed 17 July 2012. www.pbs.org/behindcloseddoors/pdfs/NaziInvasionDeclaration.pdf.
Public Broadcasting Service. n.d. *Stalin ignores warnings about Nazis*. Accessed 17 July 2012. www.pbs.org/behindcloseddoors/episode-1/ep1_stalin_ignores_warnings.html.
Punke, H. H. 1956. 'Secret diplomacy and American democracy'. *Social Studies* 47 (3): 83–88.
Putnam, Linda L. 2010. 'Communication as changing the negotiation game'. *Journal of Applied Communication Research* 38 (4): 325–335.
Putnam, Linda L. and Martin Carcasson. 1997. 'Communication and the Oslo negotiation: Contacts, patterns, and modes'. *International Negotiation* 2 (2): 251–278.
Putnam, Robert D. 1988. 'Diplomacy and domestic politics: The logic of two-level games'. *International Organization* 42 (3): 427–460.
Queller, Donald E. 2004. 'Medieval diplomacy'. In *Diplomacy*, edited by Christer Jönsson and Richard Langhorne. London and Thousand Oaks, CA: Sage Publications.
Rajghatta, Chidanand. 2007. 'Localitis charge singes Indian envoy'. *The Times of India*, August 23. Accessed 15 September 2016. http://articles.timesofindia.indiatimes.com/2007-08-23/us/27994596_1_diplomats-ronen-sen-envoy.
Ramcharan, Bertrand G. 2008. *Preventive Diplomacy at the UN*. Bloomington, IN: Indiana University Press.
Ramsay, Kristopher W. 2011. 'Cheap talk diplomacy, voluntary negotiations, and variable bargaining power'. *International Studies Quarterly* 55 (4): 1003–1023.
Rana, Krishan. 2001. 'Language, Signaling and Diplomacy'. In *Language and Diplomacy*, edited by J. Kurbalija and H. Slavik. Malta: DiploProjects, 107-116.
Rapoport, Anatol. 1960. *Fights, Games, and Debates*. Ann Arbor, MI: University of Michigan Press.
Ratzel, F. 1900. *Das Meer als Quelle der Völkergröße. Eine politisch-geographische Studie*. Munich and Leipzig, Germany: R. Oldenbourg.

Regan, Patrick M. and Aysegul Aydin. 2006. 'Diplomacy and other forms of intervention in civil wars'. *Journal of Conflict Resolution* 50 (5): 736–756.
RIA Novosti. 2011. *Putin über 'mittelalterliche' Libyen-Resolution des UN-Sicheitsrates entrüstet*, March 21. Accessed 27 July 2017. https://de.sputniknews.com/politik/20110321258628006/.
Richelieu, Armand Jean du Plessis. 1961. *Political Testament: The Significant Chapters and Supporting Selections*. Madison, WI: University of Wisconsin Press.
Richmond, Oliver P. and Jason Franks. 2009. *Liberal Peace Transitions: Between Statebuilding and Peacebuilding*. Edinburgh, UK: Edinburgh University Press.
Ricigliano, Rob. 2012. *Making Peace Last: A Toolbox for Sustainable Peacebuilding*. Boulder, CO: Paradigm Publishers.
Risse, Thomas. 1999. 'International norms and domestic change: Arguing and communicative behavior in the human rights area'. *Politics & Society* 27 (4): 529–559.
Risse, Thomas. 2000. '"Let's argue!": Communicative action in world politics'. *International Organization* 54 (1): 1–39.
Risse, Thomas. 2004. 'Global governance and communicative action'. *Government and Opposition* 39 (2): 288–313.
Ristuccia, C. A. 2000. 'The 1935 sanctions against Italy: Would coal and oil have made a difference?' *European Review of Economic History* 4 (1): 85–110.
Roach, Steven C. 2009. *Governance, Order, and the International Criminal Court: Between Realpolitik and a Cosmopolitan Court*. Oxford, UK: Oxford University Press.
Roeder, Philip G. and Donald S. Rothchild. 2005. *Sustainable Peace: Power and Democracy after Civil Wars*. Ithaca, NY: Cornell University Press.
Roosen, William J. 1973. 'The true ambassador: Occupational and personal characteristics of French ambassadors under Louis XIV'. *European Studies Review* 3 (2): 121–139.
Rosenau, James N. 1971. *The Scientific Study of Foreign Policy*. New York: Free Press.
Rosenau, James N. 2002. 'Governance in a New Global Order'. In *Governing Globalization: Power, Authority and Global Governance*, edited by David Held and Anthony McGrew. Cambridge, UK: Polity, 70–86.
Rostow, Walt W. 1960. *The Stages of Economic Growth: A Non-Communist Manifesto*. Cambridge, UK: Cambridge University Press.
Ruggie, J. G. 1982. 'International regimes, transactions, and change: Embedded liberalism in the post-war economic order'. *International Organization* 36 (2): 379–415.
Rung, E. 2008. 'War, peace and diplomacy in Graeco-Persian relations from the sixth to the fourth century BC'. In *War and Peace in Ancient and Medieval History*, edited by Philip De Souza and John France. Cambridge, UK and New York: Cambridge University Press, 28–50.
Russell, J. G. 1969. *The Field of Cloth of Gold: Men and Manners in 1520*. London: Routledge & K. Paul.
Salacuse, J. W. 1998. 'Ten ways that culture affects negotiating style: Some survey results'. *Negotiation Journal* 14 (3): 221–240.
Sambanis, Nicholas. 2004. 'What is civil war? Conceptual and empirical complexities of an operational definition'. *Journal of Conflict Resolution* 48 (6): 814–858.
Sampson, Cynthia. 2007. 'Religion and statebuilding'. In *Peacemaking in International Conflict: Methods and Techniques*, edited by I William Zartman and J. Lewis Rasmussen. Washington, DC: United States Institute for Peace, 273–323.
Sarkin, Jeremy. 2001. 'The tension between justice and reconciliation in Rwanda: Politics, human rights, due process and the role of the Gacaca Courts in dealing with the genocide'. *Journal of African Law* 45 (2): 143–172.
Satow, Ernest Mason. 1917. 'A guide to diplomatic practice'. In *Contributions to International Law and Diplomacy*, edited by L. Oppenheim. London: Longmans.
Satow, Ernest Mason. 1979. *Satow's Guide to Diplomatic Practice*. 5th ed. London and New York: Longman.

Sauer, Tom. 2007. 'Coercive diplomacy by the EU: The Iranian nuclear weapons crisis'. *Third World Quarterly* 28 (3): 613–633.
Savun, B. 2008. 'Information, bias, and mediation success'. *International Studies Quarterly* 52 (1): 25–47.
Schelling, Thomas C. 1966. *Arms and Influence*. New Haven, CT: Yale University Press.
Schiff, Benjamin N. 2008. *Building the International Criminal Court*. Cambridge, UK and New York: Cambridge University Press.
Schimmelfennig, Frank. 2001. 'The community trap: Liberal norms, rhetorical action, and the eastern enlargement of the European Union'. *International Organization* 55 (1): 47–80.
Schimmelfennig, Frank. 2003. *The EU, NATO and the Integration of Europe: Rules and Rhetoric*. Cambridge, UK: Cambridge University Press.
Schimmelfennig, Frank. 2015. 'Liberal intergovernmentalism and the euro area crisis'. *Journal of European Public Policy* 22 (2): 177–195.
Schlichte, Klaus. 1998. 'La Françafrique–Postkolonialer Habitus und Klientelismus in der französischen Afrikapolitik'. *Zeitschrift für Internationale Beziehungen* 5 (2): 309–343.
Schmitter, Philippe C. 2004. 'Neo-neofunctionalism'. In *European Integration Theory*, edited by Antje Wiener and Thomas Diez. Oxford, UK: Oxford University Press, 45–74.
Schulten, S. 2001. *The Geographical Imagination in America, 1880–1950*. Chicago, IL and London: University of Chicago Press.
Schweller, Randall L. 2006. *Unanswered Threats: Political Constraints on the Balance of Power*. Princeton, NJ: Princeton University Press.
Scully, S. 2011. 'Judging the successes and failures of the extraordinary chambers of the courts of Cambodia'. *Asia-Pacific Law & Policy Journal* 13 (1): 300–353.
Seabury, Paul. 1954. *The Wilhelmstrasse: A Study of German Diplomats under the Nazi Regime*. Berkeley, CA: University of California Press.
Searle, John R. 1995. *The Construction of Social Reality*. New York: Free Press.
Searle, John R. 1998. *Mind, Language, and Society: Philosophy in the Real World*. 1st ed, MasterMinds. New York: Basic Books.
Searle, John R. 2005. 'What is an institution?' *Journal of Institutional Economics* 1 (1): 1–22.
Searle, John R. 2008. *Philosophy in a New Century: Selected Essays*. Cambridge, UK and New York: Cambridge University Press.
Searle, John R. 2010. *Making the Social World: The Structure of Human Civilization*. Oxford, UK and New York: Oxford University Press.
Seckinelgin, Hakan. 2005. 'A global disease and its governance: HIV/AIDS in sub-Saharan Africa and the agency of NGOs'. *Global Governance* 11 (3): 351–368.
Sedelmeier, Ulrich. 2005. 'Eastern enlargement: Towards a European EU?' In *Policy-Making in the European Union*, edited by H Wallace, W Wallace and MA Pollack. Oxford, UK: Oxford University Press, 401–428.
Sedelmeier, Ulrich. 2006. 'The EU's role as a promoter of human rights and democracy: Enlargement policy practice and role formation'. In *The European Union's Roles in International Politics: Concepts and Analysis*, edited by Ole Elgström and Michael Smith. Abingdon, UK: Routledge, 118–135.
Seib, Philip M. 2012. *Real-Time Diplomacy: Politics and Power in the Social Media Era*. 1st ed. New York: Palgrave Macmillan.
Sharp, Paul. 2005. 'Revolutionary states, outlaw regimes and the techniques of public diplomacy'. In *The New Public Diplomacy: Soft Power in International Relations*, edited by Jan Melissen. Basingstoke, UK and New York: Palgrave Macmillan, 106–123.
Sharp, Paul. 2009. *Diplomatic Theory of International Relations*. Cambridge Studies in International Relations. Cambridge, UK: Cambridge University Press.
Shepard, Jonathan. 2004. 'Information, disinformation and delay in Byzantine diplomacy'. In *Diplomacy*, edited by Christer Jönsson and Richard Langhorne. London and Thousand Oaks, CA: Sage Publications.

Shimazu, N. 2014. 'Diplomacy as theatre: Staging the Bandung Conference of 1955'. *Modern Asia Studies* 48 (1): 225–252.

Shriver, Donald W. 2003. 'Where and when in political life is justice served by forgiveness?' In *Burying the Past: Making Peace and Doing Justice after Civil Conflict*, edited by Nigel Biggar. Washington, DC: Georgetown University Press, 25–43.

Sicker, M. 2001. *The Islamic World in Decline from the Treaty of Karlowitz to the Disintegration of the Ottoman Empire*. Westport, CT: Praeger

Siebenhüner, K. 2013, 'Approaching diplomatic and courtly gift-giving in Europe and Mughal India: Shared practices and cultural diversity'. *The Medieval History Journal* 16 (2): 525–546.

Siffen, C. J. F. 1964. *A Selected Bibliography on Interlocal Governmental Cooperation: Including References to Rural Areas*. Washington, DC: U.S. Dept. of Agriculture, Economic Research Service, Farm Production Economics Division.

Simon, H. A. 1957. *Models of Man: Social and Rational*. New York: Wiley.

Simon, H. A. 1982. *Models of Bounded Rationality*. Cambridge, MA: MIT Press.

Simon, R. S. and E. H. Tejirian. eds. 2004. *The Creation of Iraq, 1914–1921*. New York: Columbia University Press.

Siracusa, Joseph M. 2010. *Diplomacy: A Very Short Introduction*. Oxford, UK: Oxford University Press.

Sizoo, A. and A. Musch. 2008. 'City diplomacy/the role of local governments in conflict prevention, peace-building and post conflict reconstruction'. In *City Diplomacy: The Role of Local Governments in Conflict Prevention, Peace-Building and Post-Conflict Reconstruction*, edited by Arne Musch, Chris van der Valk, Alexandra Sizoo and Kian Tajbakhsh. The Hague, the Netherlands: VNG International, 7–25.

Smith, Robert Sydney. 1989. *Warfare & Diplomacy in Pre-Colonial West Africa*. 2nd ed. Madison, WI: University of Wisconsin Press.

Snow, Nancy. 2009. 'Rethinking public diplomacy'. In *Routledge Handbook of Public Diplomacy*, edited by Nancy Snow and Philip M. Taylor. New York: Routledge, 3–11.

Sofer, S. 2013. *The Courtiers of Civilization: A Study of Diplomacy*. New York: State University of New York Press.

Søilen, Solberg K. 2012. *Geoeconomics*. Bookboon.com. http://bookboon.com/en/geoeconomics-ebook.

Somers, Margaret R. 1994. 'The narrative constitution of identity: A relational and network approach'. *Theory and Society* 23 (5): 605–649.

Stacey, Simon. 2004. 'A Lockean approach to transitional justice'. *Review of Politics* 66 (1): 55–81.

St Clair, Asunción Lera. 2006. 'The World Bank as a transnational expertised institution'. *Global Governance* 12 (1): 77–95.

Steele, Brent J. 2007. 'Making words matter: The Asian tsunami, Darfur, and "reflexive discourse" in international politics'. *International Studies Quarterly* 51 (4): 901–925.

Steiner, Barry H. 2004. 'Diplomacy and international theory'. *Review of International Studies* 30 (4): 493–509.

Stempel, J. D. 2007. 'Covert action and diplomacy'. *International Journal of Intelligence and Counterintelligence* 20 (1): 122–135.

Strange, Susan. 1986. *Casino Capitalism*. Oxford, UK and New York: Blackwell.

Sulkunen, P. 2015. 'The Kurdish question: The black hole of democracy'. *Telos* 171: 27–41.

Tekle, A. 2000. 'Old Ethiopian foreign policy tactic is repeating itself'. *Eritrea Pro®le*, Asmara, 29 September 2000.

Teschke, B. 2006. 'Geopolitics'. *Historical Materialism* 14 (1): 327–335.

The American Law Institute. 1987. 'Restatement of the law, third, foreign relations law of the United States'. In *Part I, Chapter 1, Restat 3d of the Foreign Relations Law of the U.S., § 101*.

Thomas, Caroline and Martin Weber. 2004. 'The politics of global health governance: Whatever happened to health for all by the year 2000'. *Global Governance* 10 (2): 187–205.

Thompson, John A. 2010. 'Wilsonianism: The dynamics of a conflicted concept'. *International Affairs* 86 (1): 27–48.

Thompson, Leigh L. 2009. *The Mind and Heart of the Negotiator*. 4th ed. Upper Saddle River, NJ and Harlow, UK: Pearson Education.

Thompson, William R. 1999. 'Why rivalries matter and what great power rivalries tell us about world politics'. In *Great Power Rivalries*, edited by William R. Thompson. Columbia, SC: University of South Carolina Press, 3–28.

Touval, Saadia and I. William Zartman. 1985. *International Mediation in Theory and Practice*. SAIS Papers in International Affairs. Boulder, CO and Washington, DC: Westview Press.

Trager, Robert F. 2011. 'Multidimensional diplomacy'. *International Organization* 65: 469–506.

Trump, Donald J. 2017. 'Trump's speech in Warsaw'. *CNN*, July 6. Accessed 18 July 2017. http://edition.cnn.com/2017/07/06/politics/trump-speech-poland-transcript/index.html.

Tsekeris, Charalambos. 2009. 'Blogging as revolutionary politics'. *Research Journal of Social Sciences* 4 (2): 51–54.

UN. 24 October 1945. *Charter of the United Nations*. Accessed 27 July 2017. www.un.org/en/charter-united-nations/.

UN. 17 July 1998. *Rome Statute of the International Criminal Court*. Accessed 17 October 2017. http://treaties.un.org/Pages/ViewDetails.aspx?src=TREATY&mtdsg_no=XVIII-10&chapter=18&lang=en.

UN. 2004. *A more secure world: Our shared responsibility*. Accessed 27 July 2017. www.un.org/en/peacebuilding/pdf/historical/hlp_more_secure_world.pdf.

UN. 2007. *Decision of the Secretary-General's Policy Committee*. New York: United Nations, May.

UN. 17 October 2012. *Rome Statute of the International Criminal Court*. Accessed 17 October 2012. http://treaties.un.org/Pages/ViewDetails.aspx?src=TREATY&mtdsg_no=XVIII-10&chapter=18&lang=en.

UN. 2017. *United Nations Iraq*. Accessed 27 July 2017. www.uniraq.org.

UN Department of Peacekeeping Operations. 31 May 2017. *UN peacekeeping: About us*. Accessed 17 July 2017. www.un.org/en/peacekeeping/about/.

UN Department of Peacekeeping Operations. 30 June 2017. *Peacekeeping fact sheet*. Accessed 30 June 2017. www.un.org/en/peacekeeping/resources/statistics/factsheet.shtml.

UN Department of Political Affairs. 2012. *Preventive diplomacy report: Q&A*. Accessed 20 March 2012, from www.un.org/wcm/content/site/undpa/main/issues/preventive_diplomacy/qa_preventive.

UNEP. 2011. *Rules for the participation of non-governmental organizations (NGOs) in the intergovernmental negotiating committee (INC) for a legally binding instrument on mercury*. Accessed 17 July 2012. www.unep.org/hazardoussubstances/Portals/9/Mercury/Documents/INC3/Rules%20for%20the%20participation%20of%20NGOs%20in%20the%20INC_.pdf.

UN General Assembly. 24 October 1970. *Declaration of principles of international law concerning friendly relations and co-operation among states in accordance with the Charter of the United Nations*. Accessed 9 January 2017. www.un-documents.net/a25r2625.htm.

UN General Assembly. 9 December 1994. A/RES/60/49. *Measures to eliminate international terrorism, Annex to UN General Assembly resolution 49/60*. Accessed 17 July 2017. www.un.org/documents/ga/res/49/a49r060.htm.

UN General Assembly. 1 May 1996. A/RES/50/225. *Resolution adopted by the General Assembly*. Accessed 17 July 2017. http://unpan1.un.org/intradoc/groups/public/documents/un/unpan014746.pdf.

UN General Assembly. 8 September 2000. A/Res/55/2. *United Nations Millennium Declaration.* Accessed 17 July 2017. www.un.org/millennium/declaration/ares552e.htm.

UN General Assembly. 24 October 2005. A/RES/60/1. *Resolution adopted by the General Assembly 60/1.* 2005 World Summit Outcome. Accessed 17 July 2017. www.un.org/womenwatch/ods/A-RES-60-1-E.pdf.

UNHCR. 2015. *Global trends: Forced displacement in 2015.* Accessed 27 July 2017. www.unhcr.org/576408cd7.pdf.

United Nations Office on Drugs and Crime (UNODC). 2010. *Promoting Health, Security and Justice: Cutting the Threads of Drugs, Crime and Terrorism.* 2010 Report. Vienna: UNODC.

UN News Agency. 2017. *Afghanistan.* Accessed 15 April 2017. www.un.org/apps/news/strogy.asp?NEWSID=54543.

UN Office for Disaster Risk Reduction. 2009. *Terminology.* Accessed 28 September 2016. www.unisdr.org/we/inform/terminology.

UN Secretary-General. September 2011. *Preventive diplomacy: Delivering results.* Accessed 11 June 2017. www.un.org/undpa/sites/www.un.org.undpa/files/SG%20Report%20on%20Preventive%20Diplomacy.pdf.

UN Security Council. 21 April 1994. *S/RES/912. Resolution 912 (1994) Adopted by the Security Council at its 3368th meeting, on 21 April 1994.* Accessed 17 July 2017. www.unhcr.org/refworld/docid/3b00f15f2b.html.

UN Security Council. 26 March 1999. *Security Council rejects demand for cessation of the use of force against Federal Republic of Yugoslavia.* Accessed 2 June 2017. www.un.org/News/Press/docs/1999/19990326.sc6659.html.

UN Security Council. 17 March 2011. *Security Council approves 'no-fly zone' over Libya, authorizing 'all necessary measures' to protect civilians, by vote of 10 in favour with 5 abstentions.* Accessed 2 June 2017. www.un.org/press/en/2011/sc10200.doc.htm.

U.S. Congress. 1998. *Iraq Liberation Act.* Accessed 17 July 2017. www.congress.gov/bill/105th-congress/house-bill/4655/text?overview=closed.

U.S. General Accounting Office. 1 October 1996. 'Nuclear nonproliferation: Implications of the U.S./North Korean agreement on nuclear issues'. In *GAO Report to the Chairman, Committee on Energy and Natural Resources.* Washington, DC: U.S Senate.

U.S. Senate Committee on Foreign Relations. 2015. *Rules of the Committee on Foreign Relations.* Accessed 15 June 2017. www.foreign.senate.gov/imo/media/doc/SFRC_Rules_114th_%20Congress.pdf.

U.S. State Department. n.d. *Foreign Service Officer qualifications: 13 dimensions.* Accessed 27 July 2017. http://careers.state.gov/uploads/14/6e/146e2df7bea3f3b5bf5d5515200b11b0/3.0.0_FSO_13_dimensions.pdf.

U.S. State Department. n.d. *Overview.* Accessed 17 July 2012. http://diplomacy.state.gov/discoverdiplomacy/explorer/places/170312.htm.

U.S. State Department. 2005. *Protocol for the modern diplomat,* edited by Foreign Service Institute. Washington, DC: Prepared by the Transition Center.

U.S. State Department. 2012. *Foreign Service Officer qualifications: 13 dimensions.* Retrieved 31 October 2012, from http://careers.state.gov/uploads/1e/be/1ebeb6be82c173e5cfb6e132b6fbd9b0/3.0.0_FSO_13_dimensions.pdf.

U.S. State Department. 2015. *Quadrennial diplomacy and development review. Enduring leadership in a dynamic world.* Accessed 18 July 2017. www.state.gov/documents/organization/267396.pdf.

Van Overbeek, F. n.d. *City Diplomacy: The Roles and Challenges of the Peace Building Equivalent of Decentralized Cooperation.* Universiteit Utrecht. Accessed 28 September 2016. www.peacepalacelibrary.nl/ebooks/files/371219574.pdf.

Vasquez, John A. 2009. *The War Puzzle Revisited.* Cambridge Studies in International Relations. Cambridge, UK: Cambridge University Press.

Vattel. 2004. 'The law of nations'. In *Diplomatic Classics: Selected Texts from Commynes to Vattel*, edited by Geoff Berridge. Basingstoke, UK: Palgrave Macmillan, 189.

Vienna Café at the United Nations. Accessed 27 July 2017. www.facebook.com/pages/Vienna-Caf%C3%A9-At-The-United-Nations/309958305741685.

Von der Schulenburg, Michael. 2017. *On Building Peace: Rescuing the Nation-State and Saving the United Nations*. Amsterdam: Amsterdam University Press.

Vucetic, Srdjan. 2011. *The Anglosphere: A Genealogy of a Racialized Identity in International Relations*. Stanford, CA: Stanford University Press.

Wæver, Ole. 1996. 'European security identities'. *Journal of Common Market Studies* 34 (1): 103–132.

Walker, Stephen G. 1990. 'The evolution of operational code analysis'. *Political Psychology* 11 (2): 403–418.

Wallensteen, Peter. 2002. 'Reassessing recent conflicts: Direct vs. structural prevention'. In *From Reaction to Conflict Prevention: Opportunities for the UN System*, edited by Fen Osler Hampson and David Malone. Boulder, CO: Lynne Rienner Publishers, 231–228.

Wallerstein, Immanuel Maurice. 1980. *Mercantilism and the Consolidation of the European world-economy, 1600–1750: The Modern World-System*. New York: Academic Press.

Walton, C. Dale. 2009. 'The case for strategic traditionalism: War, national interest and liberal peacebuilding'. *International Peacekeeping* 16 (5): 717–734.

Waltz, Kenneth N. 1979a. *Theory of International Politics*. Reading, MA: Addison-Wesley.

Waltz, Kenneth N. 1979b. *Theory of International Politics*. New York: Random House.

Waltz, Kenneth N. 1996. 'International politics is not foreign policy'. *Security Studies* 6 (1): 54–57.

Walzer, Michael. 1977. *Just and Unjust Wars: A Moral Argument with Historical Illustrations*. New York: Basic Books.

Walzer, Michael. 2012. 'The aftermath of war: Reflections on jus post bellum'. In *Ethics beyond War's End*, edited by Eric Patterson. Washington, DC: Georgetown University Press, 35–46.

Washburn, John. 1999. 'The negotiation of the Rome Statute for the International Criminal Court and international lawmaking in the 21st century'. *Pace International Law Review* 11 (2): 361–377.

Washington, George. 1924 [1796]. *Washington's Farewell Address 1796*. Yale Law School, The Avalon Project. Accessed 8 March 2017. http://avalon.law.yale.edu/18th_century/washing.asp.

Watson, Adam. 1982. *Diplomacy: The Dialogue between States*. London: Eyre Methuen.

Wendt, Alexander. 1999. *Social Theory of International Politics*. Cambridge, UK: Cambridge University Press.

Wendt, Alexander. 2003. 'Why a world state is inevitable'. *European Journal of International Relations* 9 (4): 491–542.

Wiener, Antje. 2009. 'Enacting meaning-in-use: Qualitative research on norms and international relations'. *Review of International Studies* 35 (1): 175–193.

Wigen, Einar. 2015. 'Two-level language games: International relations as inter-lingual relations'. *European Journal of International Relations* 21 (2): 427–450.

Wight, Martin, Hedley Bull and Carsten Holbraad. 1978. *Power Politics*. New York: Holmes & Meier.

Wilson, E. J. 2008. 'Hard power, soft power, smart power'. *Annals of the American Academy of Political and Social Science* 616: 110–124.

Wilson, Woodrow. 22 January 1917. 'Address to the Senate of the United States: "A World League for Peace"'. *The American Presidency Project*. Retrieved 9 January 2012. www.presidency.ucsb.edu/ws/?pid=65396.

Wilson, Woodrow. 8 January 1918. 'Address to a Joint Session of Congress on the Conditions of Peace'. The American Presidency Project. Accessed 8 January 2017. www.presidency.ucsb.edu/ws/?pid=65405.

Wiseman, Geoffrey. 2005. 'Pax Americana: Bumping into diplomatic culture'. *International Studies Perspectives* 6 (4): 409–430.

Wiseman, Geoffrey. 2011. 'Bringing diplomacy back in: Time for theory to catch up with practice'. *International Studies Review* 13 (4): 710–713.

Wolf, Reinhard. 2011. 'Respect and disrespect in international politics: The significance of status recognition'. *International Theory* 3 (1): 105–142.

Woodward, Bob. 2004. *Plan of Attack*. New York: Simon & Schuster.

World Economic Forum. January 2015. *Geo-Economics Seven Challenge to Globalization*. Global Agenda Councils. Accessed 27 July 2017. www3.weforum.org/docs/WEF_Geo-economics_7_Challenges_Globalization_2015_report.pdf.

World Health Organization. 2011. *World Health Statistics 2011*. Geneva: WHO.

World Health Organization. 2016. *World Health Report 2016*. Geneva: WHO.

World Resources Institute. 17 February 2009. *Aggregate Contributions of Major GHG Emitting Countries: 2005*. Accessed 27 July 2017. www.wri.org/resources/charts-graphs/aggregate-contributions-major-ghg-emitting-countries-2005.

World Trade Organization. 2011. *International Trade Statistics 2011*. Accessed 17 July 2017. www.wto.org/english/res_e/statis_e/its2011_e/its11_toc_e.htm.

World Trade Organization. 2015. *International Trade Statistics 2015*. Accessed 27 July 2017. www.wto.org/english/res_e/statis_e/its2015_e/its2015_e.pdf.

Yale Law School. 27 September 1940. *Three-power pact between Germany, Italy, and Japan*. Accessed 15 August 2012. http://avalon.law.yale.edu/wwii/triparti.asp.

Young, Oran R. 1983. 'Regime dynamics: The rise and fall of international regimes'. In *International Regimes*, edited by Steven Krasner. Ithaca, NY: Cornell University Press, 93–114.

Young, Oran R. 1991. 'Political leadership and regime formation: On the development of institutions in international society'. *International Organization* 45 (3): 281–308.

Yuzawa, T. 2006. 'The evolution of preventive diplomacy in the ASEAN Regional Forum: Problems and prospects'. *Asian Survey* 46 (5): 785–804.

Zarghani, S. H., Ranjkesh, M. J. and M. Eskandaran. 2014. 'City diplomacy, analysis of the role of cities as the new actor in international relations'. *Urban-Regional Studies and Research Journal* 5 (20): 33–36.

Zhang, Juyan. 2006. 'Public diplomacy as symbolic interactions: A case study of Asian tsunami relief campaigns'. *Public Relations Review* 32 (1): 26–32.

Zonova, Tatiana V. 2007. 'Diplomatic cultures: Comparing Russia and the West in terms of a "modern model of diplomacy"'. *The Hague Journal of Diplomacy* 2: 1–23.